TODA POESIA

ferreira gullar

TODA POESIA

(1950–2010)

**POSFÁCIO
ANTONIO CICERO**

Companhia Das Letras

Copyright © 2021 by Ferreira Gullar

*Grafia atualizada segundo o Acordo Ortográfico da Língua
Portuguesa de 1990, que entrou em vigor no Brasil em 2009.*

Capa e projeto gráfico
Elaine Ramos

Foto de capa
Acervo da família
(Todos os esforços foram feitos para reconhecer
os direitos autorais da imagem. A editora
agradece qualquer informação relativa à autoria,
titularidade e/ou outros dados, se comprometendo
a incluí-los em edições futuras.)

Fotos de miolo
Vicente de Mello

Revisão
Huendel Viana
Luciane H. Gomide

Dados Internacionais de Catalogação na Publicação (CIP)
Câmara Brasileira do Livro, SP, Brasil

Gullar, Ferreira
    Toda poesia : 1950-2010 / Ferreira Gullar ; posfácio
de Antonio Cicero. — 1ª ed. — São Paulo : Companhia
das Letras, 2021.

    ISBN 978-65-5921-086-2

    1. Poesia brasileira I. Cicero, Antonio. II. Título.

21-62474   CDD-B869.1

Índice para catálogo sistemático:
1. Poesia : Literatura brasileira B869.1
Maria Alice Ferreira – Bibliotecária – CRB-8/7964

2ª reimpressão

Todos os direitos desta edição reservados à
EDITORA SCHWARCZ S.A.
Rua Bandeira Paulista, 702, cj. 32
04532-002 — São Paulo — SP
Telefone: (11) 3707-3500
www.companhiadasletras.com.br
www.blogdacompanhia.com.br
facebook.com/companhiadasletras
instagram.com/companhiadasletras
twitter.com/ciadasletras

9 **Apresentação**

13 **A LUTA CORPORAL** (1950-1953)

81 **O VIL METAL** (1954-1960)

107 **POEMAS CONCRETOS/NEOCONCRETOS** (1957-1958)

121 **ROMANCES DE CORDEL** (1962-1967)

161 **DENTRO DA NOITE VELOZ** (1962-1974)

221 **POEMA SUJO** (1975)

277 **NA VERTIGEM DO DIA** (1975-1980)

315 **BARULHOS** (1980-1987)

365 **MUITAS VOZES** (1989-1999)

433 **EM ALGUMA PARTE ALGUMA** (2000-2010)

505 **A fala ao revés da fala** Antonio Cicero

521 **Sobre o autor**
525 **Índice de títulos ou primeiros versos**

Apresentação

A reunião da poesia completa de Ferreira Gullar foi publicada pela primeira vez em 1980 pela editora Civilização Brasileira e, ao longo dos anos, ganhou novas edições, incorporando a produção subsequente do poeta. A mais recente, lançada em 2015 pela José Olympio e revisada pelo autor, teve o acréscimo de seu último livro de poemas, *Em alguma parte alguma*, e serviu como base para a atual 22ª edição.

Toda poesia percorre a produção de um dos poetas mais excepcionais da língua portuguesa: *A luta corporal* (lançado originalmente em 1954), *O vil metal* (escrito entre 1954 e 1960 e incluído em *Dentro da noite veloz*, em 1975), *Poemas concretos/neoconcretos* (publicado como *Poemas*, em 1958), *Romances de cordel* (escrito entre 1962 e 1967, incluído na primeira edição de *Toda poesia*, em 1980, e publicado pela primeira vez em edição autônoma em 2009, com ilustrações de Ciro Fernandes), *Dentro da noite veloz* (1975), *Poema sujo* (1976), *Na vertigem do dia* (1980), *Barulhos* (1987), *Muitas vozes* (1999) e *Em alguma parte alguma* (2010). No sumário, estão indicados os períodos em que os livros foram escritos.

Celebrado por Vinicius de Moraes como o "último grande poeta brasileiro", Ferreira Gullar se tornou uma figura imprescindível no debate sobre poesia, arte, política e cultura. Ao combinar as memórias de infância em São Luís do Maranhão, a curiosidade em experimentar a linguagem e uma profunda inquietação com as questões sociais do país, seus versos se tornaram uma referência incontornável para gerações de leitores e escritores.

A Companhia das Letras agradece a contribuição de Maria Amélia Mello, Augusto Sérgio Bastos e Antônio Carlos Secchin.

A LUTA CORPORAL

(1950–1953)

Sete poemas portugueses

(1950)

3
Vagueio campos noturnos
Muros soturnos
paredes de solidão
sufocam minha canção

A canção repousa o braço
no meu ombro escasso:
firmam-se no coração
meu passo e minha canção

Me perco em campos noturnos
Rios noturnos
te afogam, desunião,
entre meus pés e a canção

E na relva diuturna
(que voz diurna
cresce cresce do chão?)
rola meu coração

4
Nada vos oferto
além destas mortes
de que me alimento

Caminhos não há
Mas os pés na grama
os inventarão

Aqui se inicia
uma viagem clara
para a encantação

Fonte, flor em fogo,
que é que nos espera
por detrás da noite?

Nada vos sovino:
com a minha incerteza
vos ilumino

5

Prometi-me possuí-la muito embora
ela me redimisse ou me cegasse.
Busquei-a nas catástrofes, da aurora,
e na fonte e no muro onde sua face,

entre a alucinação e a paz sonora
da água e do musgo, solitária nasce.
Mas sempre que me acerco vai-se embora
como se me temesse ou me odiasse.

Assim persigo-a, lúcido e demente.
Se por detrás da tarde transparente
seus pés vislumbro, logo nos desvãos

das nuvens fogem, luminosos e ágeis.
Vocabulário e corpo — deuses frágeis —
eu colho a ausência que me queima as mãos.

6

Calco sob os pés sórdidos o mito
que os céus segura — e sobre um caos me assento.
Piso a manhã caída no cimento
como flor violentada. Anjo maldito,

(pretendi devassar o nascimento
da terrível magia) agora hesito,
e queimo — e tudo é o desmoronamento
do mistério que sofro e necessito.

Hesito, é certo, mas aguardo o assombro
com que verei descer de céus remotos
o raio que me fenderá no ombro.

Vinda a paz, rosa-após dos terremotos,
eu mesmo ajuntarei a estrela ou a pedra
que de mim reste sob os meus escombros.

7

Neste leito de ausência em que me esqueço
desperta um longo rio solitário:
se ele cresce de mim, se dele cresço,
mal sabe o coração desnecessário.

O rio corre e vai sem ter começo
nem foz, e o curso, que é constante, é vário.
Vai nas águas levando, involuntário,
luas onde me acordo e me adormeço.

Sobre o leito de sal, sou luz e gesso:
duplo espelho — o precário no precário.
Flore um lado de mim? No outro, ao contrário,
de silêncio em silêncio me apodreço.

Entre o que é rosa e lodo necessário,
passa o rio sem foz e sem começo.

8

Quatro muros de cal, pedra soturna,
e o silêncio a medrar musgos, na interna
face, põe ramas sobre a flor diuturna:
tudo que é canto morre à face externa,
que lá dentro só há frieza e furna.

Que lá dentro só há desertos nichos,
ecos vazios, sombras insonoras
de ausências: as imagens sob os lixos
no chão profundo de osgas vis e auroras
onde os milagres são poeira e bichos;

e sobretudo um tão feroz sossego,
em cujo manto ácido se escuta
o desprezo a oscilar, pêndulo cego;
nada regula o tempo nessa luta
de sais que ali se trava. Trava? Nego:

no recinto sem fuga — prumo e nível —
som de fonte e de nuvens, jamais fluis!
Nem vestígios de vida putrescível.
Apenas a memória acende azuis
corolas na penumbra do impossível.

9

Fluo obscuro de mim, enquanto a rosa
se entrega ao mundo, estrela tranquila.
Nada sei do que sofro.
                          O mesmo tempo
que em mim é frustração, nela cintila.

E este por sobre nós espelho, lento,
bebe ódio em mim; nela, o vermelho.
Morro o que sou nos dois.
                          O mesmo vento
que impele a rosa é que nos move, espelho!

A FERA DIURNA

Agora que as pupilas já tocadas
de pecado — que por quererem dela
a exata imagem, antes do que a bela
a terrível, que nisto o puro existe —
viram na fonte as águas desvendadas
não se impelirem mais que a um sono triste —
o que fora magia são coloras,
da presença da morte alucinadas
— agora, fera, em que mais te consolas?
De que disfarce último se vale
a pedra contra ti? (nada resiste
à limpidez dos olhos sem amor).
Calaste o mundo, e o mundo, sem quem fale,
não te dará do tempo a flor da flor.

Caminhas entre o céu e o vale. E o vale —
onde todo crescer obscuro e assomo
é cego caminhar às abstratas
formas da morte, oh formas exatas
e invioláveis! fulgor que espera o pomo! —
o vale é vale só e te dispensa.
Horizontal solidão, te desconhece
e anula. Estás sozinho homem sem gnomo!
que o resto é céu recurvo e indiferença.

As sucessivas túnicas do dia
despiu, como se em pranto se negasse,
e derredor de si rompera espelhos
deslizantes de som e cor, oh melodia
caindo sobre as flores nos vermelhos
e trágicos jardins! Mas eis que a face
da que diurna quer ser sendo noturna,
pela pureza própria corrompida,
se ergue inodora e vã — já morta nasce:
a beleza é mais frágil do que a vida.

Esperamos a morte, sem defesa.
Lúcida espera enquanto na diuturna
cintilação, te esvais, cristal, e estende-
-se em silêncio veludo, e se propaga,
o musgo pelos muros da tristeza.
Curvam-se sobre nós astros e ramos
que esplendem. Soluçamos no que esplende:
o fruto, a rosa, a brisa que te apaga,
as árvores da música. Esperamos.

Talhado por mim mesmo no antessono
de mim, do barro erguera-me escultura.
A luz de antes de ser dourava as formas
ignoradas de si, madureci-as.
Até que enfim me soube ser o nono
Orfeu, boca madura, para as cousas
chamar pelo seu nome. Entanto, impura
boca, árvore lúcida, hoje não ousas
florir com tua voz as formas frias.
Adão, Adão violaste a fonte pura.
Éden não houve. À margem do Pison
meditas. Estás só. Nada te esquece
que águas e nuvens passam. E a esse som,
teu coração — fruto último — emurchece.

O ANJO

O anjo, contido
em pedra
e silêncio,
me esperava.

Olho-o, identifico-o
tal se em profundo sigilo
de mim o procurasse desde o início.

Me ilumino! todo
o existido
fora apenas a preparação
deste encontro.

2
Antes que o olhar, detendo o pássaro
no voo, do céu descesse
até o ombro sólido
do anjo,
          criando-o
— que tempo mágico
ele habitava?

3
Tão todo nele me perco
que de mim se arrebentam
as raízes do mundo;
tamanha
a violência de seu corpo contra
o meu,
  que a sua neutra existência
se quebra:
              e os pétreos olhos
              se acendem;
                    o facho
emborcado contra o solo, num desprezo
à vida
arde intensamente;

a leve brisa
faz mover a sua
túnica de pedra

4
O anjo é grave,
agora.

Começo a esperar a morte.

S. Luís, fevereiro, 1951

GALO GALO

O galo
no saguão quieto.

Galo galo
de alarmante crista, guerreiro,
medieval.

De córneo bico e
esporões, armado
contra a morte,
passeia.

Mede os passos. Para.
Inclina a cabeça coroada
dentro do silêncio
— que faço entre coisas?
— de que me defendo?

              Anda
no saguão.
O cimento esquece
o seu último passo.

Galo: as penas que
florescem da carne silenciosa

e o duro bico e as unhas e o olho
sem amor. Grave
solidez.
Em que se apoia
tal arquitetura?

Saberá que, no centro
de seu corpo, um grito
se elabora?

Como, porém, conter,
uma vez concluído,
o canto obrigatório?

Eis que bate as asas, vai
morrer, encurva o vertiginoso pescoço
donde o canto, rubro, escoa.

Mas a pedra, a tarde,
o próprio feroz galo
subsistem ao grito.
Vê-se: o canto é inútil.

O galo permanece — apesar
de todo o seu porte marcial —
só, desamparado,
num saguão do mundo.
Pobre ave guerreira!

Outro grito cresce,
agora, no sigilo
de seu corpo; grito
que, sem essas penas
e esporões e crista
e sobretudo sem esse olhar
de ódio,
        não seria tão rouco
e sangrento.
            Grito, fruto obscuro
e extremo dessa árvore: galo.
Mas que, fora dele,
é mero complemento de auroras.

São Luís, abril de 51

A GALINHA

Morta,
flutua, no chão.
Galinha.

Não teve o mar nem
quis, nem compreendeu
aquele ciscar quase feroz. Cis-
cava. Olhava
o muro,
aceitava-o, negro e absurdo.

Nada perdeu. O quintal
não tinha
qualquer beleza.

Agora,
as penas são só o que o vento
roça, leves.
Apagou-se-lhe
toda a cintilação, o medo.
Morta. Evola-se do olho seco
o sono. Ela dorme.
Onde? onde?

O mar intacto

P.M.S.L.

Impossível é não odiar
estas manhãs sem teto
e as valsas
que banalizam a morte.

Tudo que fácil se
dá quer negar-nos. Teme
o ludíbrio das corolas.
Na orquídea busca a orquídea
que não é apenas o fátuo
cintilar das pétalas: busca a móvel
orquídea: ela caminha em si, é
contínuo negar-se no seu fogo, seu
arder é deslizar.

Vê o céu. Mais
que azul, ele é o nosso
sucessivo morrer. Ácido
céu.

Tudo se retrai, e a teu amor
oferta um disfarce de si. Tudo
odeia se dar. Conheces a água?
ou apenas o som do que ela
finge?

Não te aconselho o amor. O amor
é fácil e triste. Não se ama
no amor, senão
o seu próximo findar.
Eis o que somos: o nosso
tédio de ser.

Despreza o mar acessível
que nas praias se entrega, e
o das galeras de susto; despreza o mar

que amas, e só assim terás
o exato inviolável
mar autêntico!

O girassol
vê com assombro
que só a sua precariedade
floresce. Mas esse
assombro é que é ele, em verdade.

Saber-se
fonte única de si
alucina.

          Sublime, pois, seria
suicidar-nos:
trairmos a nossa morte
para num sol que jamais somos
nos consumirmos.

São Luís, 6-7-51

O TRABALHO DAS NUVENS

Esta varanda fica
à margem
da tarde. Onde nuvens trabalham.

A cadeira não é tão seca
e lúcida, como
o coração.

Só à margem da tarde
é que se conhece
a tarde: que são as
folhas de verde e vento, e
o cacarejar da galinha e as
casas sob um céu: isso, diante
de olhos.

e os frutos?
e também os
frutos. Cujo crescer altera
a verdade e a cor
dos céus. Sim, os frutos
que não comeremos também
fazem a tarde.
                    (a vossa
tarde, de que estou à margem)

Há, porém, a tarde
do fruto. Essa
não roubaremos:
                    tarde
em que ele se propõe à glória de
não mais ser fruto, sendo-o
mais: de esplender, não como astro, mas
como fruto que esplende.
E a tarde futura onde ele
arderá como um facho
efêmero!

Em verdade, é desconcertante para
os homens o
trabalho das nuvens.
Elas não trabalham
acima das cidades: quando
há nuvens não há
cidades: as nuvens ignoram
se deslizam por sobre
nossa cabeça: nós é que sabemos que
deslizamos sob elas: as
nuvens cintilam, mas não é para
o coração dos homens.

A tarde é
as folhas esperarem amarelecer
e nós o observarmos.

E o mais é o pássaro branco que
voa — e que só porque voa e o vemos,
voa para vermos. O pássaro que é
branco

não porque ele o queira nem
porque o necessitemos: o pás-
saro que é branco
porque é branco.

Que te resta, pois, senão
aceitar?
           Por ti e pelo
pássaro pássaro.

13-7-51

AS PERAS

As peras, no prato,
apodrecem.
O relógio, sobre elas,
mede
a sua morte?
Paremos a pêndula. De-
teríamos, assim, a
morte das frutas?
           Oh as peras cansaram-se
de sua forma e de
sua doçura! As peras,
concluídas, gastam-se no
fulgor de estarem prontas
para nada.
           O relógio
não mede. Trabalha
no vazio: sua voz desliza
fora dos corpos.

Tudo é o cansaço
de si. As peras se consomem
no seu doirado
sossego. As flores, no canteiro
diário, ardem,
ardem, em vermelhos e azuis. Tudo
desliza e está só.

O dia
comum, dia de todos, é a
distância entre as coisas.
Mas o dia do gato, o felino
e sem palavras
dia do gato que passa entre os móveis,
é passar. Não entre os móveis. Pas-
sar como eu
passo: entre nada.

O dia das peras
é o seu apodrecimento.

É tranquilo o dia
das peras? Elas
não gritam, como
o galo.

Gritar
para quê? se o canto
é apenas um arco
efêmero fora do
coração?

Era preciso que
o canto não cessasse
nunca. Não pelo
canto (canto que os
homens ouvem) mas
porque, can-
tando, o galo
é sem morte.

14-7-51

A AVENIDA

O relógio alto,
as flores que o vento sub-
juga,
     a grama a crescer
na ausência dos
homens.
       Não obstante,
as praias não cessam.

Simultaneidade!
          diurno
milagre, fruto de
lúcida matéria — imputrescível! O
claro contorno elaborado
sem descanso. Alegria
limpa, roubada, sem qualquer
violência, ao
doloroso trabalho
das coisas

2
Miséria! esta avenida é
eterna!
      Que fazem os galhos
erguidos no
       vazio
se não garantem sua
permanência?
           O relógio
           ri.
            O
canteiro é um mar
sábio, con-
tido,
suicidado.
       Na luz
desamparada, as corolas
desamparadas.

3
Precárias são as praias dos
homens;
                praias
que morrem na cama com
o ódio e o
sexo: perdem-se
no pó sem voz.

A importância das praias para o mar!

Praias, amadurecimento:
                                aqui
o mar crepita e fulgura, fru-
to trabalhado dum fogo
seu, aceso
das águas,
pela faina das águas.

Rio, 11-9-51

Um programa de homicídio

CARTA DO MORTO POBRE

Bem. Agora que já não me resta qualquer possibilidade de trabalhar-me (oh trabalhar-se! não se concluir nunca!), posso dizer, com simpleza, a cor da minha morte. Fui sempre o que mastigou a sua língua e a engoliu. O que apagou as manhãs e, à noite, os anúncios luminosos e, no verso, a música, para que apenas a sua carne, sangrenta pisada suja — a sua pobre carne o impusesse ao orgulho dos homens. Fui aquele que preferiu a piedade ao amor, preferiu o ódio ao amor, o amor ao amor. O que se disse: se não é da carne brilhar, qualquer cintilação sua será ludíbrio; se ela não canta, como nada, qualquer música sua seria fátua; dela é só o apodrecimento e o cansaço. Oh não ultrajes a tua carne, que é tudo! Que ela, polida, não deixará de ser pobre e efêmera. Oh não ridicularizes a tua carne, a nossa imunda carne! A sua música seria a sua humilhação, pois ela, ao ouvir esse falso cantar, saberia compreender: "sou tão abjeta que nem dessa abjeção sou digna". Sim, é no disfarçar que nos banalizamos, porque, ao brilhar, todas as cousas são iguais — aniquiladas. Vê o diamante: o brilho é banal, ele é eterno. O eterno é vil! é vil! é vil!

Porque estou morto é que digo: o apodrecer é sublime e terrível. Há porém os que não apodrecem. Os que traem o único acontecimento maravilhoso de sua existência. Os que, súbito, ao se buscarem, não estão... Esses são os assassinos da beleza, os fracos. Os anjos frustrados, papa-bostas! oh como são pálidos!

Ouçam: a arte é uma traição. Artistas, ah os artistas! Animaizinhos viciados, vermes dos resíduos, caprichosos e pueris. Eu vos odeio! Como sois ridículos na vossa seriedade cosmética!

Olhemos os pés do homem. As orelhas e os pelos a crescer nas virilhas. Os jardins do mundo são algo estranho e mortal. O homem é grave. E não canta, senão para morrer.

1

Tempo acumulado nas dobras sórdidas do corpo, linguagem. Meu rosto esplende, remoto, em que ar?, corpo, clarão soterrado!

Calcinação de ossos, o dia!, o escorpião de que o mover-se é brilhos debaixo do pó.

Mar — oh mastigar-se!, fruto enraivecido! — nunca atual, eu sou a matéria de meu duro trabalho.

Queimo no meu corpo o dia. Sob estas roupas, estou nu e mortal.

Minhas orelhas e meu ânus são uma ameaça ao teu jardim.

Chego e os gerânios pendentes fulguram. As cousas que estão de bruços voltam para mim o seu rosto inaceitável, e consome as palavras o meu dia de trezentos sóis próximos.

As frutas gastam os teus pés. As árvores que trabalham onde tu não sabes, e sobretudo nos perdidos quintais onde estou morto debaixo das folhas; e a oscilação das marés — mesmo quando dormes — cozinham os céus dos dias, envelhecem as tuas nádegas.

O dia de hoje, este claro edifício que nós todos, os acrobatas, com o auxílio das águas, cegas, e das plantas, vamos construindo, ao sol, dura, duramente — sabemos: ruirá.
                              Há nas tardes, um instante exato
— que os rios precipitam — em que as cidades desabam, sempre; e nos sepultam.

as praias devoram o tempo de tua vida; em sua fímbria acesa, pêndulos, consomem-se os dias e as noites; no mar, o que nos astros brilha, é trabalho. Estamos perdidos.

contra o solo do sono, te precipitaste, sem baque; o teu desastre, dormidor, foi branco. Acima de teu teto há sol, grasna a crepitação das horas; as altas nuvens que, sem que te impilam, te impelem.

As minhas palavras esperam no subsolo do dia; sobre elas chovera, e sóis bebidos trabalham, sem lume, o seu cerne; tempo mineral, eu as desenterro como quem desenterra os meus ossos, as manhãs calcinadas — carvões!
                              queimo-as aqui; e esta fulguração já é nossa, é luz do corpo

construo uma nova solidão para o homem; lugar, como o da flor, mas dele, ferocíssimo!; como o silêncio aceso; a mais nova morte do homem
                              construo, com os ossos do mundo, uma armadilha; aprenderás, aqui, que o brilho é vil; aprenderás a mastigar o teu coração, tu mesmo

2

A lama, a sua cintilação. Os capins explodidos. O fedor da inconsis-
tência. As árvores, os troncos, a casca. A solidão da vida!
                                                        as raízes
fendem o chão seco. O chão do planeta, de brilhos. O planeta silen-
cioso. Suspenso como uma pera. A vegetação, como órgãos. Os
homens, como órgãos. O que roça a terrível crosta, a poeira da clari-
dade. Os sóis errantes fazem e desfazem o espaço. As velhas esferas
de pó, no vazio de pó, feras, oh combustão! as severas paredes de éter,
a infinita, a anuladora coincidência
                        gira gira
                        os rios indo Os peixes, a sua desesperan-
te ignorância de tudo As pedras do chão e as que se levantam em
voo. Em verdade, tudo cai. Os rios nunca passam. O lodo, a mesmice
das águas. O nada. Giram giram. O homem de pé. O homem sentado.
O homem de costas. Bicho sem apoio! Os pelos no nariz, as unhas,
os pelos no ânus — crescem. Os delicados testículos. A bunda do
homem, a severidade da fenda, a sua febre. Os dobrados intestinos,
o seu soturno aéreo trabalho. O homem caminha. É um rio andan-
do. É uma árvore, andando. A lama, andando; sol, andando; nada,
andando. O homem é um peixe de cabelos e morte clara. Os pés, no
chão. O rosto, no ar do mundo, no vácuo conciso, sem tempo, porque
onde nada sucede para além do engano. Sabe-se: os cristais brilham
no fundo do chão. O silêncio é terra. Chove.

Em Saturno, as primeiras flores descobrem os anéis que os sábios
envelheceram. Amanhã, árvores começarão ali um espaço novo, de
frutificar. Demorará muito ainda, até que a vida se enfureça e se
organize em máquinas autônomas; até que os peixes se desprendam
das folhas da água, e se ergam, os pássaros, dos frutos apodrecidos
no chão daquele mundo. Até que se inicie a devoração. Oh, mas já
arqueja, como uma égua exausta, o meu pó futuro!

3

Não conte casos, a senhora está velha. As suas mãos secam, os seus
dedos, os braços. As unhas, sem brilho, cansaram de crescer. Não
finja, não brinque com crianças.
                        Não esqueça o seu corpo! Os cabe-
los embranquecem e caem. Os dentes apodrecem e caem. A senhora
está gastando, sozinha, como os seus móveis de jacarandá, em sua
alcova. O seu nariz perde a forma, engrossa, dobra, é uma tromba. O
rosto apagado (como um sol morto que nunca foi vivo) e enxuto — os

olhos rodeados de infinitas pálpebras e melancolias — me lembra o pó o pó o pó irremissível!

A senhora tem quarenta e nove anos, não é? e as suas pernas afinaram e as coxas afinaram; as nádegas, amolecidas na paciente rendição ao urinol cotidiano, as vossas severas nádegas, minha senhora, murcham sob as roupas. Triste cabelo, o que resguarda o seu sexo. Contra quê? Não espere mais, a senhora sabe que já não seria possível.

Comovem-me os seus pés ossudos, velhos de séculos, como os dum galináceo. A senhora é grave, apesar de todos os seus vícios; apesar do *bâton* e do *rouge* tardios e das sobrancelhas tiradas em vão. Apesar mesmo da forma ridícula que o corpo ganha e perde no arco do sentar-se. O silêncio do seu corpo em pé, erguido no ar dos dias, desamparado como uma janela (que em tarde qualquer não estará aberta, nem fechada, em parte alguma do mundo).

Não saia. Sente-se nesta cadeira. Ou naquela. Olhe o assoalho poeirento, que a senhora há duzentos anos pisa, sem ver: olhe a luz nas tábuas, a mesma que incendeia as árvores lá fora. A tarde nas tábuas. Deixe que lhe penetre a densa espera do chão.

4

Tanto o seu estar, rubro e quieto, quanto o meu que se faz e desfaz o ar destas paredes — é queda. Vê-la é dizer-me: sol colhido, resumo de horas atravessadas de aviões e batidas de mar, fechado abismo: oh vertiginoso acúmulo de nadas!

Maçã? Sirvo-me deste nome como dum caminho para não te tocar, cousa, fera, objeto vermelho e súbito, que o voo de ignorados meteoros amadurecera num quintal da Europa

(o cometa de Halley, enquanto escrevo, inventa e queima o seu curso precípite)

Sim, para não te tocar no que não és: forma e cor aqui, e algo mais que o corpo unicamente sabe, festa, explosão, ameaça a este céu atual. O que duras, no agora que já se desprendeu de nós e se ergue acima deste, é uma exata espera de alegria — precipitável na boca, feito um relâmpago. E que tenho vivido, e por isso quanta distância entre nós!

Tu sobre a mesa, eu sobre a cama. Só o que não és conheço — e só o que não sou te procura, que o ser não caminha no ar. A palavra te cobre — e debaixo dela estás rutilante como um astro ou um pássaro vivo na mão.

Separam-nos os vícios do corpo e a presença geral do dia.

(estas palavras como a tua cor, fruta, são as nossas acrobacias, o nosso pobre jogo. O que somos é escuro, fechado, e está sempre de borco. Falamos, gesticulamos, soluçamos, puerilmente, em torno dele — que não nos ouve nem nos conhece. O seu rosto (será esplendente? duma dura luz?) não se ergue jamais; no extremo desconhecimento se esfacelará, dobrado contra o seu ventre de terra. O que somos, o ser, que não somos, não ri, não se move, o dorso velhíssimo coberto de poeira; secas, as suas inúmeras asas, que não são para voar, mas para não voar. O que somos não nos ama: quer apenas morrer ferozmente)

5

Vai o animal no campo; ele é o campo como o capim, que é o campo se dando para que haja sempre boi e campo; que campo e boi é o boi andar no campo e comer do sempre novo chão. Vai o boi, árvore que muge, retalho da paisagem em caminho. Deita-se o boi, e rumina, e olha a erva a crescer em redor de seu corpo, para o seu corpo, que cresce para a erva. Levanta-se o boi, é o campo que se ergue em suas patas para andar sobre o seu dorso.

E cada fato é já a fabricação de flores que se erguerão do pó dos ossos que a chuva lavará, quando for tempo.

6

É velho o sol deste mundo; velha, a solidão da palavra, a solidão do objeto; e o chão — o chão onde os pés caminham. Donde o pássaro voa para a árvore.

O cavalo sem sede

OS REINOS INIMIGOS

Na luz da tarde eles recomeçam a enterrar o meu rosto
Um céu vertiginoso trabalha, a luminosidade se dilacera

Meu corpo, em suas roupas, tombado feito um clarão entre as flores
da terra, que o vento bate Onde ele bate sem som

Eles cavam na claridade e cobrem com o barro escuro os teus cabe-
los como os teus dentes que brilham Há muitos séculos-pó resisto
dentro dessa tarde

As árvores do fundo dobram-se na alucinante devoração daquele fim
de tempo As formigas e os ratos me espiam debaixo das ásperas pri-
maveras Os homens falavam, mas a sua fala estava morta, a palavra
caía nas gramas do chão,
onde se firmam os pés dos que amaldiçoam o morto que eras, o
rutilante morto que eras

OS JOGADORES DE DAMA

Se te voltas, a verdura esplende O rosto dos homens se perdeu no
chão das ruas Dura, nas folhas, o sol sem tempo
Voa com o pássaro a solidão do seu corpo Somos arames estendidos
no ar de um pátio que ninguém visita Vamos, o que sempre há, e não
cessa, é o tempo soprando no tempo A orelha que envelhece dobrada
sobre o som do mundo

ninguém sabe em que território de fogo e sob que nuvens os
homens arquejam e pendem entre os clarões da poeira um
rosto dourado e cego

nem em que tarde das tardes as derradeiras aves
desceram para a terra
e um vento desfez seu corpo!

—————

Um abutre no ar violento do quarto; árvores acesas numa
trepidação de céus velozes; escancarada a azul boca de fera; o
frango ciscava o chão do planeta; ai, voo de clarões rápidos, e
grita no ferro o pó das mortes, — oh tardes do mundo!, os sé-
culos soprando por cima de meu telhado!, a guerra do homem,
os pés como relâmpagos, o homem dobrado sobre o homem,
eu devorava o meu estômago

quando espanquei o garoto ossudo, ele virou um pássaro e acometeu-me; peguei-o na invenção do voo e o estrangulei; fugi; adiante, ele me esperava, sorridente, o pássaro!; saltei sobre o seu corpo de assombro e meus pés o despedaçaram; não ventava naquela rua; fugi; os cavalos erguiam e baixavam o pescoço veloz; clamam os vãos do pavor; os ramos cresciam e secavam vertiginosamente; a rapidez das rosas me atordoava, eu cambaleava, os homens surgiam e se apagavam, rápidos, como buracos no ar; os dias se espedaçando feito bólidos contra a minha forma soluçante; e o pássaro reaparecia no início das distâncias, correndo velocíssimo num monocípede; já o corpo se fende, entro em minha cidade, siga, pare, os frangos, pare, pare, onde fora meu quarto, de ar, e bilhas, ai!, só floresce a pura ossada de minha avó, meus pés de garras precipitam-se nos vácuos, roda a cabeça sob os passos, o joelho se esgarça, me fujo-me num definitivo assovio sobre o envelhecimento dos sistemas!: fiiiiiiiiiiiiiiiiiiiiiiiiiiiiiii

Agora quis descer, e não havia chão; ou descer seria subir? Mas o espaço se perdia sem margem, sempre. Ela, a águia, era o centro. Se se movesse para o alto de si, para baixo de si, ainda seria o centro. Sou o centro, pensava já com certo orgulho, o pássaro. Mas se deu a voar numa só direção, no esbanjamento de seu privilégio. E a sua minúscula figura em marcha assinalava, sempre, uma referência entre um mesmo ponto do vazio e outro qualquer que não se quisesse. Depois, a necessidade de pousar cresceu como um olho de obsessão em seu corpo. E não havia terra. Apenas o ar. O ar, que só era um abismo porque ela estava ali. Voava, e o movimento das asas moía-lhe as articulações. Ela, a águia, sabia (não sabia por quê) que uma águia em voo não deve fechar as asas, e por isso, talvez, gemia e continuava. Agora, o sangue, descendo-lhe das axilas, ensopava-lhe a plumagem do peito. Mas a águia não parou. Não parou nunca (nunca, nunca etc.). Nem depois que seu corpo começou a rodar, precipitado. Ninguém dirá quando veio a morte. É certo, porém, que ela não teve a alegria duma última descoberta. Mas vós tereis: ela caía na mesma direção de seu voo, como se o continuasse.

OS DA TERRA

A claridade destruiu os cavalos neste chão de evidências; as velhas caem das folhas, com os seus dentes, numa vacilação de ar; duas formas, sentadas, falam do tempo do corpo; "os que cavam ferem a terra e a luz"; mas anda o espaço, o campo de pura mecânica; "esta brisa que, amanhã, derrubou as janelas, ontem voltará, sem que te vejas"; colhe-se a futura cor, com mão de agora.

————

Vieste, Harry, Joe ou John, e apoiavas o braço na cerca do curral, olhando o voo da poeira requeimada. Homens, bois, habitantes do Texas — pensaste? Foi num dia de tua vida, Harry.

Na manhã dum século, seis homens louros riram num bar da Alemanha. As janelas estavam abertas. Ah eles rolaram de borco sobre as estações!

————

Os seres riem num espaço de luzes concisas; é a festa do escuro

real convívio dos legumes; a água cresce na verdura; o agrado da morte, sorridente, pelo contorno das folhas

a vegetação apagou minha boca violenta; o vento é uma planta da terra, começa a meu lado; arr! destroça as cores em que se apoia o verão!

o som dos pés; as risadas debaixo das águas; os voos; o brilho de nossos braços — oh verdades duma luz que foge nas acácias!

Correias, 20-1-52

O ABISMO DA VERDURA

Já, na grama atual, é verde a luz destes cabelos, o brilho das unhas; vegetal, o pequeno sol do sorriso. Nada reterá a figura do corpo, que só a palavra, o seu secreto clarão, ilumina; ou a alegria do exercício.

Movo-me, aqui; mas, largado, resseco num deserto que a pura luz dos barulhos edifica; onde o azul é faminto, céu contumaz, descido nos meus pés como um corvo.

————

Aqui sentou-se o som, o opaco, som; aqui? lugar de vento!; e a luz sentada, a luz!; tempo mais ar mais ar e ar e ar; aqui, tempo sentado; não sopra, não, me escondo, a cor me gasta.

Varre, varre, não disseste, varre, e dentro dos olhos, onde a morte se inveja; e o medo menor que fende a nuca — vacilas, cravejado, sobre instantâneo chão feérico; varre, mas a nossa pele já se estende, velha, entre um campo áspero de esferas.

Deixa, os velhos soldados já estão secos, eles só ouvem o vento
que rola pelos seus dedos vazios

                              Está no último aposento,
com a sua perna; os degraus pesados de sono, o papagaio

— alguns se desprendem desta muralha, e já o escuro vela um
trecho seu, ilumina o interior dos ossos

Sob um dia que jorra a um mesmo canto da chácara, o teu
pescoço desce pelo duro silêncio, e some dentro do chão

Agora é aquela boca de açúcar, na treva,
lá, lá!

―――――――

eu habitante do vento
eu vento de vento
    vento exvento

eu voz batida batida
batida

          Tortes Tortes
          não deixes o escuro das pedras

          Tortes
          funde o queixo no tempo

          Tortes
          vento vento vento

As revelações espúrias

CARTA AO INVENTOR DA RODA

O teu nome está inscrito na parte mais úmida de meus testículos suados; inventor, pretensioso jogral dum tempo de riqueza e previdências ocultas, cuspo diariamente em tua enorme e curiosa mão aberta no ar de sempres ontens hojeficados pela hipocrisia das máculas vinculadas aos artelhos de alguns plantígrados sem denodo. Inventor, vê, a tua vaidade vem moendo meus ossos há oitocentos bilhões de sóis iguais-desiguais, queimando as duas unhas dos mínimos obscurecidos pela antipatia da proporção inelutável. Inventor da roda, louvado a cada instante nos laboratórios de Harvard, nas ruas de toda cidade, no soar dos telefones, eu te amaldiçoo, e principalmente porque não creio em maldições. Vem cá, puto, comedor de aranhas e búzios homossexuais, olha como todos os tristíssimos grãos de meu cérebro estão amassados pelo teu gesto esquecido na sucessão parada, que até hoje tua mão desce sobre a madeira sem forma, no cerne da qual todas as mecânicas espreitavam a liberdade que viria de tua vaidade. Pois bem, tu inventaste o ressecamento precoce de minhas afinidades sexuais, de minhas probabilidades inorgânicas, de meus apetites pulverulentos; tu, sacana, cuja mão pariu toda a inquietação que hoje absorve o reino da impossibilidade visual, tu, vira-bosta, abana-cu, tu preparavas aquela manhã, diante de árvores e um sol sem aviso, todo este nefasto maquinismo sevicioso, que rói meu fêmur como uma broca que serra meu tórax num alarma nasal de oficinas de madeira. Eu estou soluçando neste edifício vastíssimo, estou frio e claro, estou fixo como o rosto de Praxíteles entre as emanações da ginástica corruptiva e emancipadora das obliterações documentárias. Eu estou, porque tu vieste, e talhaste duma coxa de tua mãe a roda que ainda roda e esmaga a tua própria cabeça multiplicada na inconformidade vulcânica das engomadeiras e dos divergentes políticos em noites de parricídio. Não te esquecerei jamais, perdigoto, quando me cuspiste o ânus obliterado, e aquele sabor de alho desceu vertiginosamente até as articulações motoras dos passos desfeitos definitivamente pela comiseração dos planetoides ubíquos. Agora estou aqui, eu, roda que talhaste, e que agora te talha e te retalha em todos os açougues de Gênova, e a tua grave ossada ficará à beira dum mar sujo e ignorado, lambido de dia ou de noite pelas ondulações dum mesmo tempo increscido; tua caveira acesa diante dos vendilhões será conduzida em pompa pelos morcegos de Saint-Germain-des-Prés. Os teus dentes, odioso berne deste planeta incorrigível, serão utilizados pelos hermafroditas sem amigos e pelas moças fogosíssimas que às duas da manhã, após toda a sorte de masturbação, enterram na vagina irritada e ingênua os teus queixais, caninos, incisivos, molares, todos, numa saudação à tua memória inexorável.

Gullar
Rio de Janeiro, 4-4-52

CARTA DE AMOR
AO MEU INIMIGO MAIS PRÓXIMO

espero-te entre os dois postes acesos entre os dois apagados, naquela rua onde chove ininterruptamente há tempo; procuro tua mão descarnada e beijo-a, o seu pelo roça os meus lábios sujeitados a todos os palimpsestos egípcios; cruzas o mesmo voo fixado num velho espaço onde as aves descoram e o vento seca retorcido pelo grave ecoar das quedas capilares; apalpo o teu cotovelo entediado, amor, teu cotovelo roído pelo mesmo ar onde os olhares se endurecem pela cicatrização das referências ambíguas, pela recuperação das audácias, pelas onomatopeias das essências; amor!, vens, cada sono, com tuas quatrocentas asas e apenas um pé, pousas na balaustrada que se ergue, como uma pirâmide ou um frango perfeito, do meu ombro à minha orelha direita, e cantas:

ei, ei grato é o pernilongo aos
corredores desfeitos
ei, ei Ramsés, Ramsés brinca com
chatos seculares

bem, quero que me encontres esta noite na Lagoa Rodrigo de Freitas, no momento exato em que os novos peixes conheçam a água como não conheces jamais o ar nem nada, nada. Iremos, os dois, como um gafanhoto e um garfo de prata, fazer o percurso que nasce e morre de cada pé a cada marca, na terra vermelha dos delitos, queridinho!

Rio, 5-4-52

THE SKY ABOVE US

Ranara, serpente branca, pão de monge, te enrosca entre as colunatas da fome. Ranara, Ranara, estamos deitados sem campo, para que regresses irrisória da pureza de meus abismos. Quando estiveste em Buenos Aires, quem descompôs teu costumeiro desleixo? Atacaremos os aviões e as vastas fortalezas de nêutron. A cabeça de Murilo, incendiada pelos passos da incauta constelação de ódios, espiralava na quietude de nefasto procurador de colheitas. Os elefantezinhos pastavam a frágil carícia que o teu vagar lhes oferecia. Mas quem, quem, quem? A cada instante descobrimentos de números, antecipados pela raiz mesma de nossa desprezível condição, superam em ternura toda e qualquer destilação não solicitada. De pedras fizemos as duas ruínas do temário de Ranara. De pedra fizemos as inúmeras fomes que assolavam estas mesmas oscilações de nadas. De pedras fizemos as pedras e a carne de nossas únicas devastações. Estaremos ao lado do primeiro que reinventar a sombra. Não te lamentes a vida inteira neste minuto conservado sem gastronomia ou baixeza. O lado direito, o lado esquerdo, ambíguos e simétricos em sua infinita diversidade, eles são teus. Que as linhas se curvam e nos desfazem, que as linhas reencontram a afetividade de nosso contrassenso, é certo. Todavia, não esperamos umas mesmas ofensas, nem mesmo que dois pontos no negro guardem para o futuro, que os eunucos campeiam, a idêntica e ridícula proporção do nosso nariz roçado de olho.

DENÚNCIA AO COMISSÁRIO DE BORDO

creia-me, senhor, já não resistiremos a esta sede, este calor, esta mesma repercussão implacável. Se a culpa não é vossa, peça aos acmes que se recusem à participação nos festejos, peça aos jurados que devolvam a aresta do pêndulo, peça, rogue, suplique a todos os íntimos representantes da crença que renunciem à polivalência dos recônditos afazeres de Jório. Faça o que quiser, mas entregue ao mais novo de nós o seu íntegro cortejador de cardúcias. Como julga o amigo que subsistiremos sem a cooperação desse coordenador das dolorosas intromissões que ocorrem sem alarme entre o nosso tão abrigado consolo? Não, não. Não e não; trate de rever as porciúnculas; cuide de nossas obsoletas dosagens, de tudo o que não se encontraria noutro lugar que neste, neste que nós fazemos para o fastio de antigas gerações de gamos. Até as duas horas de hoje, aguardamos as consequências de meu silêncio em face do gordíssimo unificador dos hormônios. Até as duas de hoje. A nós não importa nem a desfalência dos mórbidos estruturadores dum contrassenso, nem tampouco o nenhum tamanho que ostentam à distância esses estupradores de Conselho. O certo é que as novas modorras esgotam a providência esfacelada no ápice deste mesmo controle. Não pretenda se refugiar entre os conventos de Ródia; não julgue que qualquer de nós é capaz do menos desconjuntado desvio, do acesso encontradiço nos pilares da dispneia. Acorremos pelas dentaduras, defloraremos a estância das consternações impedidas, nós, nós, jamais serraremos a parca inconveniência do tédio. Nem sei mais o que lhe jure diante de tão pouca expectativa. Prefiro que as mônicas algemas esqueçam que eu sempre estive cosido à parte mais obscura dos assuntos. Asperge toda a ruína sobre o ombro de Cadmo, cumpra com o seu direito. Se amanhã as novas encomendas violarem este pacto de audácia, recorreremos, sem dúvida, à dura assolação desta irreconhecível paisagem. Adeus. Aceite a improfícua desmoralização de toda posteridade conturbada.

7-4-52

FALSAS CONFIDÊNCIAS A UM COFRE
DE TERRA APREENDIDO EM OKLMA

Todo o povo de Oklma te fez sob a defecção das injúrias dos atavios do ócio: todo o povo guerreiro dos pacíficos oleiros, dos enfermados glutões de Hiroxima, Oklma, esculpidíssimo, porto de arsênicos disfarçados em omoplatas; te digo: as corças já estavam deitadas dentro do sono, os faraós espreitavam mansamente a incongruência dos anódinos, as carrocerias de chumbo abalavam todo o sustentáculo dos progressos sem persecução; fugimos demasiado desfeitos para o recanto, e apenas durante aquele estágio eu só, eu só, eu, contrapus todas as pediatrias e ergui em face das dissoluções desleixadas um grande vômito de esperma. No dia seguinte não restava outra forma de apoio senão a perda e a fenda das dispepsias em que outrora meus avós mergulhavam a contravenção dos infaustos. Perdi-me na tarde em que soprava muito vento, soprava muito muito muito vento entre as galhadas de Artemis. Depois os autos, que conservei intactos até a hora extrema quando os ossos apagados começaram a desvendar a fonética duma tradição virulenta. Murtinho, Murtinho, devemos roçar bem bem o nosso único olho nas enrijecidas páginas de minha compostura. Mas não é só. Entre os talhadores de pedras, sob o grande musgo de famas, debaixo daquela mesma fulguração em que se apagaram os périplos de Wagner, as peripécias de Augusto, ai, ai, já não seria possível encontrares, entre as escavações bem-sucedidas, mais que a marca delinquente de tua própria efervescência de graal. Não renunciaremos a nada, não nos declararemos infensos às cordiais cercanias do medo, não denunciaremos, ah isso nunca, não debateremos a ingratidão dos passados. Fecharam-me, então, no mais raso dos abismos da moda, grudaram minhas orelhas à parte mais distante de meu ser desfraldada nas últimas instâncias do globo. Agora desfaço-me de tudo: agora, desfaço-me de minha mais antiga documentação, perco-me definitivamente entre as sucessividades dos madeirames opressos nas tempestuosas viagens do mundo; não, não me peças qualquer cousa que não seja própria de minha inconsistente declaração de princípios; gostaria que não me exortasses à menor das comentações, ao menos estúpido dos debates entre as pobres e indefesas iniciadoras de nossa crosta. Mas que outra seria maior e endurecida, senão pelo contato do corpo? sim, dize-me, quem nos poderia, agora, recompor a desfaçatez das concórdias a que te havias sujeitado? quem para reiniciar a mesma dificuldade dos pregos, a mesma oposição sem contrários, a mesmíssima reconstrução do combate? Tua resposta, que vem, que vem sempre, não satisfaria a milésima parte de meu absurdo contender. Bem, eu te proponho a seguinte blasfêmia: judicaremos os contrafortes menos lícitos, roeremos diariamente as égides do templo, dissolveremos, sem nenhuma piedade, a incursão dos pósteros, os seus calcanhares argutos, e pronto, tudo o que reste ainda não servirá sequer para um almoço com o presidente da ONU num transatlântico de osso. Foi entre as últimas palavras do argonauta, que nos aborrecemos de nossas próprias madeixas, nos esquecemos de cada antes começado sem suspeita nos meus antigos sapatos na chuva; qual o meu porte? roço a mais difícil das defesas do homem; detenho apenas um infecto conforto de imobilidades refratárias; não sirvo, não é isso? Não temas, porém, que eu jamais me enfureço contra as penalidades abstrusas. Todo o meu respeito se insere em dois gramas de bióxido de cálcio dissolvidos em vinho, manipulação proveniente deste meu único estado onde as condensações se oprimem como um corpo deitado sobre a sua própria facilidade de nojo. Governamos o anterior espaço das catástrofes unívocas; nosso antigo porte guarda sem relutância a sombria escapatória dos bárbaros; oleamos os braços, diremos duzentos séculos uma mesma palavra confusa, que derrubara as armaduras do cúmulo; minha espada se recordou de meu passo, agora nada é possível renascer entre esta estreita margem e o tenebroso conluio dos aspérrimos conservadores; eu por mim não desfaleço, eu por mim não desloco nem aquilo que dividiria a contribuição dos Institutos para um lado sem pajem, ou nas idênticas ondas em que todas as pessoas se entregam a um mesmo desvario conhecido de seu próprio futuro. Eu por mim te peço: me deixa.

gullar 7-4-52

Machado:

quanto minuto curtíssimo se desprende do teu paletó
desusado? zado?
amanhã estaremos emborcados contra o susto de toda
herança, de toda, toda. amanhã... deixa.
os que se sentam entre as unívocas reclamações populares,
esses estarão sempre cobertos de teia e mel. Nós, porém, nós,
que não somos nem esse pronome progome profone, nem,
nós deixamos que tudo se suceda e nos suma num grave
passo de nada
se te perguntarem onde está meu corpo, diz: ah, o
corpo dele não está em nenhuma parte que eu possa enunciar.
Ai, deixem o corpo dele.
não fales entre as águas se o tempo te acedia, per-
fura a tua própria nódoa, come o teu próprio limbo,
desce, desce, desce, que a espera do fundo é sempre
uma anedota do dia.
onde
te enterram diariamente, meu amigo? onde me enterram, sem
mim, onde? quem desvenda sem amor o meu rosto tão duro,
tão duro quando a luz o alcança?

dizem que a mi-
nha perfeita for-
ma é a denegação
dos cruzados. di-
zem que tudo que
resto, em mim,
é uma mera es-
tatística incon-
gruente. dizem,
tudo dizem, eles
nasceram para
falar. para contar
histórias, para
comentar a cor
de cada fato sem
cor. Ouçamo-los
com tédio.

somos pouco mais de dois terços de nós a caminho do campo morto. somos muito mais que as hostes de Brad, dos contempladores do frio, somos uma vaga promessa de regresso sem contorno. As humilhações do tempo, as estúpidas reconsiderações no solo, nada, nadanada, nada, nada nos salvará de nossa força. Estou sentado numa raiz à sombra e um rato come o meu dedo mínimo e sorri. Ele pensa que eu não reparo no seu roubo. Pobre rato, que rói seu próprio dedo mínimo e sorri de não saber que não sabe que ele se vê roendo a si mesmo, à sombra. Ainda bem que é à sombra, essa sombra que é ardente e terrível, que queima os ossos e nunca a pele.

   amanhã amanheceremos a teu lado direito, vestidos de fraque e cartola negra. Seremos uns vinte, com a mesma cara a mesma voz. Nosso riso porém é o mesmo. Chegaremos e beijaremos a tua fria mão, irmão, te bateremos o rosto, comeremos os cabelos, te diremos sem dor: cada vento que chega já morreu entre os beiços da múmia. ama, ama o sinal de queda, porque ele se desmente para reverter na infinitude dos píncaros de branca devassidão.

            quando te cansares de tudo, olha a tua mão
            e te diz: estou cansado de tudo. Só quando
            já nem tua mão, nem teu cansaço existirem,
            aí então, aí então sim.
                 aí nada. Ri, meu besta, tira teu bra-
            ço e lambe-o, lambe-o, lambe-o!!!

            Gullar gularratgfitunb girjwmxy

OS OSSOS DO SOLUÇO

cidades, cidades, portas de minha irreverência; estou adormecido em pé, o corpo sobre o teu ombro do mais velho ar; já não soa o pé da moça no cálcio; freme a oscilação na armadura, vento, época, algo avança pelas fendas; e este chão? este — chão de que meu braço é fim de voo! Quéops sorri entre as omoplatas, Quéops, jovem, de costas para nós, despe-se do concílio das águas; então, contornaremos a grande face entre as pedras; falam, debaixo, debaixo, rente a minha espada esculpida em cal. Começará a ventar de meu ombro, tiahuanaco; os que garantem a hipocrisia desta luz — desta!, ai!, curva pura, os que te guardam, o braço e a lança, perfeitos no limiar do pó. Ajunta, ajunta o que se quebra, quando eu caminho.

13-4-52

O SOLUÇO, A IMPERSISTÊNCIA DE QUÉOPS

a luz clama, o conluio de pedras, e te dessecaste no carbono destes sons gretados; deslizava entre a escura devassidão dos ônleos, toda a corte simplória e encarniçada, cuja história já teria sido contada sem nenhum regresso à consecução dos sentidos. Era, dizia-se, a própria ausência das paragens, despida onde os nossos recursos se fundem numa múltipla decepção biológica. Te arrastaram por ali, num alagado de solstícios escuros, e a aventura dos ossos não encontrava outro apoio: só o desconcerto destas planícies encurvadas sobre a nova insolação, e o curso.

A fala

As crianças riem no esplendor das frutas, Vina,
o sol é alegre.
Esta estrada, esta estrada de terra,
onde as velhas sem teto se transformam em aves. O sol
é alegre.
Fala-me da ciência. O hálito maduro
em que as folhas crescem donas de sua morte.

Vina, as hortaliças não falam. Me curvo sobre nós
e as minhas asas tocam o teto.
Aonde não chega o amor e o sábado é mais pobre,
lá, ciscamos estes séculos.
Os meus olhos, sábios, sorriem-me de entre as pedras.
Prossegue, eu te escuto, chão, usar a minha língua.
Vejo os teus dentes e o seu brilho. A terra, dizes,
a terra. Prossegue.

Falemos alto. Os peixes ignoram as estações e nadam.
Nós, caminhamos entre as árvores. Quando é verão, os druidas,
curvados, recolhem as ervas novas.
Falemos alto,
os milagres são poucos.
As águas refletem os cabelos, as blusas dos viajantes.
Os risos, claros, detrás do ar. Os pássaros voam em silêncio.

Não te posso dizer: "vamos" — senão por aqui.
A infância dentro da luz dum musgo que os bichos
comem com a sua boca.
Eu ouço o mar; sopro, caminho na folhagem.
Mirar-nos, límpidos, no susto das águas escondidas!,
a alegria debaixo das palavras.

O culto do sol perdeu os homens; os restos de suas asas
rolam nestas estradas por onde vamos ainda.
Aqui é o chão, o nosso. No alto ar as esfinges sorriem.
Seus vastos pés de pedra, entre as flores.

Sopra, velho sopro de fé, vento das épocas
comedor de alfabetos, come o perfil dos mitos, vento
grande rato do ar eriçado de fomes,
                                        galopa

                                                        Jul. 52

Esta linguagem não canta e não voa,
não voa,
o brilho baixo;
filha deste chão, vento que dele se ergue
em suas asas de terra.
Aqui, a pouca luz,
ganha a um sol fechado, soluça.

Sopra no coração o sol das folhas, Vina,
é verão nas minhas palavras.

Maduras, movem-se
as águas, fervilhando de rostos.
E me iluminam um lado no silêncio
para onde as cousas estão extremamente voltadas.

——————

O teu mais velho canto,
arrastado com sol, varrido
no coração das épocas,
eu o recolho, agora, de entre estas pedras, queimado.

          Tua boca, real,
clareia os campos que perdemos.
Eu jazo detrás da casa, aonde já ninguém vai
(onde a mitologia sopra, perdida dos homens,
entre flores pobres)

——————

Fora, é o jardim, o sol — o nosso reino.
Sob a fresca linguagem, porém,
dentro de suas folhas mais fechadas,
a cabeça, os chavelhos reais de lúcifer,
esse diurno!

Assim é o trabalho. Onde a luz da palavra
torna à sua fonte,
detrás, detrás do amor,
ergue-se, para a morte, o rosto.

15-9-52

Um fogo sem clarão queima os frutos
neste campo. Onde a vegetação não ri.

Cavamos a palavra. Sob o seu lustro
a cal; e cavamos a cal.

Onde jorrara a fonte, as pedras
secas. Onda jorrara
a fonte, jorrara a fonte.

Aqui jorrara a fonte.

Um fogo sem clarão cria os frutos deste campo.

Isto é a poeira florindo,
sem rumor e sem milagre. A poeira
florindo o seu milagre.
Isto é um verão se erguendo
com as suas folhas e o seu sol.
                        Duma garganta clara,
o mar (um verão)
se erguendo sem barulho.

Numa altura do ar,
esplendentes,
as frutas.
            Aonde não chega a fome, a nossa
fome, nos mostro:
                        as frutas!

Onde jorrara a fonte, jorrara
a fome. Onde jorrara
a morte, jorrara
a fonte. Aqui,
jorrara a fonte.

Aqui, onde jorrara
a morte, a água sorria
livre; a primavera
brilhava nos meus dentes.

Onde jorrando a morte, a fome vinha
e a boca apodrecia, bem, seu hálito;
e, no hálito, as rosas
desta fonte; e, nas rosas,
a morte desta fome.

As frutas sem morte,
não as comemos.
                    Essas
que uma outra fome, clara,
segura.
            Essas
suspensas lá onde o silêncio,
não bem como uma árvore
de vidro,
                frutifica.

Ouve jorrar a morte
no teu riso, a alegria
queimando a vida;
os teus bichos domésticos,
as flores infernais
a rebentar dos passos.

Agora, eu te falo duma água
que não te molha a mão
nem reflete
o teu rosto casual.

O odor
do corpo é impuro,
mas é preciso amá-lo.
Nenhum outro sol me clareia,
senão esse, mortal
como um pássaro,
que meu trabalho acende
desse odor.

E é assim que a alegria constrói,
dentro de minha boca,
o seu cristal difícil.

Out. 1952

———

Movimento — tão pouco é o ar,
tão muito o tempo falho
nesse ar.

Fala: movimento... a fala
acende da poeira. Gira
o cone do ar, as velhas forças
movendo a luz.

Move, que é onde se apoia
o vértice do pó.
Roda a mecânica esquecida
e, resguardado, o trigo,
o silêncio extremo
acossado de sóis.

———

As cavernas jamais tocadas
vibram.

Apagado o hálito,
onde seguras
o teu vivo brilho?

Trigo, trigais
comidos. Rebenta
no ouro a espiga.
O nosso pão vacila
mas a tua língua é feliz.

8-11-52

———

O mito nos apura
em seus cristais.

Os ventos que enterramos
não nos deixam.
Estão nos castigando
com seu escuro fogo.

A altura em que queimamos
o sono
estabelece o nosso inferno
e as nossas armas.

10-11-52

———

Chão verbal,
campos de sóis pulverizados.
As asas da vida aqui se desfazem
e mais puras regressam.

O mar lapida os trabalhos
de sua solidão.

A palavra erguida
vigia
acima das fomes
o terreno ganho.

11-11-52

———

Flores diurnas, minhas feras,
estas são as máquinas do voo.
A pele do corpo
se incendeia
em vosso inferno verdadeiro.

Eu te violento, chão da vida,
garganta de meu dia.
Em tua áspera luz
governo o meu canto.

29-11-52

———

Sobre a poeira dos abraços
construo meu rosto.

Entre a mão e o que ela fere
o pueril sopra seu fogo.

Oficina impiedosa!
Esta alquimia
é real.

4-12-52

Na minha irascível pátria
o perfume
            queima a polpa.

Nos fundos lagos, o dia move
seus carvões enfurecidos.

O silêncio sustenta caules
em que o perigo gorjeia.

                                        6-12-52

As rosas que eu colho
não são essas, frementes
na iluminação da manhã;
são, se as colho, as dum jardim contrário,
nascido desses, vossos, de sua terrosa
raiz, mas crescido inverso
como a imagem n'água;
aonde não chegam os pássaros
com o seu roubo, no exasperado coração da terra,
floresce, tigre, isento de odor.

                                        6-12-52

Aranha,
como árvore, engendra na sombra
a sua festa, seu voo qualquer.
Velhos sóis que a folhagem bebeu,
luz, poeira
agora, tecida no escuro.
                    Alto abandono
em que os frutos alvorecem,
e rompem!

Mas não se exale a madurez
desse tempo: e role o ouro, escravo,
no chão,
para que o que é canto se redima sem ajuda.

9-12-52

O quartel

Dia claro e quente, quase híspido. O comandante vê pela janela sem persianas a cordilheira que se perde escamosa num horizonte de claridades. O comandante é um homem, fuma; um vento descontínuo mexe sem consequência os papéis de sua mesa. Lá embaixo, no pátio, outro homem, este em roupas de trabalho, varre; dois outros, de calção azul e sapato de tênis, jogam basquetebol.

O ARSENAL
A ferrugem abre suas flores,
é uma sinistra botânica;
e as abelhas vêm,
filhas do ar frio.
Certos pássaros descem
neste campo de armas
que os heróis espiam.
Quem aproveita
o arroz
daquele aço?

Coronel,
um arsenal disponível
guerreia sempre.

A SENTINELA
As galinhas
abandonam seus voos
na terra da tarde.

Que é que eu defendo
em abril?
          O apuro
das éguas?
               o vento que,
no pátio,
envilece os heróis?
                    ou
a pobreza destes dias
militares?

A BAIONETA
Defendo

a fome que
no aço come;
a felicidade
do verão nas armas;
e, sobretudo, uma
mentira:
para os que não amam
o comércio
nem o cultivo
de cerejas,
nem os riscos
da avicultura.

O CORNETEIRO
O meu toque
ergue
muros reais.

O HERÓI
Ele amadurece,
alhures
certas frutas;
fende seu açúcar.

O CORNETEIRO
O meu toque
é palha,
as traças o espreitam.

O HERÓI
Que ele seja palha,
mas seja toque!

O CORNETEIRO
O meu toque é traça,
palha que se espreita.

UMA PULGA
O teu toque é traço.

O CORNETEIRO
O meu toque é traço,
letra, sol fictício.

OUTRA PULGA
O teu toque é troça,
truque, traque.

O CORNETEIRO
Ele é o pássaro
cujo voo sozinho
se alça;
e o pássaro fica.

O HERÓI
Vida, sabes a urina,
neste obsceno claustro.

A SENTINELA
Grama, teu verde
fogo
ainda queimará meus olhos,
quando eu durma.

*Uma luz de fim de tarde deita seu pó sobre as cousas deste pátio.
Um fio azul de fumaça escapa da janela do comandante, perde-se. O
anoitecer é por toda parte um grande serviço. Distante, e sobre tudo,
ergue-se o canto dum galo. Ele canta nalgum quintal perfumado de
ervas. O silêncio se restabelece, e, dentro de sua esfera, vem cres-
cendo uma zoada grave e banal: um pelotão de recrutas exercita-se
em torno do campo de esportes, vazio agora.*

12-12-52

———

Cerne claro, cousa
aberta;
na paz da tarde ateia, bran-
co,
o seu incêndio.

Jan. 53

há os trabalhos e (há) um sono inicial, há os trabalhos e um
[sono inicial
SONO
há os trabalhos e um sono inicial, HÁ,
zostrabalhosehàzumsonoinicial

cristáis da
ORDEM,
tresmalham.
Não te pergunto: espio,
máquina extrema!
canto canto. Po-
bre
língua. Onde os
sóis da paz?

AS
MORTALHAS DE RAIVA ACESAS NAS ESTRADAS, po-
bre
língua!, viva;
canto canto-pó.

Nos dar as chamas dum

exato

vácuo

VOCABULAR.

abr. 53

ROÇZEIRAL

Au sôflu i luz ta pom-
    pa inova'
        orbita

            FUROR
            tô bicho
            'scuro fo-
            go
                Rra

UILÁN
UILÁN,
        lavram z'olhares, flamas!
CRESPITAM GÂNGLES RÔ MASUAF
                Rhra

Rozal, ROÇAL
l'ancêndio Mino-
        Mina TAURUS
MINÔS rhes chãns
    sur ma parole —
           Ç A R

ENFERNO
LUÏZNEM
E ÔS SÓES
LÔ CORPE
INFENSOS
Ra
CI VERDES
NASCI DO
COFO

FORLHAGEM, fo-
lhargem
q' abertas
ffugas aceças
GUERRAS
dê pomos —
pomares riste
MON FRÈRE MA FRÊLE —
te roubo o roubo
CÃO das Hespéridas

Dê seque peles
persegues rijes
curraçanádus
pur flór
oblófs!

LÔ MINÇA GARNE
Mma!
Ra tetti mMá

Mu gargântu
FU burge
MU guêlu, Mu
Tempu — PULCI

MU
LUISNADO
VU
GRESLE RRA
Rra Rra

GRESLE
RRA

I ZUS FRUTO DU
DUZO FOGUARÉO
DOS OSSOS DUS
DIURNO
RRRA

MU MAÇÃ N'ÃFERN

TÉRRE verroNAZO

OASTROS FÓSSEIS
SOLEILS FOSSILES
MAÇÃS Ô TÉRRES
PALAVRA STÊRCÃ
DEOSES SOLERTES PA-
LAVRA ADZENDA PA-
LAVRA POÉNDZO PA-
LARVA NÚ-
MERO FÓSSEIL
LE SOLÉLIE PÓe
ÊL FOSSIL PERFUME
LUMEM LUNNENiS
L U Z Z E N M

LA PACIÊNÇA TRA-
VALHA
        LUZNEM

                                    5-4-53

O INFERNO

começa pelo olho, mas em breve é tudo. Uma poeira que caia ou reben-
te nas superfícies. Se tivesse a certeza de que ao fim destas palavras
meu corpo rolasse fulminado, eu faria delas o que elas devem ser, eu
as conduziria a sua última ignição, eu concluiria o ciclo de seu tempo,
levaria ao fim o impulso inicial estagnado nesta aridez utilitária em
cujo púcaro as forças se destroem. Ou não faria. Não faria: uma vileza
inata a meu ser trai em seu fulcro todo movimento para fora de *mim*:
porque este tempo é um tempo meu, e eu sou a fome e o alimento
de meu cansaço: e eu sou esse cansaço comendo o meu peito. Porque
eu sou só o clarão dessa carnificina, o halo desse espetáculo da ideia.
Sou a força contra essa imobilidade e o fogo obscuro minando com
a sua língua a fonte dessa força. Estamos no reino da palavra, e tudo
que aqui sopra é verbo, e uma solidão irremissível,

INFERNO

a fascinação se exerce
sobre minha vida. Exerce
                    como a foice decepa
                    como um arado rompendo a extensão do silêncio
sexualizado.

Não creio que tu sejas menos que este feixe de contradições: os
demônios fugiram,
mas o fedor de seu hábito, o perfume
de sua imaginação, a catinga real dos
ventos intestinais
restam sobre tudo aqui, penetrados em tudo aqui
até o cerne.

Mas, no meu corpo,
sustento a consistência dos tecidos, estais presentes,
com vosso odor caprino cáprico cálito
Numeral.

MAS EU, NÃO OUTRO, E MINHA LINGUAGEM É A
REPRESENTAÇÃO DUMA DISCÓRDIA
ENTRE O QUE QUERO E A RESISTÊNCIA DO CORPO.
E SE É NO ÓDIO QUE ELA MELHOR SE ACENDE,
O ÓDIO NÃO DURA, E A SUA LUZ SE PERDE OUTRA
NUM RASTILHO SUICIDA

LUTEI PARA TE LIBERTAR,
eu-LÍNGUA,
       MAS EU SOU A FORÇA E
A CONTRAFORÇA,
       MAS EU NÃO SOU A FORÇA
E NEM A CONTRAFORÇA,
E É QUE NUNCA ME VI NEM ME SEI QUALQUER RESÍDUO
PARA ALÉM DUM FECHADO GESTO DE AR ARDENTE
       QUEIMANDO A LINGUAGEM EM
       SEU COMEÇO
       PORQUE HÁ O QUE FLORESCE ENTRE
       MEUS PÉS E O QUE REBENTA
NUM CHÃO DE EXTREMO DESCONHECIMENTO.
PORQUE HÁ FRUTOS ENDURECENDO A CARNE JUNTO
AO MAR DAS PALAVRAS. E HÁ UM HOMEM PERDENDO-SE
       DO FOGO E HÁ UM
       HOMEM CRESCIDO
       PARA O FOGO
E QUE SE QUEIMA
SÓ NOS FALSOS E ESCASSOS INCÊNDIOS DA SINTAXE.
OH QUE SE VOLTEM PARA ELE OS VERMELHOS E MADUROS
VENTOS DO INFERNO

       Oh
       ele é um pomar
       pronto. ele
       pomar vazio
       e pronto

Dizem que teu dorso de brasa é uma estação de certezas,
cozinha os cachos,
RASGA NA POEIRA FECAL AS EXTREMAS FLORES DA VIDA

 SEJAS TU GRAMÁTICA
 OU GUERRA
 CAMPOS DO JOGO, SEVERA CABALÍSTICA,
 MECÂNICA DE FEDORES,
       (e se invado teu templo,
       no chão,
       de cores erguidas num rumor de peste)
     aqui trabalho meu corpo, em claro, para atingir teu sopro.

E podes comer esta pele
com a tua floração de lepra.
É que eu mesmo sou ELE e o seu deslumbro,
é que eu sou sua veste e seu canto, e o brilho
— que encravado na carne,
sustenta-o, LUGKS,
matilha acesa,
CONSUMAÇÃO EM SÓIS DE POEIRA E FOME DOS
                                  PUDORES.
Eis por que te destruo, língua,
e deixo minha fala secar comigo,
                     e cair como poeira
                     sobre os olhos famintos,
                     fulgéni!
sumir nele, e com ele,
a doença do ser,
o que se move lá no escuro vértice do ser,
o panariço:
              FOGO DE FOGO
É O ESPAÇO FEITO
DO VOO NO VOO, fa-
lo,
    fogo
sem chama,
            destruídas as fogueiras do vício,
            nos ossos,
                 fogo novo,
                     e nem essas labaredas da
                     fuligem
                     lavrando os mitos, pela
                     escura velhice, na funda
                     terra,
        o fogo
        queima o fogo.

          Oh pacientes deuses
          sob um sol fétido,
          mortos, e só nas altas torres consumidos,
          a carne, depois,
          tornada em ouro!

7-4-53

finda o meu
sol
   pueril
   o ilícito
   sol
da lepra acesa da pele

              Fogo 'scuro
              pura fúria
                      fai-
          na
              érea
              cê
              érea

'd perfume
            queimado
na sua chama

                em fuligens
                  pelas
                  pói-se o espírito

fachos
do último

os cálices de
impureza
e queimação

ver-
bal mar

altura
do fogo extremo

os açúcares, meu
heroísmo!

torres
de consumição

carne de meu corpo
fornos da glória

abril 1953

negror n'origens,
                    flumes!
erupção ner frutos,
lâmpus negurme acendi sur le camp

O' fluor
pompa fechada n'ar
perfumação nel duro lusme firme
sol dus açúcar
Vlum

              SA-
           BOR

pôlpa im vida,
iscuridão du rubro
voo
q'uel bixo s'esgueirano assume ô têmpu

                 aço du negro
                 lâmi-
                 na,

              puxa o fascínio
              du-astro —
              s'apaga
                    ô
                 zASTRO

TA CRISTA
E A GUERRA SOBRE ÔS SUMOS

noite dus folhas ven-
tus

    CRATERA

BUSN DESVÁNU
DESDECINOSVÃ

    ÇAR ÇAR
    fedor do dia, bi-
    cho
    bichu cavando, ga-
    lo na flora
    er pescôço
    furte,
        a flor nu fé-
    dito

CARNE d'urina
'sóis du fôscu,
                    u brilho
vlãns, irromp-
i' ei chão-sepúlcrar

        UNnhas da
cega faina
e ô corpú sen têrmo?
e o-ouro da glória
nar fomes felices

fersta da urina!

URR VERÕENS
ÔR
TÚFUNS
LERR DESVÉSLEZ VÁRZENS

13-9-53

O VIL METAL

(1954–1960)

FOGOS DA FLORA

fru
to
lu
to
sedosa carne
o lume desatado
lu
to
o cheiro expõe seu avesso leproso
pústula
ar flora isconde ôr rostro dentro êr frô
erf'olho
cartrera
ceca
púcaro
mofo
SOLAR
ou
CUJOS CAULES
água e chama
ar fluora sipintia êr rostro furtre
mecânicaespelho
rrortações er coresingrenadas
TERRA
MARTE SATURNO
zzuada, dou-
tores conversam, flores
crescem das meias
cloro astro darto

AS
cabras
    AS
    orquídeas
tardes nupciais nas piscinas selvagens
cacos d'água
        olho milho florflama
planta irascível
        dias e meses
        cama e mesa
        mama e reza
O FACHO CONDUZIDO SOB O CHÃO, sombra
dos campos floridos
        dusolhosdestroçados
a pa go   apa lúzni   a pa g'lúmuni
OS MORTOS O LEVAM
as aranhas vazados púcaros primaveris
abril avião soldado   pólen
surforcações
    cond'luzem
        fogo dos vasos
    UÊRVANIS
      ERVUS
    ÉRNADIS
    UERNADISDALESFLURDESVLÃ
      VLAPS VLAPS VLAPS

FORA DA LUZ

Derrubado em seu corpo na trevosa
boca doce da carne que o engole
como um sexo, dorme. E é lume o sono
que em vão se queima pelas torres jovens

Dorme fora da luz no velho esgoto
onde as harpas. Outubro flamabrando
Às suas portas de carne adormecidas
a corneta do mar abandonamos

Resta o teu rosto solto a terra sacra
as aranhas de sal tecendo um cubo
Treme em teu lábio do dia assassinado
O sol o girassol a flama surda

Resta o facho de borco a flor perdida
o homem mordendo a sombra desse facho
As coroas da terra dissipando
seu escuro clamor na luz. E resta

de tal fogo tal facho trabalhado
às portas desse homem a leste dele
Fogo poeira pó pólvora acesa
na epiderme comum. *Bonjour, Madame!*

NO QUARTO

O incêndio derrubado: o ontem dado
nas fruteiras
Piras diurnas, quem ilumina?
Alface fácil
            língua
                 luva simples
acaricia a pele deserdada
queima de leve chama a íris o ânus
as duas mãos que pegavam os objetos
o turvo sexo-archote na açucena

No lavatório do quarto, o aparelho
de barba a camisa na gaveta
O dono dessas coisas voltará
para usá-las
hoje ou amanhã à tarde
O paletó branco na cadeira
claro fogo o defende

Archote lepra livro caramujo
Verão ferrugem sono cofre baba
galinhas hastes fogo cabeleira
campina dente cona ornosdestaules

ESCRITO

A prata é um vegetal como a alface.
Primaveril, frutifica em setembro.
É branca, dúctil, dócil (como diz a Lucy)
e, em março, venenosa.

O cobre é um metal que se extrai da flor do fumo.
Tem o azul do açúcar.
É turvo, doce e disfarçado.

O ouro é híbrido — flor e alfabeto.
Osso de mito, quando oiro é teia de abelha.
A precisão do maduro. Dele se fabricam a urina e a velhice.

BIOGRAFIA

Naquela época a obscenidade de teu sexo recendia por toda a casa
A meu lado na varanda num jarro de louça uma natureza contrária à
                                                    [minha emergia
virente
Estávamos há quase dois séculos da Revolução Francesa
E aquela enorme flor amarela que nasceu no quintal junto ao banheiro
pólen corpo incêndio

MANHÃ

As portas batem as toalhas voam
o dia se esbaqueia como um pássaro dentro da casa
(ou uma lembrança
dentro da casa)

Véspera do dia em que de repente enlouquecerei

OCORRÊNCIA

Aí o homem sério entrou e disse: bom dia
Aí o outro homem sério respondeu: bom dia
Aí a mulher séria respondeu: bom dia
Aí a menininha no chão respondeu: bom dia
Aí todos riram de uma vez
Menos as duas cadeiras, a mesa, o jarro, as flores, as paredes,
o relógio, a lâmpada, o retrato, os livros, o mata-borrão, os
sapatos, as gravatas, as camisas, os lenços

FRUTAS

Sobre a mesa no domingo
(o mar atrás)
duas maçãs e oito bananas num prato de louça
São duas manchas vermelhas e uma faixa amarela
com pintas de verde selvagem:
uma fogueira sólida
acesa no centro do dia
O fogo é escuro e não cabe hoje nas frutas:
chamas,
as chamas do que está pronto e alimenta

SETEMBRO

Me volto: a alegoria bebe numa hortênsia
No rumor dos sumos enfurecidos
meu corpo se debatia
a cabeça presa num fosso solar

Os ananases puxavam suas espadas
do dia escuro
              No almofariz
              tabaco e sol

OSWALD MORTO

Enterraram ontem em São Paulo
um anjo antropófago
de asas de folha de bananeira
(mais um nome que se mistura à nossa vegetação tropical)

As escolas e as usinas paulistas
não se detiveram
para olhar o corpo do poeta que anunciara a civilização do ócio
Quanto mais pressa mais vagar

O lenço em que pela última vez
assoou o nariz
era uma bandeira nacional

NOTA:
Fez sol o dia inteiro em Ipanema
Oswald de Andrade ajudou o crepúsculo
hoje domingo 24 de outubro de 1954

DEFINIÇÕES

    CHÃO
fala fósseis sol
    facho
farpa fogo
    arco-sombra
faca jardim archote
    folha ou boca
flama
    gasto em vão

    SEXO
fulgor câncer rufo
estrias d'água cor
    esfrolos
derivação florã
    de verde espada

indo
   travor aço
debruço mortal das floras
imersas
   iluminuras
na treva perdida dos hábitos

   OSÍRIS
bicicletas podres
no jejum
   garrafas de carne
   cães ou
órbitas em flor queimadas
espelhos sujos do avesso
fatal hérnia santa
   ' de quebrados cantos
   em grelha
   os forno
   d'ur
   ave
   bolha do anel
        'ACRU

   ÁLCOOL
perfeitas dentaduras
nas ervas do astro
   lamp'fluor
   epiderme central
desabrochos da linha azul
   da água
   paquiderme fácil
   das jarras

   LUA
bolhas de ferrugem
   azul e
chavelhos esturricados
   anéis de cloro
   saz ÇUR
círculos abertos
em flores fósseis
última dentição
   da cratera

FAUNA
constelação de açúcar
    no choco
    matracas
rabisco de esqueleto
nas flores
    cabeleiras
    esquecidas

ANIMAL
desligação de olhos
    voo
e espichamento do ânus
na flor do soluço
    é o sol do ponto
    cada era

ESCULTURA
trapézio de cancros
    Saturno e Marte
        SVUCROS
copos de pus
das álgebras

ANJO
vertical salobra
costura de raios
    ida e volta das ervas
no tantã do fogo partido

DEZEMBRO

Fora da casa
o dia mantém solidário
seu corpo de chama e de verdura

Dia terrestre,
falam num mesmo nível de fogo
minha boca e a tua

UM HOMEM RI

Ele ria da cintura para cima. Abaixo
da cintura, atrás, sua mão
furtiva
inspecionava na roupa

Na frente e sobretudo no rosto, ele ria,
expelia um clarão, um sumo
servil
feito uma flor carnívora se esforça na beleza da corola
na doçura do mel
Atrás dessa auréola, saindo
dela feito um galho, descia o braço
com a mão e os dedos
e à altura das nádegas trabalhavam
no brim azul das calças
      (como um animal no campo na primavera
      visto de longe, mas
      visto de perto, o focinho, sinistro,
      de calor e osso come o capim do chão)
O homem lançava o riso como o polvo lança a sua tinta e foge
Mas a mão buscava o cós da cueca
talvez desabotoada
um calombo que coçava
uma pulga sob a roupa
qualquer coisa que fazia a vida pior

POEMA DE ADEUS AO FALADO 56 (NO MELHOR ESTILO MODERNO COM ALITERAÇÕES, ALUSÕES E LEVE TOM DE HUMOR E MELANCOLIA)

A Oliveira Bastos e José Carlos Oliveira

Sexta-feira parto
até outra vez
Fica de nós, o quarto
Fica de mim, vocês

Fica de nós, o pasto
comum do ar
Eu desde agora pasto
as ervas do lar

Fica de mim o que
de mim lembrarei
O que esqueço é
carne de outro rei

Fica de mim a calça,
o chinelo velho?
Fica o que vai na alça
da alma e do joelho

Fica de vocês
o que comigo vai:
o que era em nós três
órfão de pão e pai

O que não levo e fica
em vocês é pouca
coisa, boiando na rica
saliva de vossa boca

O mais que fica é mais
que o que o verso contém
e o coração refaz:
não é de ninguém

É o que não distingo
no céu com sua vaia
semanal e, domingo,
o pão azul da praia

Esse, se alguém o come,
come-o com tristeza
para matar a fome
que não morre na mesa

Outros à praia vão
queimar a pele, já
que queimado está,
dentro, o coração

por um sol sem nome
a que os homens dão
vários nomes: fome,
preguiça, solidão,

falta de dinheiro,
Clã do Catete, cujo
sol é o mais sujo
do Rio de Janeiro!

Homens de dia dúplice
temos um sol verbal
além desse sol cúmplice
da guarda-pessoal

Sol que se acende, moço,
da boca de quem lê:
fogo-fátuo do osso
do velho Mallarmé

E ainda um girassol
de louça e nostalgia:
flor do 56, que é pia,
oráculo e urinol

Isso deixo — não é meu
E, que o fosse, deixava:
tenho uma alma escrava
de perder o que é meu

Meu anjo da guarda não
levo; livro-me enfim
desse que como um cão
me protege de mim

Deixo-o para a casa
varrer e defender,
e sumir sob a asa
o que quer se perder:

o telegrama, o prato,
o pente, a citação
erudita e o vão
vocábulo exato

JUNTO AO MAR

Jardim junto ao mar. O luto
gorjeia na incendiada
alfombra na sombra. Oferenda
a um morto sepulto ali;

veraz, sob um mar de rosas,
ressona — mancha de tempo,
nome caído — o morto
que os esplendores sufocam.

E seja esse morto o sol
prisioneiro das raízes,
touro negro com seus chifres
por uma cruz traspassado.

Um touro vindo da festa,
erguido nos estilhaços
dessas coroas da morte
na tarde que mina o mar.

Um touro vindo do mar
que as setas do mar trouxera,
negro rei da primavera
que bufa mente rumina.

Abre os olhos — murcharão.
Acende o riso — vacila.
Bicho perdido na flora.
Roleta. Constelação.

Baralho. Pão. Borboleta.
Jogadores na folhagem.
O verde ensombrece a vista,
mostra as condecorações.

Marulha o jardim. Das ervas,
explode um pulmão azul.
Vem o pássaro emissário
que liga o mar ao jardim.

Que fia com o bico as letras,
as engrenagens de vidro,
a íris virente, a sombra
que o bicho largou na lama.

À noite o boi se levanta.
Nos chifres conduz as flores
para o mar. Volta e se deita.
E fica escutando o mar.

Ou seja esse morto o moço
que, moço, sabe que o mar
aciona as flores de todos
os jardins particulares —

as flores que dão no lar,
nas jarras, nas mãos fabris,
que vão da loja de flores
à janela de meu bem.

Que seja esse touro o moço
que move as pedras da dama
o preto e branco das horas.
Que vence mas que está morto.

Que, morto, a lua o espera
pousada na sua estante

(cheia de aves empalhadas)
e paciente. Preto. Branco.

O moço, morto, que ouve
o mar, lilás, no jardim.
Que se perdeu das palavras
mas sabe uma flor na boca.

Velho jardim mortuário.
Orelhas do pó. Arame.
Papel de cor. Flora falsa.
Almoço de Satanás.

(ao meio-dia, no sótão,
um touro come essas flores.
Touro branco e a velha caixa
de chapéus que é seu jardim.

Ah, os chapéus! onde estão?
que touro os comeu? e a moça?
que touro comeu a moça,
sobrinha da tia dela?)

O vento estremece as flores
no lábio do mês. Abril.
Qual será na grama a data
deste festim belo e triste?

Que morte se comemora?
Que deus se enterra esta tarde
em Ipanema? Que morto
vaza seu corpo no mar?

Mais alto ergue o mar os seus
ramos de pedra fugaz.
Como o canto que se perde
é a agitação colorida

das verduras, o sagrado
cruzar de espadas vermelhas
e negras. Rei de Paus. Valete.
A Dama sacode a fronte

coroada de açucenas,
seus lutuosos cabelos,
sua túnica em quadrados
preto e branco. Amor e morte.

RECADO

Os dias, os canteiros,
deram agora para morrer como nos museus
em crepúsculos de convalescença e verniz
a ferrugem substituída ao pólen vivo.
São frutas de parafina
pintadas de amarelo e afinadas
na perspectiva de febre que mente a morte.
Ao responsável por isso,
quem quer que seja,
mando dizer que tenho um sexo
e um nome que é mais que um púcaro de fogo:
meu corpo multiplicado em fachos.
Às mortes que me preparam e me servem
na bandeja
sobrevivo,
que a minha eu mesmo a faço, sobre a carne da perna,
certo,
como abro as páginas de um livro
— e obrigo o tempo a ser verdade

JARRO NA MESA

Sobre o centro da mesa há um jarro de flores
azuis brancas puídas
Dia 5 de março
   Há um jarro pintado
   cheio de flores

Há no quintal uma galinha velha se espojando
na terra velha
no esquecido deserto

Sob o jarro há uma toalha de brim
bordada de linha
como a sombra das flores à sombra das flores
e no quintal
o bicho que não é pintura
entregue a si mesmo
como está Saturno
   Há um jarro
uma palavra seca mas florida
na boca da terra
jarro pintado filho do homem

O ESCRAVO

Detrás da flor me subjugam,
atam-me os pés e as mãos.
E um pássaro vem cantar
para que eu me negue.

Mas eu sei que a única haste do tempo
é o sulco do riso na terra
— a boca espedaçada que continua falando.

A BELA ADORMECIDA

Onde ela dorme
não há lugar senão
o que o sono faz

a grama não é:
cresce perene e azul
rente a seus pés

os pássaros cantam
— é a antiga flor que volta
das vasilhas do pó

e nem move os lábios
dessa que dorme
fora da esperança

E a flora suicida
vai dançando em volta
seus fachos mortais

PELE QUE SÓ SE CURTE A BLASFÊMIAS

Na escritura das flores
não há uma só palavra decifrável
nome de amigo, nome de anjo algum
ali se pronuncia
                    O metal é escuro,
a ave solar
deixa seu rastro no relógio de pedra de Intihuatana,
mas a carne do homem foi o seu pouso diário
e mesmo
seu pasto

O penacho que orna a cabeça de Osíris,
de flores feitas,
avança, quando ele vem,
sobre uma população sem rosto.

NO TÚMULO DE UZDAR

É porque os homens precisam de procurar
que escondo.
                Trago
                para esta cova
        o que rola à flor do dia:
                a última flor do dia
                20, as falhas da era,
                os ossos do amor,
                os mais azuis
                da invenção.

Porque aos domingos de tarde, no sol vermelho,
vejo-os passar com suas camisas de brim
curvados pela coroa dos fogos
                escondo o que eles acharão
                no úmido chão da tumba:
não a primavera com as suas trompas
                entre folhas de ferro
                entre um broquel solar,
                no mofo, essa pedra
onde afio minha espada de ouro. Não
a primavera.
                Roubo,
e o que roubo enterro como meu corpo
                que enterro
                feito um roubo
                no chão de pânico
                para que tenham
                o que procurar
e para que não achem
                Para que não achem
                ao fim das escadas
                mais que o estandarte roído
                mais que as joias da fome

                e se queimem as bocas
                na escuridão

O SOPRO,

a turva mão na flor

Fico ouvindo meu corpo me dizer seu nome
— dos fornos do osso, a primavera vem
mas já saudosa regressa
aos seus metais de origem

VIDA,

a minha, a tua,
eu poderia dizê-la em duas
ou três palavras ou mesmo
numa

corpo

sem falar das amplas
horas iluminadas,
das exceções, das depressões
das missões,
dos canteiros destroçados feito a boca
que disse a esperança

fogo

sem adjetivar a pele
que rodeia a carne
os últimos verões que vivemos
a camisa de hidrogênio
com que a morte copula
(ou a ti, março, rasgado
no esqueleto dos santos)

Poderia escrever na pedra
meu nome

gullar

mas eu não sou uma data nem
uma trave no quadrante solar
Eu escrevo

    facho

nos lábios da poeira

    lepra

    vertigem

    cona

qualquer palavra que disfarça
e mostra o corpo esmerilado do tempo
    câncer
    vento
    laranjal

RÉQUIEM PARA GULLAR

Debrucei-me à janela o parapeito tinha uma consistência de sono. "Tenho dito que essas begônias danificam tudo." Meu corpo se dobrou: um maço de folhas olhos coisas por falar engasgadas a pele serena os cabelos no braço de meu pai o relógio dourado. A terra. Há duas semanas exatamente havia uma galinha ciscando perto daquela pimenteira. Alface tomate feijão-de-corda. É preciso voltar à natureza. Água no tanque água no corpo água solta na pia. A grande viagem mar doce mar copo de flores porcos ao sol ortografia. Mar doce mar. Há certas lembranças que não nos oferecem nada, corpo na areia sol lagoa fria. Bichinhos delicados, o focinho da moça roçando a grama a treva do dia o calor. Hálito escuro o avesso das navalhas do fogo a grande ruína do crepúsculo. É preciso engraxar os sapatos. É preciso cortar os cabelos. É preciso telefonar oh é preciso telefonar. Cominho e farinha-seca. Boca de fumo argolas africanas açaí bandeira lanterna. Vinte poucos anos ao lado do mar à direita à esquerda oh flâmula de sal guerreiros solo vivo. Automóvel e leite. Os domingos cruéis primeiro apeadouro segundo apeadouro aquele que acredita em mim mesmo depois de morto morrerá. Tardes tardas a lente o estojo de ebonite sumaúma pião-roxo tuberculose. A bola e o luto dia sem limite. Cravo-de-defunto. Estearina. Moscas no nariz a língua coagulada na saliva de vidro e açúcar. O esmalte do dente apodrecido já nada tem a ver com o amor a timidez a injustiça social o ensino precário. Amanhã é domingo pede cachimbo. Os barcos cheios de peixes o sol aberto mais um dia findando mas os dias são muitos são demais não lamentemos. Bilhar. Zezé Caveira. Pires cachorro muro carambola cajueiro. O sexo da menina aberto ao verão recendendo como os cajus o inigualável sol da indecência. Jaca verde bago duro guerra aviões camapum merda jarro Stalingrado rabo-torto baba boca cega sujo terra podre brilho umidade cheiro esterco oh jardim negro vazio oh chão fecundo perdido sob as tábuas do assoalho (há sol e não há gente para o sol as estradas vazias as vidas vazias as palavras vazias as cidades mortas a grama crescendo na praça vazia como uma explosão verde num olho vivo) que flores horrorosas brotariam da areia negra cheia de piolhos de rato merda de barata o perfume contrário à nossa espécie diurna o fedor a água mais baixa mais baixa — mãe das usinas. Perfumação. Agulha. Corpo. Alguém cloroformiza alguém com jasmim esta tarde. Algodão. Rádio. Um pássaro rola paralelo ao mar, caindo para o horizonte como uma pedra. Aracati ata açúcar algodão língua branca. O perfume selvagem duas frutas ardiam seu cheiro sobre o fogão rubi garganta hemoptise matruz

formiga-de-açúcar dinheiro enterrado a terra fechada indiferente
é como se faláramos há séculos é como se ainda fôssemos falar
língua
serpe de sol
sal pétala poeira pele urina fogo-fátuo rosto flor perfume ferrugem
[lume
velha coroa do ouro do ido
jardim seco arquivado boca sem carne beijo de todos (não o sexo onde
fazer)
o beijo pronto
sem ciúme
para a boca
branca para a boca
preta para a boca
podre
para a matinal
boca do leproso
para a amarga boca
do delator
a boca do chefe do subchefe
do Kubitschek
a repentina boca distraída
a ferida (boca) dos traídos
beijo beijo de todos
trigal das traças
língua
letra e papel
sol de areia
luto
lótus
fruta
fogo branco que as duas Ursas sopram
sua língua
e na terra queimada pelo coração dos homens quando o crepúsculo
se retira sobre o mar como uma árvore que se arranca um cetro
enferrujado aflorando
ou planta que nascesse chegada a primavera
do ferro
o mar buzina
voz de ostra garganta dos séculos fósseis
corneta perdida
o que nos diz essa voz de cal?
Gustavo Antero Gumar escrivão de polícia meteorologista jardineiro
mar relógio peixe-sabão tijolo dominical sexo ardendo entre as goiabas

banho na chuva flores Shirley Temple tesoura raio verde campo
moeda de fogo acima das ervas fumo de corda o sexo aceso como
uma lâmpada no clarão diurno sezo acexo nos fumos-de-erva-temple
                                        o vento
levanta o chão de pó em chamas
                        Beleza oh puta pura
o que te ofereço? o auriverde pendão da minha terra?
o fogo de meu corpo?
                        Na página amarelecida mão de múmia sol mortiço
fulve letras flores da defunta euforia ruínas do canto
                                        rosto na relva
despedindo-se
sol que houve de manhã na praia quem o deteve aqui como um bicho
um pássaro numa gaiola?
                        o sol triste apodrecendo na página como um
dente
Um operário para trabalhar essas velhas lâminas de metal agonizante
fazer com ele um copo uma faca uma bomba
                        Beleza o que desejas?
                        oh febre oh fel oh pus
                        oh encanecida saliva
mel podridão calendário lepra sermão olhar descendo a rampa
        adeus corpo-fátuo

**POEMAS
CONCRETOS/
NEOCONCRETOS**

(1957–1958)

mar azul

mar azul   marco azul

mar azul   marco azul   barco azul

mar azul   marco azul   barco azul   arco azul

mar azul   marco azul   barco azul   arco azul   ar azul

verme   olho

              lacre   maçã

                         vermelho

              alarme   boca

verde   velho

asa
blusa

azul
casa

casulo

azul
casa

asa
blusa

mel   laranja

            lâmina   mel

                        sol   lâmina

                        laranja   mel

            sol   laranja

lâmina   sol girafa   farol

                          gira

                          sol   faro

girassol

indicação de leitura
                5   4
                     1
                   2   3
         6

verde   verde   verde

verde   verde   verde

verde   verde   verde

verde   verde   verde   erva

açúcar

algodão

fogo branca

FRUTA

                                        fogo
escuro   prata   azuis
                    fruta
                    prata
                    fruta
                    prata
                    fruta

                                        fruta

          verde
erva   verde

          erva   verde
          erva
verde   erva

          verde   erva
          verde

árvore

árvore
árvore
árvore

árvore

vermelho

vermelho   vermelho   ver

o cão vê a flor
        a flor é vermelha

anda para a flor
        a flor é vermelha

passa pela flor
        a flor é vermelha

**ROMANCES
DE CORDEL
(1962–1967)**

JOÃO BOA-MORTE, CABRA MARCADO PRA MORRER

Vou contar para vocês
um caso que sucedeu
na Paraíba do Norte
com um homem que se chamava
Pedro João Boa-Morte,
lavrador de Chapadinha:
talvez tenha morte boa
porque vida ele não tinha.

Sucedeu na Paraíba
mas é uma história banal
em todo aquele Nordeste.
Podia ser em Sergipe,
Pernambuco ou Maranhão,
que todo cabra da peste
ali se chama João
Boa-Morte, vida não.

Morava João nas terras
de um coronel muito rico.
Tinha mulher e seis filhos,
um cão que chamava "Chico",
um facão de cortar mato,
um chapéu e um tico-tico.

Trabalhava noite e dia
nas terras do fazendeiro.
Mal dormia, mal comia,
mal recebia dinheiro;
se recebia não dava
pra acender o candeeiro.
João não sabia como
fugir desse cativeiro.

Olhava pras seis crianças
de olhos cavados de fome,
já consumindo a infância
na dura faina da roça.
Sentia um nó na garganta.
Quando uma delas almoça,

as outras não; a que janta,
no outro dia não almoça.

Olhava para Maria,
sua mulher, que a tristeza
na luta de todo dia
tão depressa envelheceu.
Perdera toda a alegria,
perdera toda a beleza
e era tão bela no dia
em que João a conheceu!

Que diabo tem nesta terra,
neste Nordeste maldito,
que mata como uma guerra
tudo o que é bom e bonito?
Assim João perguntava
para si mesmo, e lembrava
que a tal guerra não matava
o Coronel Benedito!

Essa guerra do Nordeste
não mata quem é doutor.
Não mata dono de engenho,
só mata cabra da peste,
só mata o trabalhador.
O dono de engenho engorda,
vira logo senador.

Não faz um ano que os homens
que trabalham na fazenda
do Coronel Benedito
tiveram com ele atrito
devido ao preço da venda.
O preço do ano passado
já era baixo e no entanto
o coronel não quis dar
o novo preço ajustado.

João e seus companheiros
não gostaram da proeza:
se o novo preço não dava
para garantir a mesa,
aceitar preço mais baixo

já era muita fraqueza.
"Não vamos voltar atrás.
Precisamos de dinheiro.
Se o coronel não der mais,
vendemos nosso produto
para outro fazendeiro."

Com o coronel foram ter.
Mas quando comunicaram
que a outro iam vender
o cereal que plantaram,
o coronel respondeu:
"Ainda está pra nascer
um cabra pra fazer isso.
Aquele que se atrever
pode rezar, vai morrer,
vai tomar chá de sumiço."

O pessoal se assustou.
Sabiam que fazendeiro
não brinca com lavrador.
Se quem obedece morre
de fome, e de desespero,
quem não obedece corre
ou vira "cabra morredor".

Só um deles se atreveu
a vender seu cereal.
Noutra fazenda vendeu
mas vendeu e se deu mal.
Dormiu, não amanheceu.
Foram encontrá-lo enforcado
de manhã num pé de pau.
Debaixo do morto estava
um "cabra" do coronel
que dizia a quem passava:

"Este moleque maldito
pensou que desrespeitava
o que o patrão tinha dito.
Toda planta que aqui nasce
é planta do coronel.
Ele manda nesta terra
como Deus manda no céu.

Quem estiver descontente
acho melhor não falar
ou fale e depois se aguente
que eu mesmo venho enforcar."

João ficou revoltado
com aquele crime sem nome.
Maria disse: "Cuidado
não te mete com esse homem."
João respondeu zangado:
"Antes morrer enforcado
do que sucumbir de fome."

Nisso pensando, João
falou com seus companheiros:
"Lavradores, meus irmãos,
esta nossa escravidão
tem que ter um paradeiro.
Não temos terra nem pão,
vivemos num cativeïro.
Livremos nosso sertão
do jugo do fazendeiro."

O Coronel Benedito
quando soube que João
tais coisas havia dito,
ficou brabo como o Cão.
Armou dois "cabras" e disse:
"João Boa-Morte não presta.
Não quero nas minhas terras
caboclo metido a besta.

"Vou lhe dar uma lição.
Ele quer terra, não é?
Pois vai ganhar o sertão!
Vai ter que andar a pé
desde aqui ao Maranhão.
Quando virar vagabundo,
terá de baixar a crista.
Vou avisar todo mundo
que esse 'cabra' é comunista.
Quem mexe com Benedito
bem caro tem que pagar.

Ninguém lhe dará um palmo
de terra pra trabalhar."

Se assim disse assim fez.
João foi mandado embora
do seu casebre pacato.
Disse a Maria: "Não chora,
todo patrão é ingrato."
E saíram mundo afora.
Ele, Maria, os seis filhos
e o facão de cortar mato.

Andaram o resto do dia
e quando a noite caía
chegaram numa fazenda:
"Seu doutor, tenho família,
sou homem trabalhador.
Me ceda um palmo de terra
pra eu trabalhar pro senhor."

Ao que o doutor respondeu:
"Terra aqui tenho sobrando,
todo esse baixão é meu.
Se planta e colhe num dia,
pode ficar trabalhando."

"Seu coronel, me desculpe,
mas eu não sei fazer isso.
Quem planta e colhe num dia,
não planta, faz é feitiço."
"Nesse caso, não discuta,
acho melhor ir andando."

E lá se foi Boa-Morte
com a mulher e seis meninos.
"Talvez eu tenha mais sorte
na fazenda dos Quintinos."
Andaram rumo do Norte,
pra além da várzea dos Sinos:
"Coronel, morro de fome
com seis filhos e a mulher.
Me dê trabalho, sou homem
para o que der e vier."

E o coronel respondeu:
"Trabalho tenho de sobra.
E se é homem como diz
quero que me faça agora
essa raiz virar cobra
e depois virar raiz.
Se isso não faz, vá-se embora."

João saiu com a família
num desespero sem nome.
Ele, os filhos e Maria
estavam mortos de fome.
Que destino tomaria?
Onde iria trabalhar?
E à sua volta ele via
terra e mais terra vazia,
milho e cana a verdejar.

O sol do sertão ardia
sobre os oito a caminhar.
Sem esperança de um dia
ter um canto pra ficar,
à sua volta ele via
terra e mais terra vazia,
milho e cana a verdejar.

E assim, dia após dia,
andaram os oito a vagar,
com uma fome que doía
fazendo os filhos chorar.
Mas o que mais lhe doía
era, com fome e sem lar,
ver tanta terra vazia,
tanta cana a verdejar!

Era ver terra e ver gente
daquele mesmo lugar,
amigos, quase parentes,
que não podiam ajudar,
que se lhes dessem pousada
caro tinham que pagar.
O que o patrão ordena
é bom não contrariar.

A muitas fazendas foram,
sempre o mesmo resultado.
Mundico, o filho mais moço,
parecia condenado.
Pra respirar era um esforço,
só andava carregado.
"Mundico, tu tá me ouvindo?"
Mundico estava calado.

Mundico estava morrendo,
coração quase parado.
Deitaram o pobre no chão,
no chão com todo o cuidado.
Deitaram e ficaram vendo
morrer o pobre coitado.

"Meu filho", gritou João,
se abraçando com o menino.
Mas de Mundico restava
somente o corpo franzino.
Corpo que não precisava
mais nem de pai nem de pão,
que precisava de chão
que dele não precisava.

Enquanto isso ali perto,
detrás de uma ribanceira,
três "cabras" com tiro certo
matavam Pedro Teixeira,
homem de dedicação
que lutara a vida inteira
contra aquela exploração.

Pedro Teixeira lutara
ao lado de Julião,
falando aos caboclos para
dar melhor compreensão
e uma Liga organizara
pra lutar contra o patrão,
pra acabar com o cativeiro
que existe na região,
que conduz ao desespero
toda uma população,

onde só o fazendeiro
tem dinheiro e opinião.

Essa não foi a primeira
morte feita de encomenda
contra líder camponês.
Outros foram assassinados
pelos donos da fazenda.
Mas cada Pedro Teixeira
que morre, logo aparece
mais um, mais quatro, mais seis
— que a luta não esmorece
e cresce mais cada mês.

Que a luta não esmorece
agora que o camponês
cansado de fazer prece
e de votar em burguês,
se ergue contra a pobreza
e outra voz já não escuta,
só a que o chama pra luta
— voz da Liga Camponesa.

Mas João nada sabia
no desespero que estava,
andando aquele caminho
onde ninguém o queria.
João Boa-Morte pensava
que se encontrava sozinho
que sozinho morreria.

Sozinho com cinco filhos
e sua pobre Maria
em cujos olhos o brilho
da morte se refletia.
Já não havia esperança,
iam sucumbir de fome,
ele, Maria e as crianças.

Naquela terra querida,
que era sua e que não era,
onde sonhara com a vida
mas nunca viver pudera,

ia morrer sem comida
aquele de cuja lida
tanta comida nascera.

Aquele de cuja mão
tanta semente brotara
que, filho daquele chão,
aquele chão fecundara;
e assim se fizera homem
para agora, como um cão,
morrer, com os filhos, de fome.

E assim foi que Boa-Morte,
quando chegou a Sapê,
desiludido da sorte,
certo que naquele dia
antes da aurora nascer
os seus filhos mataria
e mataria a mulher,
depois se suicidaria
para acabar de sofrer.

Tomada essa decisão
sentiu que uma paz sofrida
brotava em seu coração.
Era uma planta perdida,
uma flor de maldição
nascendo de sua mão
que sempre plantara a vida.

Seus olhos se encheram d'água.
Nada podia fazer.
Para quem vive na mágoa,
mágoa menor é morrer.
Que sentido tem a vida
pra quem não pode viver?

Pra quem, plantando e colhendo,
não tem direito a comer?
Pra que ter filhos, se os filhos
na miséria vão morrer?
É preferível matá-los
aquele que os fez nascer.

Chegando a um lugar deserto,
pararam para dormir.
Deitaram todos no chão
sem nada pra se cobrir.
Quando dormiam, João
levantou-se devagar
pegando logo o facão
com que os ia degolar.

João se julgava sozinho
perdido na escuridão
sem ter ninguém pra ajudá-lo
naquela situação.
Sem amigo e sem carinho
amolava o seu facão
para matar a família
e varar seu coração.

Mas como um louco atrás dele
andava Chico Vaqueiro
um lavrador como ele
como ele sem dinheiro
para levá-lo pra Liga
e lhe dar um paradeiro
para que assim ele siga
o caminho verdadeiro.

Para dizer-lhe que a luta
só agora vai começar,
que ele não estava sozinho,
não devia se matar.
Devia se unir aos outros
para com os outros lutar.
Em vez de matar o filho,
devia era os libertar
do jugo do fazendeiro
que já começa a findar.

E antes que Boa-Morte,
levado pela aflição,
em seis peitos diferentes
varasse seu coração,
Chico Vaqueiro chegou:
"Compadre, não faça isso,

não mate quem é inocente.
O inimigo da gente
— lhe disse Chico Vaqueiro —
não são os nossos parentes,
o inimigo da gente
é o coronel fazendeiro.

"O inimigo da gente
é o latifundiário
que submete nós todos
a esse cruel calvário.
Pense um pouco, meu amigo,
não vá seus filhos matar.
É contra aquele inimigo
que nós devemos lutar.
Que culpa têm os seus filhos?
Culpa de tanto penar?
Vamos mudar o sertão
pra vida deles mudar."

Enquanto Chico falava,
no rosto magro de João
uma luz nova chegava.
E já a aurora, do chão
de Sapê, se levantava.

E assim se acaba uma parte
da história de João.
A outra parte da história
vai tendo continuação
não neste palco de rua
mas no palco do sertão.
Os personagens são muitos
e muita a sua aflição.
Já vão todos compreendendo,
como compreendeu João,
que o camponês vencerá
pela força da união.
Que é entrando para as Ligas
que ele derrota o patrão,
que o caminho da vitória
está na revolução.

QUEM MATOU APARECIDA?
HISTÓRIA DE UMA FAVELADA
QUE ATEOU FOGO ÀS VESTES

Aparecida, esta moça
cuja história vou contar,
não teve glória nem fama
de que se possa falar.
Não teve nome distinto:
criança brincou na lama,
fez-se moça sem ter cama,
nasceu na Praia do Pinto,
morreu no mesmo lugar.

Praia do Pinto é favela
que fica atrás do Leblon.
O povo que mora nela
é tão pobre quanto bom:
cozinha sem ter panela,
namora sem ter janela,
tem por escola a miséria
e a paciência por dom.

No dia que a paciência
do favelado acabar,
que ele ganhar consciência
para se unir e lutar,
seu filho terá comida
e escola para estudar.
Terá água, terá roupa,
terá casa pra morar.
No dia que o favelado
resolver se libertar.

Mas a nossa Aparecida
chegou cedo por demais
por isso perdeu a vida
que ninguém lhe dará mais.
É sua história esquecida
de poucos meses atrás,
é essa vida perdida
de uma moça sem cartaz

que está aqui pra ser lida
porque nela está contida
a lição que aprenderás.

Já bem cedo Aparecida
trabalhava pra comer:
vendia os bolos que a mãe
fazia pra ela vender;
carregava baldes d'água
para banhar e beber.
Comida pouca e água suja
que até dá raiva dizer.

Da porta de seu barraco,
de zinco e madeira velha,
olhava o mundo dos ricos
com suas casas de telha.
Os blocos de apartamento
quase tocando no céu
dos quais nem em pensamento
um deles seria seu.

Daquele chão de monturo,
via o mundo dividido:
Do lado de cá, escuro,
e do de lá, colorido.
À sua volta a pobreza,
a fome, a doença, a morte;
e ali adiante a riqueza
dos que tinham melhor sorte.
Nossa Aparecida achava
que tinha era dado azar
porque ela ignorava
que o mundo pode mudar.

Já conhecia a cidade
da gente limpa e bonita,
meninas de sua idade
de seda e laço de fita.
Gente que anda de carro,
vive em boate e cinema
que nunca pisou no barro,
que não conhece problema,

que pensa que o Rio é mesmo
Copacabana e Ipanema.

Que pensa ou finge pensar.
Porque se chega à janela,
se dá um giro, vê logo
o casario da favela,
a marca mais evidente
desta sociedade ingrata,
que a terça parte do Rio
mora em barracos de lata.

E assim foi que Aparecida
se tornou uma mocinha.
Falou pra mãe que queria
ganhar uma criancinha.
Já que boneca era caro
e dinheiro ela não tinha,
ter um filho era mais fácil
dela conseguir sozinha.

"Sozinha ninguém consegue!",
disse-lhe a mãe já com medo.
"Tira isso da cabeça,
ter filho não é brinquedo.
Favelada que tem filho
acaba a vida mais cedo."

Não podia Aparecida
entender essa verdade
Queria ter um bebê
para cuidar com bondade,
para vestir bonitinho
como os que viu na cidade.

Tanto falou no desejo
de ter uma criancinha
que um dia uma lavadeira
que era sua vizinha
prometeu falar na casa
de um tal de dr. Vinhas,
casado com dona Rosa,
que ganhara uma filhinha.

Foi assim que Aparecida
mudou-se para Ipanema.
O ordenado era pouco
mas resolvia o problema.
Deixou a Praia do Pinto
e venceu o seu dilema:
ganhou um bebê bonito
cheirando a talco e alfazema.

Quando saiu com o embrulho
(dois vestidos e um espelho
redondo, de propaganda)
a mãe lhe deu um conselho:
"Veja lá por onde anda.
Cuidado com homem velho
e português de quitanda.
Pra rico é fácil ter filho;
pra pobre, a vida desanda."

Mas Aparecida estava
entregue a sua alegria.
Só pensava na menina
de que ela cuidaria,
a boneca de verdade
que ela enfim ganharia.
E assim passou cantando
aquele primeiro dia.

Foi muito bem recebida
pela patroa e o patrão.
Ganhou um quarto pequeno
e uma cama de colchão.
Quarto escuro, colchão duro,
mas como querer melhor
quem sempre dormiu no chão?

A vida de Aparecida
corria tranquila e bela.
Ainda por cima seu Vinhas
simpatizava com ela,
indagava de sua vida
e das coisas da favela.

Um dia pegou-lhe o braço
e puxou-a para si.
Lhe disse: "Me dá um abraço,
que eu gosto muito de ti."
Largou-a ao ouvir os passos
de alguém que vinha pra ali.

Mas de noite ele voltou.
Deitou-se do lado dela
e ela não se incomodou.
Passou a mão nos seus peitos,
e Aparecida gostou.
Deitou-se por cima dela
e suas calças tirou.
Aparecida nem lembra
o que depois se passou.
E tanto se repetiu
que ela até se habituou.

Mas lá um dia a patroa
abriu a porta e os pegou.
Já era de manhã cedo,
Vinhas quase desmaiou.
A mulher fez que não viu,
tranquilamente falou:
"Compre-me um litro de leite,
pois o leiteiro atrasou."

Aparecida saiu
sem saber o que fazer.
Quando voltou, no seu quarto
tinha coisa pra se ver:
a patroa já chamara
um guarda para a prender.
"Ela roubou estas joias,
que nem bem soube esconder" —
disse mentindo a patroa.
Aparecida foi presa
sem nada poder dizer.

Para o SAM foi conduzida
depois de muito apanhar.
Um dia ali esquecida
começou a reparar

que em sua entranha uma vida
começara a despertar.

Quando a guarda da prisão
descobriu-lhe a gravidez,
foi dizer à Direção,
que a retirou do xadrez
pra evitar complicação.
"Vá-se embora sua puta,
chega de aporrinhação."

Aparecida voltou
pro barraco da favela.
A mãe estava doente
sem saber notícia dela.
Cuidou da mãe como pôde
e conseguiu se empregar.
Trabalhou até que um dia
numa fila de feijão
perdeu as forças, caiu,
e teve o filho no chão.
Da casa onde trabalhava
logo foi mandada embora.
"Empregada que tem filho
não serve, que filho chora."

Em outras casas bateu
mas de nada adiantou.
Depois de muito vagar,
pra casa da mãe voltou.
Mas o problema da fome
assim não solucionou.
Não teve outra saída:
na prostituição entrou.

Ficava noites inteiras
rodando pelo Leblon
para apanhar rapazinhos
que sempre pagavam algum
e que não tinham o bastante
pra frequentar o *bas-fond*.

Até que um dia encontrou
um rapaz que gostou dela

que se chamava Simão
e morava na favela.
Decidiram viver juntos
e a vida ficou mais bela.

Bela como pode ser
a vida de um favelado
morando em cima da lama
num barraco esburacado
trabalhando noite e dia
por um mísero ordenado.

Mas Simão e Aparecida
um no outro se ampararam.
Com as durezas da favela
de há muito se habituaram:
uniram suas duas vidas
e depressa se gostaram.

Ela lavava pra fora
e cuidava do filhinho
que, de mal alimentado,
era magro e doentinho
mas que dela merecia
todo desvelo e carinho.

Simão, que era operário,
trabalhava numa usina.
Gastava sua mocidade
numa soturna oficina
onde o serviço é pesado
e o dia nunca termina.
Mas o amor de Aparecida
viera abrandar-lhe a sina.

Simão ganhava tão pouco
que mal dava pra comer,
menos que o salário mínimo
que está na lei pra inglês ver...
Nem sempre tinha jantar
nem o que dar de beber
ao menino que chorava
sem poder adormecer.

Aparecida e Simão
deitados ali do lado
ouviam o choro do filho
fraquinho e desesperado
que já no berço sentia
o peso cruel e injusto
desse mundo desgraçado.

E eis que um dia, Simão
participou de uma greve.
Veio a noite e Aparecida
dele notícia não teve.
Os companheiros disseram
que a polícia o deteve.
Ela correu à polícia
mas ali nada obteve.

Voltou chorando pra casa
sem saber o que fazer.
Debruçada na janela
viu o dia amanhecer:
um dia claro mas triste
como se fosse chover.

Sentia-se desamparada
naquela casa vazia.
Por que duravam tão pouco
suas horas de alegria?
Se Simão não mais voltasse
o que é que ela faria?

Esperou que ele voltasse.
Os dias passaram em vão.
O menino já chorava
sem ter alimentação.
Ela já nem escutava
tamanha a sua aflição.

Quase imóvel, dia e noite,
ficou assim na janela
à espera de que Simão
voltasse outra vez pra ela
fazendo o seu coração
sentir que a vida era bela,

por pouco que fosse o pão,
triste que fosse a favela.

Quanto tempo se passara?
Quanto dia se apagou?
Até o menino calara,
até o vento parou.
Aparecida repara
que alguma coisa acabou.
Era uma coisa tão clara
que ela própria se assustou.
Por que calara o menino?
Que mão nova o afagou?
E sobre o corpinho inerte
chorando ela se atirou...

Chamava-se Aparecida
e chorava ali sozinha.
Mal chegava aos 15 anos
a idade que ela tinha.
Chorava o seu filho morto
e a sua vida mesquinha.
Uma criança chorando
sobre outra criancinha.

Foi assim que Aparecida
sem pensar e sem saber
derramou álcool na roupa
pra logo o fogo acender.
E feito uma tocha humana
foi pela rua a correr
gritando de dor e medo
para adiante morrer.

Acaba aqui a história
dessa moça sem cartaz
que ficaria esquecida
como todas as demais
histórias de gente humilde
que noticiam os jornais.
Pra concluir te pergunto:
Quem matou Aparecida?
Quem foi que armou seu braço
para dar cabo da vida?

Foi ela que escolheu isso
ou a isso foi conduzida?
Se a vida a conduziu
quem conduziu sua vida?

Por que existem favelas?
Por que há ricos e pobres?
Por que uns moram na lama
e outros vivem como nobres?
Só te pergunto estas coisas
para ver se tu descobres.

Se não descobres te digo
para que possas saber:
o mundo assim dividido
não pode permanecer.
Foi esse mundo que mata
tanta criança ao nascer,
que negou à Aparecida
o direito de viver.
Quem ateou fogo às vestes
dessa menina infeliz
foi esse mundo sinistro
que ela nem fez nem quis
— que deve ser destruído
pro povo viver feliz.

PELEJA DE ZÉ MOLESTA COM TIO SAM

Esta é a história fiel
da luta que Zé Molesta
pelejou com Tio Sam,
que começando de noite
foi acabar de manhã
numa disputa infernal
que estremeceu céus e terra:
quase o Brasil vai à guerra
e o mundo inteiro à terceira
conflagração mundial.

Zé Molesta é um Zé franzino
nascido no Ceará
mas cantador como ele
no mundo inteiro não há.
Com seis anos sua fama
corria pelo Pará;
com oito ganhava um prêmio
de cantador no Amapá;
com nove ensinava grilo
a cantar dó-ré-mi-fá;
com dez fazia um baiano
desconhecer vatapá.

Assim fez sua carreira
de cantador sem rival
vencendo poeta de feira
de renome nacional.
Venceu Otacílio e Dimas,
Apolônio e Pascoal
rindo e brincando com as rimas
numa tal exibição,
cavalgando no "galope"
da beira-mar ao sertão,
soletrando o abecedário,
montando no adversário
quadrando quadra e quadrão.

Foi então que ouviu falar
desse tal de Tio Sam.
"Tio de quem?" — perguntou.

"Só se for de tua irmã!
O único tio que eu tive
salguei como jaçanã."
Mas lhe disseram que o velho
era pior que Satã.
"Vamo nos topar pra ver
quem rompe vivo a manhã."

Assim falou Zé Molesta
e mandou logo avisar
a Tio Sam que ficasse
preparado pra apanhar.
"Marque lugar, marque hora,
que eu canto em qualquer lugar.
Só quero que o mundo inteiro
possa a luta acompanhar
por rádio e televisão
e através do Telstar."

Lançado o seu desafio
Zé Molesta se cuidou.
Correu depressa pro Rio
e aqui se preparou.
Falou com Vieira Pinto,
Nelson Werneck escutou
e nos *Cadernos do Povo*
durante um mês estudou.
"O resto sei por mim mesmo
que a miséria me ensinou."

Enfim foi chegado o dia
da disputa mundial.
Na cidade de New York
fazia um frio infernal.
No edifício da ONU
foi preparado o local.
Zé Molesta entrou em cena
foi saudando o pessoal:
"Viva a amizade dos povos,
Viva a paz universal!"

Tio Sam também chegou
todo de fraque e cartola.
Virou-se pra Zé Molesta

e lhe disse: "Tome um dólar,
que brasileiro só presta
para receber esmola.
Está acabada a disputa,
meta no saco a viola."

Zé Molesta olhou pra ele,
lhe disse: "Não quero não.
Não vim lhe pedir dinheiro
mas lhe dar uma lição.
Não pense que com seu dólar
compra minha opinião,
que eu não me chamo Lacerda
nem vivo de exploração."

Tio Sam ficou sem jeito,
guardou o dólar outra vez.
Respondeu: "Esse sujeito
já se mostrou descortês.
Já me faltou com o respeito
logo na primeira vez.
Vê-se logo que ele é filho
de negro e de português."

"Não venha com essa conversa
de preconceito racial
— lhe respondeu Zé Molesta —
que isso é conversa boçal.
Na minha terra se sabe
que todo homem é igual,
seja preto seja branco,
da França ou do Senegal.
Antes um preto distinto
do que um rico sem moral."

Tio Sam ficou danado
com a resposta de Molesta:
"Me dá dois dedos de uísque
que eu vou acabar com a festa.
Quem nasce naquelas bandas
já se sabe que não presta,
se não se vende pra nós
morre de fome e moléstia.

Se esse caboclo se atreve
meto-lhe um tiro na testa.
Não gosto de discutir
com negro metido a besta."

"Mas não se zangue, meu velho
— respondeu-lhe Zé Molesta —
que agora que eu comecei.
Não vim pra brigar de tiro
mas pra dizer o que sei.
Na minha terra de fato
morre-se muito de fome
mas o arroz que plantamos
é você mesmo quem come,
a riqueza que criamos
você mesmo é quem consome."

Tio Sam disse: "Esta é boa!
Vocês são ingratalhões.
Vivo ajudando a vocês,
emprestando-lhes milhões,
e me vem você agora
dizer que somos ladrões.
Felizmente ainda existem
alguns brasileiros bons
como o Eugênio Gudin
e o Gouveia de Bulhões."

Molesta deu uma risada:
"Discuta de boa-fé.
Se você é tio deles,
meu tio você não é.
Explique então direitinho
o negócio do café."

Tio Sam desconversou
mas Zé Molesta insistiu:
"Por que é que nosso café
de preço diminuiu?
Quanto mais café mandamos
recebemos menos dólar
e ainda vem você dizer
que vive nos dando esmola!

Você empresta uma parte
do que é nosso e a outra parte
você guarda na sacola."

"Não fale assim — disse o velho —
que eu sempre fui seu amigo.
Mando a vocês todo ano
mil toneladas de trigo
e em troca nada lhes peço.
Criei os Corpos da Paz
e a Aliança para o Progresso."

"Sei de tudo muito bem
mas você não nos engana.
Não pense que sou macaco
pra me entreter com banana.
O trigo que você fala
é o que fica armazenado
para que não baixe o preço
do seu trigo no mercado.
Você diz que dá de graça
mas nós pagamos dobrado.
É com ele que você paga
despesas do consulado
e da embaixada, enquanto
seu dólar fica guardado.

É com ele que você compra
a opinião dos jornais
pra que eles enganem o povo
com notícias imorais,
pra que não digam a verdade
sobre esses Corpos da Paz
que na frente nos sorriem
e nos enganam por trás."

Tio Sam disse a Molesta:
"Chega de conversação.
A moléstia que te ataca
já matou muito ladrão.
Você quer roubar meu ouro
e dividir meu milhão.
Comunista em minha terra
eu mando é para a prisão."

"Ora veja, minha gente,
como esse velho é safado!
Apela pra ignorância
quando se vê derrotado.
Não quer que eu diga a verdade
sobre meu povo explorado.
Quer me mandar pra cadeia
quando ele é o culpado."

"Vocês são todos bandidos,
chefiados por Fidel
— disse Tio Sam bufando,
da boca vertendo fel.
Querem transformar o mundo
num gigantesco quartel,
pondo os povos sob as botas
da ditadura cruel."

"Essa conversa velhaca
não me faz baixar a crista
— disse Molesta. Me diga
quem foi que apoiou Batista?
Você deu arma e dinheiro
a esse ditador cruel
que assassinava, roubava
e torturava a granel.
Por que era amigo dele
e agora é contra Fidel?

"Você diz que é contra Cuba
porque é contra ditadura.
Será que na Nicarágua
há democracia pura?
Se você luta no mundo
pra a liberdade instalar
por que é amigo de Franco,
de Stroessner e de Salazar?
A verdade é muito simples
e eu vou logo lhe contar.
Você não quer liberdade,
você deseja é lucrar.
Você faz qualquer negócio
desde que possa ganhar:
vende canhões a Somoza,

aviões a Salazar,
arma a Alemanha e Formosa
pro mercado assegurar."

Nessa altura Tio Sam
já perdera o rebolado.
Gritou: "Chega de conversa,
que estou desmoralizado!
Desliguem a televisão,
deixem o circuito cortado.
Mobilizem os fuzileiros,
quero esse 'cabra' amarrado.
Vamos lhe cortar a língua
pra ele ficar calado."

"Eta que a coisa tá preta!
— disse pra si Zé Molesta.
Como estou na casa dele,
é ele o dono da festa.
Tenho que agir com cuidado
pra ver se me escapo desta."

E foi um deus nos acuda,
barafunda, corre-corre.
Molesta pulou de lado.
"Quem não for ligeiro morre.
Pra me entregar pra polícia
só mesmo estando de porre."
Pulou por cima das mesas,
por debaixo das cadeiras.
Deu de frente com dois guardas,
passou-lhes duas rasteiras.
Gritou: "Abre, minha gente,
que eu vou jogar capoeira!"

Abriu-se um claro na sala,
dividiu-se a multidão.
Rolou gente, rolou mesa,
rolou guarda pelo chão.
Em dois tempos Zé Molesta
sumira na confusão.

HISTÓRIA DE UM VALENTE

Valentes, conheci muitos,
E valentões, muitos mais.
Uns só Valente no nome
uns outros só de cartaz,
uns valentes pela fome,
outros por comer demais,
sem falar dos que são homem
só com capangas atrás.

Conheci na minha terra
um sujeito valentão
que topava qualquer briga
fosse de foice ou facão
e alugava a valentia
pros coronéis do sertão.
Valente sem serventia,
foi esse Zé Valentão.

Conheci outro valente
que a ninguém se alugou.
Com tanta fome e miséria,
um dia se revoltou.
Pegou do rifle e, danado,
meia dezena matou,
sem perguntar pelo nome
da mãe, do pai, do avô.
E assim, matando gente,
a vida inteira passou.
Valentão inconsequente,
foi esse Zé da Fulô!

Mas existe nesta terra
muito homem de valor
que é bravo sem matar gente
mas não teme matador,
que gosta de sua gente
e que luta a seu favor,
como Gregório Bezerra,
feito de ferro e de flor.

Gregório, que hoje em dia
é um sexagenário,
foi preso pelo Governo
dito "revolucionário",
espancado e torturado,
mais que Cristo no Calvário,
só porque dedica a vida
ao movimento operário
e à luta dos camponeses
contra o latifundiário.

Filho de pais camponeses,
seu rumo estava traçado:
bem pequeno já sofria
nos serviços do roçado.
Com doze anos de idade
foi pra capital do estado,
mas no Recife só pôde
ser moleque de recado.
Voltou pra roça e o jeito
foi ser assalariado.
Até que entrou pro Exército
e decidiu ser soldado.

Sentando praça, Gregório
foi um soldado exemplar.
Tratou de aprender a ler
e as armas manejar.
Em breve tornou-se cabo
mas não parou de estudar.
Chegou até a sargento
na carreira militar.

Sua vida melhorou
mas não parou de pensar
na sorte de sua gente
entregue a duro penar.
Um dia aquela miséria
havia de se acabar.

Foi pensando e conversando,
trocando pontos de vista,
que Gregório terminou
por se tornar comunista

e no Partido aprendeu
toda a doutrina marxista.
Convenceu-se de que o homem,
no mundo capitalista
é o próprio lobo do homem,
torna-se mau e egoísta.

Da luta de 35,
Gregório participou.
Derrotado o movimento,
muito caro ele pagou.
O Tribunal Militar
do Exército o expulsou,
e o meteu na cadeia
onde Gregório ficou
até em 45
quando a anistia chegou.

Mas todo esse sofrimento
valeu-lhe muito respeito.
Candidato a deputado
foi gloriosamente eleito
pra Câmara Federal,
sendo o segundo do pleito.
Seu trabalho no Congresso
só lhe aumentou o conceito.

Mas eleito deputado,
um problema ia surgir:
Gregório não tinha roupas
para o mandato assumir.
Foi preciso a gente humilde
que o elegeu se unir
e fazer uma "vaquinha"
pras roupas adquirir.
Assim, vestido elegante,
Gregório pôde partir.

A força dos comunistas
assustou a reação.
Viram o apoio que o povo
dera a eles na eleição.
Armaram rapidamente
uma bruta traição.

Contra o PCB voltou-se
a total proibição
e contra os seus deputados
engendrou-se a cassação.
Fizeram o que fez agora
a falsa "revolução".

Gregório pronunciou
a oração derradeira
apresentando o projeto
em favor da mãe solteira.
Projeto feito com amor
à mãe pobre brasileira,
a essa mulher do povo
que só conhece canseira.
Projeto que mostra a alma,
alma pura e verdadeira,
desse homem contra quem
já se inventou tanta asneira.

Usurpado no mandato
que o povo lhe confiara,
a reação novo bote
contra ele já armara:
um quartel que pegou fogo
em Pernambuco, inventaram
que Gregório o incendiara,
e o meteram na cadeia
sem que a culpa se provara.
Mas ao final do processo
a verdade brilhou clara.

Assim, posto em liberdade,
Gregório não descansou.
Em Pernambuco e Goiás,
dia e noite trabalhou,
organizou camponeses,
a muita gente ensinou.
No Paraná e em São Paulo
sua ajuda dedicou.
Um dia com um revólver
por azar se acidentou.
Veio a polícia e, ferido,
para a cadeia o levou.

Solto de novo, Gregório
pra Pernambuco voltou.

E é em Pernambuco mesmo
que o vamos encontrar
em abril de 64
quando o golpe militar
se abateu sobre o País
derrubando João Goulart,
prendendo os que encarnavam
a vontade popular,
os que com o povo lutavam
para a Nação libertar.

Gregório então foi detido
no interior do estado.
Mas só se entregou depois
de ter identificado
o capitão que o prendia.
Tivera esse cuidado
pois sabia que um bando
de facínoras mandado
pelo usineiro Zé Lopes
buscava-o naqueles lados.

Pouco adiante, no entanto,
no cruzamento da estrada,
surge um destacamento.
Era uma tropa embalada
do Vigésimo RI
e à sua frente postada
a figura de Zé Lopes
com toda sua capangada.

Foram chegando e dizendo
que o preso lhes entregassem
para que naquele instante
com sua vida acabassem.
O capitão, no entanto,
pediu-lhes que se acalmassem,
pois as ordens do Recife
não era pra que o matassem.
Queriam ouvir Gregório
e depois o fuzilassem.

Zé Lopes e seus capangas
não queriam obedecer.
Gritavam que comunista
não tem direito a viver.
Mas o capitão foi firme,
não se deixou abater.
A coisa então foi deixada
pro comando resolver.
Rumaram pra Ribeirão
onde o comando foi ter.

Zé Lopes, chegando lá,
insistiu com o comandante,
que lhe entregasse Gregório
pra "julgar" a seu talante.
Não conseguiu e Gregório
foi, de maneira ultrajante,
amarrado como um bicho,
jogado num basculante
que o levou pro Recife
às ordens do comandante.

Levado então à presença
do General Alves Bastos,
Gregório, os pulsos sangrando,
nem assim se pôs de rastos.
Quando este lhe perguntou
onde as armas escondera,
respondeu: "Se armas tivesse,
não era desta maneira
que eu estaria agora,
mas com as armas na mão,
junto com o povo lá fora."

Pro Forte das Cinco Pontas
foi conduzido, então,
e de lá para o quartel
de Motomecanização,
onde começa a mais negra
cena da "revolução"
que tanta vergonha e crime
derramou sobre a Nação.
Darci Villocq Viana,
eis o nome do vilão.

Esse coronel do Exército
mal viu Gregório chegar
partiu para cima dele
e o começou a espancar.
Bateu com um cano de ferro
na cabeça até sangrar.
Chamou outros subalternos
para o preso massacrar.
Gritando: "Bate na fera!
Bate, bate, até matar!"
Dava pulos e babava
como se fosse endoidar.

Depois despiram Gregório
e já dentro do xadrez
com a mesma fúria voltaram
a espancá-lo outra vez.
Com 70 anos de idade
e outros tantos de altivez,
nenhum gesto de clemência
ao seu algoz ele fez.
O sangue agora o cobria
da cabeça até os pés.

No chão derramaram ácido
e fizeram ele pisar.
A planta dos pés queimava,
mal podia suportar.
Vestiram-lhe um calção
para depois o amarrar
com três cordas no pescoço
e para a rua o levar
preso à traseira de um jipe
e para ao povo mostrar
o "bandido comunista"
que se devia linchar.
Estava certo Villocq
que o povo o ia apoiar
para em plena praça pública
o comunista enforcar...

Mas para seu desespero,
o povo não o apoiou.
Aos seus apelos de "enforca!"

nenhuma voz se juntou.
Um silêncio insuportável
sua histeria cercou.
Via era ódio nos olhos
e se ninguém protestou
é que os soldados em volta
ao povo impunham terror.
Muitas mulheres choravam.
Uma freira desmaiou
no Largo da Casa Forte
onde o cortejo parou.

"Meus pés eram duas chagas
— Gregório mesmo contou —
e no meu pescoço a corda
ainda mais apertou.
O sangue que me banhava
minha vista sombreou.
Senti que a força faltava
mas minha boca falou:
'Meu povo inda será livre!'"
E muita gente chorou
no Largo da Casa Forte
onde o cortejo parou.

A freira que desmaiara
o arcebispo procurou
e este ao General Justino
nervosamente apelou
para impedir o homicídio
que quase se perpetrou.
A solidariedade humana
como uma flor despontou
no Largo da Casa Forte
onde o cortejo parou.

Quase morto mas de pé,
Gregório foi encarcerado.
Por dias e noites a fio
ele foi interrogado.
Já faz três anos que ele
continua aprisionado
sem ordem legal pra isso
e sem ter sido julgado.

E até um habeas corpus
pedido lhe foi negado.

Mas nada disso arrefece
o valor desse homem bravo
que luta pra que seu povo
deixe enfim de ser escravo
e a cada nova tortura,
a cada cruel agravo,
mais força tem pra lutar
esse homem sincero e bravo.

E donde vem essa força
que anula a crueldade?
Vem da certeza que tem
numa histórica verdade:
o homem vem caminhando
para a plena liberdade;
tem que se livrar da fome
para atingir a igualdade;
o comunismo é o futuro
risonho da humanidade.

Gregório Bezerra é exemplo
para todo comunista.
É generoso e valente,
não teme a fúria fascista.
À barbárie do inimigo
opõe o amor humanista.

Gregório está na cadeia.
Não basta apenas louvá-lo.
O que a ditadura espera
é a hora de eliminá-lo.
Juntemos nossos esforços
para poder libertá-lo,
que o povo precisa dele
pra em sua luta ajudá-lo.

**DENTRO DA
NOITE VELOZ

(1962–1974)**

MEU POVO, MEU POEMA

Meu povo e meu poema crescem juntos
como cresce no fruto
a árvore nova

No povo meu poema vai nascendo
como no canavial
nasce verde o açúcar

No povo meu poema está maduro
como o sol
na garganta do futuro

Meu povo em meu poema
se reflete
como a espiga se funde em terra fértil

Ao povo seu poema aqui devolvo
menos como quem canta
do que planta

A BOMBA SUJA

Introduzo na poesia
a palavra diarreia.
Não pela palavra fria
mas pelo que ela semeia.

Quem fala em flor não diz tudo.
Quem me fala em dor diz demais.
O poeta se torna mudo
sem as palavras reais.

No dicionário a palavra
é mera ideia abstrata.
Mais que palavra, diarreia
é arma que fere e mata.

Que mata mais do que faca,
mais que bala de fuzil,
homem, mulher e criança
no interior do Brasil.

Por exemplo, a diarreia,
no Rio Grande do Norte,
de cem crianças que nascem,
setenta e seis leva à morte.

É como uma bomba D
que explode dentro do homem
quando se dispara, lenta,
a espoleta da fome.

É uma bomba-relógio
(e relógio é o coração)
que enquanto o homem trabalha
vai preparando a explosão.

Bomba colocada nele
muito antes dele nascer;
que quando a vida desperta
nele, começa a bater.

Bomba colocada nele
pelos séculos de fome
e que explode em diarreia
no corpo de quem não come.

Não é uma bomba limpa:
é uma bomba suja e mansa
que elimina sem barulho
vários milhões de crianças.

Sobretudo no nordeste
mas não apenas ali,
que a fome do Piauí
se espalha de leste a oeste.

Cabe agora perguntar
quem é que faz essa fome,
quem foi que ligou a bomba
ao coração desse homem.

Quem é que rouba a esse homem
o cereal que ele planta,
quem come o arroz que ele colhe
se ele o colhe e não janta.

Quem faz café virar dólar
e faz arroz virar fome
é o mesmo que põe a bomba
suja no corpo do homem.

Mas precisamos agora
desarmar com nossas mãos
a espoleta da fome
que mata nossos irmãos.

Mas precisamos agora
deter o sabotador
que instala a bomba da fome
dentro do trabalhador.

E sobretudo é preciso
trabalhar com segurança
pra dentro de cada homem
trocar a arma da fome
pela arma da esperança.

POEMA BRASILEIRO

No Piauí de cada 100 crianças que nascem
78 morrem antes de completar 8 anos de idade

No Piauí
de cada 100 crianças que nascem
78 morrem antes de completar 8 anos de idade

No Piauí
de cada 100 crianças
que nascem
78 morrem
antes
de completar
8 anos de idade

antes de completar 8 anos de idade
antes de completar 8 anos de idade
antes de completar 8 anos de idade
antes de completar 8 anos de idade

VOLTAS PARA CASA

Depois de um dia inteiro de trabalho
voltas para casa, cansado.
Já é noite em teu bairro e as mocinhas
de calças compridas desceram para a porta
após o jantar.
Os namorados vão ao cinema.
As empregadas surgem das entradas de serviço.
Caminhas na calçada escura.

Consumiste o dia numa sala fechada,
lidando com papéis e números.
Telefonaste, escreveste,
irritações e simpatias surgiram e desapareceram
no fluir dessas horas. E caminhas,

agora, vazio,
como se nada acontecera.

De fato, nada te acontece, exceto
talvez o estranho que te pisa o pé no elevador
e se desculpa.
            Desde quando
tua vida parou? Falas dos desastres,
dos crimes, dos adultérios,
mas são leitura de jornal. Fremes
ao pensar em certo filme que viste: a vida,
a vida é bela!

A vida é bela
mas não a tua. Não a de Pedro,
de Antônio, de Jorge, de Júlio,
de Lúcia, de Míriam, de Luísa...

                Às vezes pensas
                com nostalgia
                nos anos de guerra,
                o horizonte de pólvora,
                o cabrito. Mas a guerra
                agora é outra. Caminhas.

Tua casa está ali. A janela
acesa no terceiro andar. As crianças
ainda não dormiram.
Terá o mundo de ser para elas
este logro? Não será
teu dever mudá-lo?

Apertas o botão da cigarra.
Amanhã ainda não será outro dia.

NÃO HÁ VAGAS

O preço do feijão
não cabe no poema. O preço
do arroz
não cabe no poema.
Não cabem no poema o gás
a luz o telefone
a sonegação
do leite
da carne
do açúcar
do pão

O funcionário público
não cabe no poema
com seu salário de fome
sua vida fechada
em arquivos.
Como não cabe no poema
o operário
que esmerila seu dia de aço
e carvão
nas oficinas escuras

— porque o poema, senhores,
  está fechado:
  "não há vagas"
  Só cabe no poema
  o homem sem estômago
  a mulher de nuvens
  a fruta sem preço

          O poema, senhores,
          não fede
          nem cheira

NO MUNDO HÁ MUITAS ARMADILHAS

No mundo há muitas armadilhas
 e o que é armadilha pode ser refúgio
 e o que é refúgio pode ser armadilha

Tua janela por exemplo
 aberta para o céu
 e uma estrela a te dizer que o homem é nada
ou a manhã espumando na praia
  a bater antes de Cabral, antes de Troia
  (há quatro séculos Tomás Bequimão
  tomou a cidade, criou uma milícia popular
  e depois foi traído, preso, enforcado)

No mundo há muitas armadilhas
 e muitas bocas a te dizer
 que a vida é pouca
 que a vida é louca
 E por que não a Bomba? te perguntam.
 Por que não a Bomba para acabar com tudo, já
 que a vida é louca?

Contudo, olhas o teu filho, o bichinho
 que não sabe
 que afoito se entranha à vida e quer
 a vida
 e busca o sol, a bola, fascinado vê
 o avião e indaga e indaga

A vida é pouca
a vida é louca
mas não há senão ela.
E não te mataste, essa é a verdade.

Estás preso à vida como numa jaula.
Estamos todos presos
nesta jaula que Gagárin foi o primeiro a ver
de fora e nos dizer: é azul.
E já o sabíamos, tanto
que não te mataste e não vais
te matar
e aguentarás até o fim.

O certo é que nesta jaula há os que têm
e os que não têm
há os que têm tanto que sozinhos poderiam
alimentar a cidade
e os que não têm nem para o almoço de hoje

A estrela mente
o mar sofisma. De fato,
o homem está preso à vida e precisa viver
o homem tem fome
e precisa comer
o homem tem filhos
e precisa criá-los
Há muitas armadilhas no mundo e é preciso quebrá-las.

O AÇÚCAR

O branco açúcar que adoçará meu café
nesta manhã de Ipanema
não foi produzido por mim
nem surgiu dentro do açucareiro por milagre.

Vejo-o puro
e afável ao paladar
como beijo de moça, água
na pele, flor
que se dissolve na boca. Mas este açúcar
não foi feito por mim.

Este açúcar veio
da mercearia da esquina e tampouco o fez o Oliveira,
dono da mercearia.
Este açúcar veio
de uma usina de açúcar em Pernambuco
ou no Estado do Rio
e tampouco o fez o dono da usina.

Este açúcar era cana
e veio dos canaviais extensos

que não nascem por acaso
no regaço do vale.

Em lugares distantes, onde não há hospital
nem escola,
homens que não sabem ler e morrem
aos 27 anos
plantaram e colheram a cana
que viraria açúcar.

Em usinas escuras,
homens de vida amarga
e dura
produziram este açúcar
branco e puro
com que adoço meu café esta manhã em Ipanema.

HOMEM COMUM

Sou um homem comum
    de carne e de memória
    de osso e esquecimento.
    Ando a pé, de ônibus, de táxi, de avião
e a vida sopra dentro de mim
    pânica
    feito a chama de um maçarico
e pode
subitamente
        cessar.

Sou como você
    feito de coisas lembradas
    e esquecidas
        rostos e
        mãos, o guarda-sol vermelho ao meio-dia
        em Pastos-Bons,
        defuntas alegrias flores passarinhos
        facho de tarde luminosa
        nomes que já nem sei
        bocas bafos bacias

bandejas bandeiras bananeiras
                                            tudo
misturado
            essa lenha perfumada
            que se acende
            e me faz caminhar

Sou um homem comum
      brasileiro, maior, casado, reservista,
      e não vejo na vida, amigo,
      nenhum sentido, senão
      lutarmos juntos por um mundo melhor.

Poeta fui de rápido destino.
Mas a poesia é rara e não comove
nem move o pau-de-arara.
      Quero, por isso, falar com você,
      de homem para homem,
      apoiar-me em você
      oferecer-lhe o meu braço
            que o tempo é pouco
            e o latifúndio está aí, matando.

Que o tempo é pouco
e aí estão o Chase Bank,
a IT & T, a Bond and Share,
a Wilson, a Hanna, a Anderson Clayton,
e sabe-se lá quantos outros
braços do polvo a nos sugar a vida
e a bolsa
            Homem comum, igual
            a você,
cruzo a avenida sob a pressão do imperialismo.
            A sombra do latifúndio
            mancha a paisagem,
            turva as águas do mar
            e a infância nos volta
            à boca, amarga,
            suja de lama e de fome.
Mas somos muitos milhões de homens
            comuns
            e podemos formar uma muralha
            com nossos corpos de sonho e margaridas.

MAIO 1964

Na leiteria a tarde se reparte
em iogurtes, coalhadas, copos
de leite
e no espelho meu rosto. São
quatro horas da tarde, em maio.

Tenho 33 anos e uma gastrite. Amo
a vida
que é cheia de crianças, de flores
e mulheres, a vida,
esse direito de estar no mundo,
ter dois pés e mãos, uma cara
e a fome de tudo, a esperança.
Esse direito de todos
que nenhum ato
institucional ou constitucional
pode cassar ou legar.

Mas quantos amigos presos!
quantos em cárceres escuros
onde a tarde fede a urina e terror.
Há muitas famílias sem rumo esta tarde
nos subúrbios de ferro e gás
onde brinca irremida a infância da classe operária.

Estou aqui. O espelho
não guardará a marca deste rosto,
se simplesmente saio do lugar
ou se morro
se me matam.

Estou aqui e não estarei, um dia,
em parte alguma.
Que importa, pois?
A luta comum me acende o sangue
e me bate no peito
como o coice de uma lembrança.

AGOSTO 1964

Entre lojas de flores e de sapatos, bares,
    mercados, butiques,
viajo
      num ônibus Estrada de Ferro-Leblon.
      Volto do trabalho, a noite em meio,
      fatigado de mentiras.

O ônibus sacoleja. Adeus, Rimbaud,
relógio de lilases, concretismo,
neoconcretismo, ficções da juventude, adeus,
    que a vida
    eu a compro à vista aos donos do mundo.
    Ao peso dos impostos, o verso sufoca,
a poesia agora responde a inquérito policial-militar.

    Digo adeus à ilusão
mas não ao mundo. Mas não à vida,
meu reduto e meu reino.
    Do salário injusto,
    da punição injusta,
    da humilhação, da tortura,
    do terror,
retiramos algo e com ele construímos um artefato

um poema
uma bandeira

DOIS E DOIS: QUATRO

Como dois e dois são quatro
sei que a vida vale a pena
embora o pão seja caro
e a liberdade pequena

Como teus olhos são claros
e a tua pele, morena

como é azul o oceano
e a lagoa, serena

como um tempo de alegria
por trás do terror me acena

e a noite carrega o dia
no seu colo de açucena

— sei que dois e dois são quatro
sei que a vida vale a pena

mesmo que o pão seja caro
e a liberdade, pequena.

PERDE E GANHA

Vida tenho uma só
      que se gasta com a sola de meu sapato
      a cada passo pelas ruas
      e não dá meia-sola.

Perdi-a já
em parte
num pôquer solitário,
mas a ganhei de novo
para um jogo comum.

E neste jogo a jogo
inteira, a cada lance,
que a vida ou se perde ou se ganha com os demais
e assim se vive
que o mais é pura perda.

CANTADA

Você é mais bonita que uma bola prateada
de papel de cigarro
Você é mais bonita que uma poça d'água
límpida
num lugar escondido
Você é mais bonita que uma zebra
que um filhote de onça
que um Boeing 707 em pleno ar
Você é mais bonita que um jardim florido
em frente ao mar em Ipanema
Você é mais bonita que uma refinaria da Petrobras
de noite
mais bonita que Ursula Andress
que o Palácio da Alvorada
mais bonita que a alvorada
que o mar azul-safira da República Dominicana

Olha,
você é tão bonita quanto o Rio de Janeiro
em maio
e quase tão bonita
quanto a Revolução Cubana

COISAS DA TERRA

Todas as coisas de que falo estão na cidade
        entre o céu e a terra.
São todas elas coisas perecíveis
        e eternas como o teu riso
        a palavra solidária
        minha mão aberta
ou este esquecido cheiro de cabelo
        que volta
        e acende sua flama inesperada
no coração de maio.

Todas as coisas de que falo são de carne
        como o verão e o salário.
Mortalmente inseridas no tempo,
estão dispersas como o ar
no mercado, nas oficinas,
nas ruas, nos hotéis de viagem.

São coisas, todas elas,
        cotidianas, como bocas
        e mãos, sonhos, greves,
        denúncias,
acidentes do trabalho e do amor. Coisas,
        de que falam os jornais
        às vezes tão rudes
        às vezes tão escuras
que mesmo a poesia as ilumina com dificuldade.

Mas é nelas que te vejo pulsando,
        mundo novo,
ainda em estado de soluços e esperança.

VERÃO

Este fevereiro azul
como a chama da paixão
nascido com a morte certa
com prevista duração

deflagra suas manhãs
sobre as montanhas e o mar
com o desatino de tudo
que está para se acabar.

A carne de fevereiro
tem o sabor suicida
de coisa que está vivendo
vivendo mas já perdida.

Mas como tudo que vive
não desiste de viver,

fevereiro não desiste:
vai morrer, não quer morrer.

E a luta de resistência
se trava em todo lugar:
por cima dos edifícios
por sobre as águas do mar.

O vento que empurra a tarde
arrasta a fera ferida,
rasga-lhe o corpo de nuvens,
dessangra-a sobre a avenida

Vieira Souto e o Arpoador
numa ampla hemorragia.
Suja de sangue as montanhas
tinge as águas da baía.

E nesse esquartejamento
a que outros chamam verão,
fevereiro em agonia
resiste mordendo o chão.

Sim, fevereiro resiste
como uma fera ferida.
É essa esperança doida
que é o próprio nome da vida.

Vai morrer, não quer morrer.
Se apega a tudo que existe:
na areia, no mar, na relva,
no meu coração — resiste.

PELA RUA

Sem qualquer esperança
detenho-me diante de uma vitrina de bolsas
na avenida Nossa Senhora de Copacabana, domingo,
enquanto o crepúsculo se desata sobre o bairro.

Sem qualquer esperança
te espero.
Na multidão que vai e vem
entra e sai dos bares e cinemas
surge teu rosto e some
num vislumbre
                e o coração dispara.
Te vejo no restaurante
na fila do cinema, de azul
diriges um automóvel, a pé
cruzas a rua
              miragem
que finalmente se desintegra com a tarde acima dos edifícios
e se esvai nas nuvens.

A cidade é grande
tem quatro milhões de habitantes e tu és uma só.
Em algum lugar estás a esta hora, parada ou andando,
talvez na rua ao lado, talvez na praia
talvez converses num bar distante
ou no terraço deste edifício em frente,
talvez estejas vindo ao meu encontro, sem o saberes,
misturada às pessoas que vejo ao longo da avenida.
Mas que esperança! Tenho
uma chance em quatro milhões.
Ah, se ao menos fosses mil
disseminada pela cidade.

A noite se ergue comercial
nas constelações da avenida.
Sem qualquer esperança
continuo
e meu coração vai repetindo teu nome
abafado pelo barulho dos motores
           solto ao fumo da gasolina queimada.

UMA VOZ

Sua voz quando ela canta
me lembra um pássaro mas
não um pássaro cantando:
lembra um pássaro voando

A VIDA BATE

Não se trata do poema e sim do homem
e sua vida
— a mentida, a ferida, a consentida
vida já ganha e já perdida e ganha
outra vez.
Não se trata do poema e sim da fome
de vida,
          o sôfrego pulsar entre constelações
e embrulhos, entre engulhos.
                              Alguns viajam, vão
a Nova York, a Santiago
do Chile. Outros ficam
mesmo na rua da Alfândega, detrás
de balcões e de guichês.
                        Todos te buscam, facho
de vida, escuro e claro,
          que é mais que a água na grama
          que o banho no mar, que o beijo
          na boca, mais
          que a paixão na cama.
Todos te buscam e só alguns te acham. Alguns
          te acham e te perdem.
          Outros te acham e não te reconhecem
e há os que se perdem por te achar,
                              ó desatino
ó verdade, ó fome
                  de vida!
          O amor é difícil
mas pode luzir em qualquer ponto da cidade.

E estamos na cidade
sob as nuvens e entre águas azuis.

A cidade. Vista do alto
ela é fabril e imaginária, se entrega inteira
como se estivesse pronta.
Vista do alto,
com seus bairros e ruas e avenidas, a cidade
é o refúgio do homem, pertence a todos e a ninguém.
Mas vista
de perto,
revela o seu túrbido presente, sua
carnadura de pânico: as
pessoas que vão e vêm
que entram e saem, que passam
sem rir, sem falar, entre apitos e gases. Ah, o escuro
sangue urbano
movido a juros.

São pessoas que passam sem falar
e estão cheias de vozes
e ruínas. És Antônio?
És Francisco? És Mariana?
Onde escondeste o verde
clarão dos dias? Onde
escondeste a vida
que em teu olhar se apaga mal se acende?
E passamos
carregados de flores sufocadas.
Mas, dentro, no coração,
eu sei,
a vida bate. Subterraneamente,
a vida bate.
Em Caracas, no Harlem, em Nova Delhi,
sob as penas da lei,
em teu pulso,
a vida bate.
E é essa clandestina esperança
misturada ao sal do mar
que me sustenta
esta tarde
debruçado à janela de meu quarto em Ipanema
na América Latina.

PRAIA DO CAJU

Escuta:
o que passou passou
e não há força
capaz de mudar isto.

Nesta tarde de férias, disponível, podes,
se quiseres, relembrar.
Mas nada acenderá de novo
o lume
que na carne das horas se perdeu.

Ah, se perdeu!
Nas águas da piscina se perdeu
sob as folhas da tarde
nas vozes conversando na varanda
no riso de Marília no vermelho
guarda-sol esquecido na calçada.

O que passou passou e, muito embora,
voltas às velhas ruas à procura.
Aqui estão as casas, a amarela,
a branca, a de azulejo, e o sol
que nelas bate é o mesmo
sol
que o Universo não mudou nestes vinte anos.

Caminhas no passado e no presente.
Aquela porta, o batente de pedra,
o cimento da calçada, até a falha do cimento. Não sabes já
se lembras, se descobres.
E com surpresa vês o poste, o muro,
a esquina, o gato na janela,
em soluços quase te perguntas
onde está o menino
igual àquele que cruza a rua agora,
franzino assim, moreno assim.
              Se tudo continua, a porta
a calçada a platibanda,
onde está o menino que também
aqui esteve? aqui nesta calçada
se sentou?

E chegas à amurada. O sol é quente
como era, a esta hora. Lá embaixo
a lama fede igual, a poça de água negra
a mesma água o mesmo
urubu pousado ao lado a mesma
lata velha que enferruja.
Entre dois braços d'água
esplende a croa do Anil. E na intensa
claridade, como sombra,
surge o menino
correndo sobre a areia. É ele, sim,
gritas teu nome: "Zeca,
Zeca!"
      Mas a distância é vasta
tão vasta que nenhuma voz alcança.

O que passou passou.
Jamais acenderás de novo
o lume
do tempo que apagou.

POR VOCÊ POR MIM

A noite, a noite, que se passa? diz
que se passa, esta serpente vasta em convulsão, esta
pantera lilás, de carne
    lilás, a noite, esta usina
no ventre da floresta, no vale,
sob lençóis de lama e acetileno, a aurora,
o relógio da aurora, batendo, batendo,
quebrado entre cabelos, entre músculos mortos, na podridão
a boca destroçada já não diz a esperança,
    batendo
Ah, como é difícil amanhecer em Thua Thien.
    Mas amanhece.

Que se passa em Huê? em Da Nang? No Delta
    do Mekong? Te pergunto,
nesta manhã de abril no Rio de Janeiro,

te pergunto,
que se passa no Vietnã?

As águas explodem como granadas, os arrozais
se queimam em fósforo e sangue
    entre fuzis
                as crianças
fogem dos jardins onde açucenas pulsam
como bombas-relógio, os jasmineiros
soltam gases, a máquina
        da primavera
        danificada
        não consegue sorrir.
Há mortos demais do regaço de Mac Hoa.
        Há mortos demais
nos campos de arroz, sob os pinheiros,
às margens dos caminhos que conduzem a Camau.

O Vietnã agora é uma vasta oficina da morte, nos campos
        da morte, o motor
        da vida gira ao contrário, não
        para sustentar a cor da íris,
        a tessitura da carne, gira
ao contrário, a desfazer a vida, o maravilhoso aparelho
        do corpo, gira
        ao contrário das constelações, a vida
        ao contrário, dentro
        de blusas, de calças, dentro
de rudes sapatos feitos de pano e palha, gira
ao contrário a vida feita morte.
                        Surdo
        sistema de álcool, gira
        gira, apaga rostos, mãos,
        esta mão jovem
        que sabia ajudar o arroz, tecer a palha. Há mortos
demais, há mortes
demais, coisas da infância, a hortelã, os sustos
do amor, *aquela tarde aquela tarde clara, amada,*
aquela tarde clara tudo
        tudo se dissolve nas águas marrons
        e entre nenúfares e limos
        a correnteza arrasta para o mar o mar o mar azul
        É dia feito em Botafogo.

Homens de pasta, paletó, camisa limpa,
dirigem-se para o trabalho.
Mulheres voltam da feira, as bolsas cheias de legumes.
Crianças passam para o colégio.
As nuvens nuvem
e as águas batem naturalmente em toda a orla marítima.
Nenhuma ameaça pesa sobre a cidade.
                                        As pessoas
marcam encontros, irão ao cinema, à boate, se amarão
                                        nas praias
na cama
nos carros. As pessoas
acertam negócios, marcam viagens, férias.
          Nenhuma ameaça
pesa sobre a cidade.
Os barulhos apitos baques rumores
se decifram sem alarma. O avião no céu
          vai para São Paulo.
O avião no céu não é um Thunderchief da Usaf
que chega trazendo a morte
          como em Hanói.
Não é um Thunderchief da Usaf que chega
seguido de outros
          e outros
          da Usaf
carregados de bombas e foguetes
          como em Hanói
que chega lançando bombas e foguetes
          como em Hanói
          como em Haiphong
incendiando o porto
destruindo as centrais elétricas
as estradas de ferro
          como em Hanói
          como em Hoa Bac
queimando crianças com napalm
          como em Hanói
          como em Chien Tien
          como em Don Hoi
          como em Tai Minh
          como em Vihn Than
          como em Hanói
Como pode uma cidade, como pode

uma cidade
resistir

Os americanos estão agora investindo muito no Vietnã
O Vietnã agora nada em ouro
e fogo
Bases aéreas
Arsenais
Depósitos de combustíveis
Laboratórios na rocha
Radar
Foguetes
A ciência eletrônica invade a selva
gases novos, armas novas
O *lazy-dog*
lança em todas as direções mil flechas de aço
o *bull-pup*
procura o alvo com seus 200 quilos de explosivos
o olho-de-serpente
pousa sobre uma casa e espera a hora certa de matar
O Vietnã agora está cheio de arame farpado
de homens louros
farpados
armados
vigiados
cercados
assustados
está cheio de jovens homens louros
e cadáveres jovens
de homens louros
enganados

Próximo à base de Da Nang
que tudo escuta e tudo vê,
próximo à base de Da Nang, esgueira-se
entre árvores um homem,
próximo à base cheia de soldados,
metralhadoras, bombas,
aviões, cheia
de ouvidos e de olhos
eletrônicos, um homem, chamado Tram,
entre as folhas e os troncos que cheiram a noite,
cauteloso se move
entre as folhas da noite, Tram Van Dam,

cauteloso se move
entre as flores da morte
    Tram Van Dam
    quinze anos se move
    entre as águas da noite
    dentro da lama
    onde bate a aurora
    Tram Van Dam
    onde bate a aurora
    Tram Van Dam
    com a sua granada
    entre cercas de arame
    entre as minas no chão
    Tram Van Dam
    com o seu coração
    Tram Van Dam
    onde bate a aurora
    por você por mim
    sob o fogo inimigo
    com o grampo no dente
    com o braço no ar
    por você por mim
    Tram Van Dam
    onde bate a aurora
    por você por mim
    no Vietnã

MEMÓRIA

menino no capinzal
                 caminha
nesta tarde e em outra
havida

    Entre capins e mata-pastos
    vai, pisa
    nas ervas mortas ontem
    e vivas hoje
    e revividas no clarão da lembrança

E há qualquer coisa azul que o ilumina
e que não vem do céu, e se não vem
do chão, vem
decerto do mar batendo noutra tarde
e no meu corpo agora
— um mar defunto que se acende na carne
como noutras vezes se acende o sabor
de uma fruta
ou a suja luz dos perfumes da vida
ah vida!

BOATO

Espalharam por aí que o poema
é uma máquina
                    ou um diadema
que o poema
repele tudo que nos fale à pele
e mesmo a pele
de Hiroxima
que o poema só aceita
a palavra perfeita
ou rarefeita
ou quando muito aceita a palavra neutra
pois quem faz o poema é um poeta
e quem lê o poema, um hermeneuta.

Mas como, gente,
se estamos em janeiro de 1967
e é de tarde
e alguns fios brancos já me surgem no pentelho?
Como ser neutro se acabou de chover e a terra cheira
e o asfalto cheira
e as árvores estão lavadas com suas folhas
e seus galhos
                    existindo?
Como ser neutro, fazer
um poema neutro
se há uma ditadura no país

e eu estou infeliz?
Ora eu sei muito bem que a poesia
não muda (logo) o mundo.
Mas é por isso mesmo que se faz poesia:
porque falta alegria.
E quando há alegria
se quer mais alegria!

VESTIBULAR

Paulo Roberto Parreiras
desapareceu de casa.
Trajava calças cinza e camisa branca
e tinha dezesseis anos.
Parecia com teu filho, teu irmão,
teu sobrinho, parecia
com o filho do vizinho
mas não era. Era Paulo
Roberto Parreiras
que não passou no vestibular.

Recebeu a notícia quinta-feira à tarde,
ficou triste
e sumiu.
De vergonha? de raiva?
Paulo Roberto estudou
dura duramente
durante os últimos meses.
Deixou de lado os discos,
o cinema,
até a namoradinha ficou dias sem vê-lo.
Nem soube do carnaval.
Se ele fez bem ou mal
não sei: queria
passar no vestibular.
Não passou. Não basta
estudar?

Paulo Roberto Parreiras
a quem nunca vi mais gordo,
onde quer que você esteja
fique certo
de que estamos do seu lado.
Sei que isso é muito pouco
para quem estudou tanto
e não foi classificado (pois não há mais
excedentes), mas
é o que lhe posso oferecer: minha palavra
de amigo
desconhecido.
Nesta mesma quinta-feira
em Nova York morreu
um menino de treze anos que tomava entorpecentes.
Em São Paulo, outro garoto
foi preso roubando um carro.
E há muitos outros que somem
ou surgem como cometas ardendo em sangue, nestas noites,
nestas tardes,
nestes dias amargos.

Não sei pra onde você foi
nem o que pretende fazer
nem posso dizer que volte
para casa,
estude (mais?) e tente outra vez.
Não tenho nenhum poder,
nada posso assegurar.
Tudo que posso dizer-lhe
é que a gente não foge
da vida,
é que não adianta fugir.
Nem adianta endoidar.
Tudo o que posso dizer-lhe
é que você tem o direito de estudar.
É justa a sua revolta:
seu outro vestibular.

VENDO A NOITE

Júpiter, Saturno.
De dentro de meu corpo
estou vendo
o universo noturno.

Velhas explosões de gás
que meu corpo não ouve:
vejo a noite que houve
e não existe mais —

a mesma, veloz, em Troia,
no rosto de Heitor
— hoje na pele de meu rosto
no Arpoador.

O PRISIONEIRO

Ouço as árvores
lá fora
sob as nuvens

Ouço vozes
risos
uma porta que bate

É de tarde
(com seus claros barulhos)
como há vinte anos em São Luís
como há vinte dias em Ipanema

Como amanhã
um homem livre em sua casa

DENTRO DA NOITE VELOZ

Na quebrada do Yuro
eram 13,30 horas
    (em São Paulo
era mais tarde; em Paris anoitecera;
na Ásia o sono era seda)
    Na quebrada
do rio Yuro
a claridade da hora
mostrava seu fundo escuro:
as águas limpas batiam
sem passado e sem futuro.
Estalo de mato, pio
de ave, brisa
nas folhas
    era silêncio o barulho
a paisagem
(que se move)
está imóvel, se move
dentro de si
    (igual que uma máquina de lavar
lavando
    sob o céu boliviano, a paisagem
com suas polias e correntes
    de ar)
    Na quebrada do Yuro
    não era hora nenhuma
    só pedras plantas e águas

II

Não era hora nenhuma
    até que um tiro
explode em pássaros
e animais
    até que passos
vozes na água rosto nas folhas
peito ofegando
    a clorofila
    penetra o sangue humano
        e a história
se move

a paisagem
como um trem
começa a andar
Na quebrada do Yuro eram 13,30 horas

III

Ernesto Che Guevara
teu fim está perto
não basta estar certo
pra vencer a batalha

Ernesto Che Guevara
entrega-te à prisão
não basta ter razão
pra não morrer de bala

Ernesto Che Guevara
não estejas iludido
a bala entra em teu corpo
como em qualquer bandido

Ernesto Che Guevara
por que lutas ainda?
a batalha está finda
antes que o dia acabe

Ernesto Che Guevara
é chegada a tua hora
e o povo ignora
se por ele lutavas

IV

Correm as águas do Yuro, o tiroteio agora
é mais intenso, o inimigo avança
e fecha o cerco.
Os guerrilheiros
em grupos pequenos divididos
aguentam
a luta, protegem a retirada
dos companheiros feridos.
No alto,
grandes massas de nuvens se deslocam lentamente

sobrevoando países
em direção ao Pacífico, de cabeleira azul.
Uma greve em Santiago. Chove
na Jamaica. Em Buenos Aires há sol
nas alamedas arborizadas, um general maquina um golpe.
Uma família festeja bodas de prata num trem que se aproxima
de Montevidéu. À beira da estrada
muge um boi da Swift. A Bolsa
no Rio fecha em alta
        ou baixa.
Inti Peredo, Benigno, Urbano, Eustáquio, Ñato
castigam o avanço
dos *rangers*.
        Urbano tomba,
        Eustáquio,
        Che Guevara sustenta
o fogo, uma rajada o atinge, atira ainda, solve-se-lhe
        o joelho, no espanto
        os companheiros voltam
        para apanhá-lo. É tarde. Fogem.
A noite veloz se fecha sobre o rosto dos mortos.

V

Não está morto, só ferido.
Num helicóptero ianque
é levado para Higuera
onde a morte o espera

Não morrerá das feridas
ganhas no combate
mas de mão assassina
que o abate

Não morrerá das feridas
ganhas a céu aberto
mas de um golpe escondido
ao nascer do dia

Assim o levam pra morte
(sujo de terra e de sangue)
subjugado no bojo
de um helicóptero ianque

É o seu último voo
sobre a América Latina
sob o fulgor das estrelas
que nada sabem dos homens

que nada sabem do sonho,
da esperança, da alegria,
da luta surda do homem
pela flor de cada dia

É o seu último voo
sobre a choupana de homens
que não sabem o que se passa
naquela noite de outubro

quem passa sobre seu teto
dentro daquele barulho
quem é levado pra morte
naquela noite noturna

VI

A noite é mais veloz nos trópicos
(com seus
monturos)
na vertigem das folhas na explosão
das águas sujas
                    surdas
                    nos pantanais
          é mais veloz sob a pele da treva, na
                    conspiração de azuis
                    e vermelhos pulsando
                    como vaginas frutos bocas
                            vegetais
                    (confundidos nos sonhos)
          ou
          um ramo florido feito um relâmpago
          parado sobre uma cisterna d'água
                    no escuro

É mais funda
a noite no sono
do homem na sua carne
de coca

e de fome
e dentro do pote uma caneca
de lata velha de ervilha
da Armour Company

A noite é mais veloz nos trópicos
com seus monturos
e cassinos de jogo
entre as pernas das putas
o assalto
a mão armada
aberta em sangue a vida
É mais veloz
(e mais demorada)
nos cárceres
a noite latino-americana
entre interrogatórios
e torturas
(lá fora as violetas)
e mais violenta (a noite)
na cona da ditadura

Sob a pele da treva, os frutos
crescem
conspira o açúcar
(de boca para baixo) debaixo
das pedras, debaixo
da palavra escrita no muro
ABAIX
e inacabada

Ó Tlalhuicole
as vozes soterradas da platina
Das plumas que ondularam já não resta
mais que a lembrança
no vento
Mas é o dia (com
seus monturos)
pulsando
dentro do chão
como um pulso
apesar da South American Gold and Platinum
é a língua do dia
no azinhavre

Golpeábamos en tanto los muros de adobe
y era nuestra herencia una red de agujeros
          é a língua do homem
          sob a noite
     no leprosário de San Pablo
     nas ruínas de Tiahuanaco
     nas galerias de chumbo e silicose
     da Cerro de Pasco Corporation
Hemos comido grama salitrosa
piedras de adobe lagartijas ratones
tierra en polvo y gusanos
                         até que o dia
(de dentro dos monturos) irrompa
          com seu bastão de turquesa
VII

Súbito vimos ao mundo
e nos chamamos Ernesto
Súbito vimos ao mundo
e estamos
na América Latina

Mas a vida onde está?
nos perguntamos
          Nas tavernas?
nas eternas
tardes tardas?
          nas favelas
onde a história fede a merda?
          no cinema?
na fêmea caverna de sonhos
e de urina?
          ou na ingrata
          faina do poema?
(a vida
que se esvai
no estuário do Prata)

          Serei cantor
          serei poeta?
Responde o cobre (da Anaconda Copper):
          Serás assaltante
          e proxeneta
          policial jagunço alcagueta

Serei pederasta e homicida?
serei viciado?
Responde o ferro (da Bethlehem Steel):
Serás ministro de Estado
e suicida

Serei dentista?
talvez quem sabe oftalmologista?
otorrinolaringologista?
Responde a bauxita (da Kaiser Aluminium):
serás médico aborteiro
que dá mais dinheiro

Serei um merda
quero ser um merda
Quero de fato viver.
Mas onde está essa imunda
vida mesmo imunda?
                        No hospício?
num santo
ofício?
        no orifício
da bunda?
Devo mudar o mundo,
a República? A vida
terei de plantá-la
como um estandarte
em praça pública?

VIII

A vida muda como a cor dos frutos
        lentamente
        e para sempre
A vida muda como a flor em fruto
        velozmente
A vida muda como a água em folhas
        o sonho em luz elétrica
        a rosa desembrulha do carbono
        o pássaro, da boca
                mas

quando for tempo
E é tempo todo tempo
        mas
não basta um século para fazer a pétala
      que um só minuto faz
      ou não
        mas
     a vida muda
     a vida muda o morto em multidão

NOTÍCIA DA MORTE DE ALBERTO DA SILVA
(POEMA DRAMÁTICO PARA MUITAS VOZES)

Eis aqui o morto
chegado a bom porto

Eis aqui o morto
como um rei deposto

Eis aqui o morto
com seu terno curto

Eis aqui o morto
com seu corpo duro

Eis aqui o morto
enfim no seguro

II

De barba feita, cabelo penteado
jamais esteve tão bem-arrumado

De camisa nova, gravata-borboleta
parece até que vai para uma festa

No rosto calmo, um leve sorriso
nem parece aquele mais-morto-que-vivo

Imóvel e rijo assim como o vês
parece que nunca esteve tão feliz

III

Morava no Méier desde menino
Seu grande sonho era tocar violino

Fez o curso primário numa escola pública
quanto ao secundário resta muita dúvida

Aos treze anos já estava empregado
num escritório da rua do Senado

Quando o pai morreu criou os irmãos
Sempre foi um homem de bom coração

Começou contínuo e acabou funcionário
Sempre eficiente e cumpridor do horário

Gostou de Nezinha, de cabelos longos,
que um dia sumiu com um tal de Raimundo

Gostou de Esmeralda, uma de olhos pretos
Ela nunca soube desse amor secreto

Endoidou de fato por Laura Marlene
que dormiu com todos menos com ele

Casou com Luísa, que morava longe,
não tinha olhos pretos nem cabelos longos

Apesar de tudo, foi bom pai de família
sua casa tinha uma boa mobília

Conversava pouco mas foi bom marido
comprou televisão e um rádio transístor

Não foi carinhoso com a mulher e a filha
mas deixou para elas um seguro de vida

Morreu de repente ao chegar em casa
ainda com o terno puído que usava

Não saiu notícia em jornal algum
Foi apenas a morte de um homem comum

E porque ninguém noticiou o fato
fazemos aqui este breve relato

IV

Não foi nada de mais, claro, o que aconteceu:
apenas um homem, igual aos outros, que morreu

Que nos importa agora se quando menino
o seu grande sonho foi tocar violino?

Que nos importa agora quando o vamos enterrar
se ele não teve sequer tempo de namorar?

Que nos importa agora quando tudo está findo
se um dia ele achou que o mar estava lindo?

Que nos importa agora se algum dia ele quis
conhecer Nova York, Londres ou Paris?

Que nos importa agora se na mente confusa
ele às vezes pensava que a vida era injusta?

Agora está completo, já nada lhe falta:
nem Paris nem Londres nem os olhos de Esmeralda

V

Mas é preciso dizer que ele foi como um fio
d'água que não chegou a ser rio

Refletiu no seu curso o laranjal dourado
sem que nada desse ouro lhe fosse dado

Refletiu na sua pele o céu azul de outubro
e as esplendentes ruínas do crepúsculo

E agora, quando se vai perder no mar imenso,
tudo isso, nele, virou rigidez e silêncio:

toda palavra dita, toda palavra ouvida,
todo riso adiado ou esperança escondida

toda fúria guardada, todo gesto detido
o orgulho humilhado, o carinho contido

o violino sonhado, as nuvens, a espuma
das nebulosas, a bomba nuclear
      agora nele são coisa alguma

VI

Mas no fim do relato é preciso dizer
que esse morto não teve tempo de viver

Na verdade vendeu-se, não como Fausto, ao Cão:
vendeu sua vida aos seus irmãos

Na verdade vendeu-a, não como Fausto, a prazo:
vendeu-a à vista ou melhor, deu-a adiantado

Na verdade vendeu-a, não como Fausto, caro:
vendeu-a barato e, mais, não lhe pagaram

VII

Enfim este é o morto
agora homem completo:
só carne e esqueleto

Enfim este é o morto
totalmente presente:
unha, cabelo, dente

Enfim este é o morto:
um anônimo brasileiro
do Rio de Janeiro
de quem nesta oportunidade
damos notícia à cidade

ANTICONSUMO

Como vai longe o dia, Maninho,
em que a gente podia ser comum

Entre ervas burras, folhas molhadas de mamona
e salsa
a gente podia ser
simplesmente
nossas mãos nossos pés nossos cabelos
e o que queimava dentro
no escuro

Como vai longe o tempo como as águas
batendo na amurada
                              alegremente
como os peixes
vivendo no seu músculo
o mistério do mundo

EI, PESSOAL!

Água doce na sombra:
        rio Azul
(era chamado assim pelo povo do Anil)
sombra de vozes claras
        (no
        ar? no arfar
        do coração?)
sombra de flor azul no paladar
        sombra de flor
        sombra de sombra
        sombra de sombra de penumbra

A fábrica apitava às 11 horas
por cima do capinzal
As máquinas paravam de repente
sobre flores de chita
ainda incompletas

(Marlene se matou
por um vestido)
A fábrica apitava às 11 horas
sobre flores abertas
sobre a água
sobre risos que riam
dentro d'água
As máquinas paravam de repente
sobre a vida

Onde anda você, Maria Lúcia?
Esmagado, Maninho, Raimundinho?
Onde andam vocês, Adi, Dodô?
A garagem a quitanda os oitizeiros
onde andam vocês
se há muitos anos derrubaram o quartel?
se há muitos anos
destruíram Hiroxima, a Gestapo
a *Gespapo*
e o poeta jogou-se da amurada
onde a gente brincava?

Onde andam vocês
agora
debaixo desta chuva?

UMA FOTOGRAFIA AÉREA

Eu devo ter ouvido aquela tarde
um avião passar sobre a cidade
aberta como a palma da mão
entre palmeiras
e mangues
vazando no mar o sangue de seus rios
as horas
do dia tropical
aquela tarde vazando seus esgotos seus mortos seus jardins
eu devo ter ouvido
aquela tarde
em meu quarto?

na sala? no terraço
ao lado do quintal?
o avião passar sobre a cidade

geograficamente desdobrada

em si mesma
e escondida
debaixo dos telhados lá embaixo sob
as folhas
lá embaixo no escuro
sonoro do capim dentro
do verde quente
do capim

lá

junto à noite da terra entre
formigas (minha
vida!) nos cabelos
do ventre e morno
do corpo por dentro na usina
da vida
em cada corpo em cada
habitante

dentro

de cada coisa
clamando em cada casa

a cidade

sob o calor da tarde
quando o avião passou

II

eu devo ter ouvido no meu quarto
um barulho cortar outros barulhos

no alarido da época

rolando

por cima do telhado

eu

devo ter ouvido
(sem ouvir)

o ronco do motor enquanto lia

e ouvia

a conversa da família na varanda

dentro daquela tarde
que era clara

e para sempre perdida
que era clara
e para sempre
em meu corpo
a clamar
    (entre zunidos
    de serras entre gritos
    na rua
    entre latidos
    de cães
    no balcão da quitanda
no açúcar já-noite das laranjas
                  no sol fechado
e podre
    àquela hora
dos legumes que ficaram sem vender
no sistema de cheiros e negócios
do nosso Mercado Velho
             — o ronco do avião)

III

eu devo ter ouvido
    seu barulho atolou-se no tijuco
    da Camboa na febre
    do Alagado resvalou
        nas platibandas sujas
    nas paredes de louça
    penetrou nos quartos entre redes
            fedendo a gente
    entre retratos
    nos espelhos
    onde a tarde dançava iluminada
Seu barulho
era também a tarde (um avião) que passava
ali
como eu
passava à margem do Bacanga
em São Luís do Maranhão
    no norte
    do Brasil
        sob as nuvens

IV

eu devo ter ouvido
ou mesmo visto
o avião como um pássaro
branco
romper o céu
veloz voando sobre as cores da ilha
            num relance passar
no ângulo da janela
como um fato qualquer
            eu devo ter ouvido esse avião
            que às três e dez de uma tarde
há trinta anos
            fotografou nossa cidade

V

            meu rosto agora
sobrevoa
sem barulho
            esta fotografia aérea
Aqui está
      num papel
            a cidade que houve
(e não me ouve)
com suas águas e seus mangues
aqui está
(no papel)
uma tarde que houve
      com suas ruas e casas
                        uma tarde
      com seus espelhos
      e vozes (voadas
      na poeira)
uma tarde que houve numa cidade
aqui está
no papel que (se quisermos) podemos rasgar

PÔSTER

Ajuda saber que existe
em algum ponto do mundo
(na Suíça?)
uma jovem de mais ou menos
um metro e setenta de altura
com uma aurora em cabelos na cabeça
e um dorso dourado
          voraz como a vida.

Ela esteve de pé
entre plantas e flores
numa dessas manhãs em que possivelmente
chovia na Guanabara
        mas não lá
        (na Suíça?)
onde ela posou ao sol
em biquíni
para um fotógrafo profissional.

Aqui está ela agora, impressa em cores,
como um sonho no papel,
mercadoria à venda, fata
morgana
que nos chama
por duas bocas molhadas:
uma à vista
a outra escondida
ambas fechadas (entre-
               fechadas)
     uma que fala (ou
           falaria) e sorri
no meio da aurora, civil,
e a outra
calada em muitos lábios
sob o pano:
uma — boca diária
cheirando a dentifrício
e a outra, avara,
como o ouro da urina.

Mas nada disso se sabe
se, do ventre não se ergue a vista
até o rosto onde,
por duas esferas azuis,
de entre pétalas de borboletas,
do fundo do corpo — nos fita
a escondida menina na pantera.

NO CORPO

De que vale tentar reconstruir com palavras
        o que o verão levou
        entre nuvens e risos
junto com o jornal velho pelos ares?

O sonho na boca, o incêndio na cama,
o apelo na noite
agora são apenas esta
contração (este clarão)
de maxilar dentro do rosto.

A poesia é o presente.

POEMA

Para Leo Victor

Se morro
o universo se apaga como se apagam
as coisas deste quarto
                se apago a lâmpada:
os sapatos-da-ásia, as camisas
e guerras na cadeira, o paletó-
-dos-andes,
        bilhões de quatrilhões de seres

e de sóis
morrem comigo.

Ou não:
o sol voltará a marcar
este mesmo ponto do assoalho
onde esteve meu pé;
deste quarto
ouvirás o barulho dos ônibus na rua;
uma nova cidade
surgirá de dentro desta
como a árvore da árvore.

Só que ninguém poderá ler no esgarçar destas nuvens
a mesma história que eu leio, comovido.

MADRUGADA

Do fundo de meu quarto, do fundo
de meu corpo
clandestino
ouço (não vejo) ouço
crescer no osso e no músculo da noite
a noite

a noite ocidental obscenamente acesa
sobre meu país dividido em classes

A CASA

Debaixo do assoalho da casa
no talco preto da terra prisioneira,
quem fala?
naquela
noite menor sob os pés da família
naquele

território sem flor
           debaixo das velhas tábuas
que pisamos pisamos pisamos
quando o sol ia alto
               quando o sol já morria
               quando o sol já morria
               e eu morria
           quem fala?
           quem falou? quem falará?
na língua de fogo azul do país debaixo da casa?
           Fala talvez
           ali
a moeda que uma tarde rolou (a moeda uma tarde) rolou
               e se apagou naquele solo lunar
Fala
talvez um rato
que nos ouvia de sob as tábuas
e conosco aprendeu a mentir
e amar
(no nosso desamparo de São Luís do Maranhão
na Camboa
dentro do sistema solar
entre constelações que da janela víamos
               num relance)
                               Fala
talvez o rato morto fedendo até secar
           E ninguém mais?
           E o verão? e as chuvas
torrenciais? e a classe
operária? as poucas
festas de aniversário
           não falam?
           A rede suja, a bilha
na janela, o girassol
no saguão clamando contra o muro
           as formigas
           no cimento da cozinha
           Bizuza
           morta
Maria Lúcia, Adi, Papai
           mortos
           não falam
                   Mas gira, planeta, gira
                   oceanos azuis da minha vida

sonhos, amores, meus
poemas de ferro,
minha luta comum,
            gira,
                    planeta

        E sobre as tábuas
a nossa vida, os nossos móveis,
a cadeira de embalo, a mesa de jantar,
        o guarda-roupa
        com seu espelho onde a tarde dançava rindo
        feito uma menina
        E as janelas abertas
por onde o espaço como um pássaro
        fugia
        sobrevoava as casas e rumava
num sonho
        para as cidades do sul

EXÍLIO

Numa casa em Ipanema rodeada de árvores e pombos
        na sombra quente da tarde
        entre móveis conhecidos
        na sombra quente da tarde
        entre árvores e pombos
        entre cheiros conhecidos
        eles vivem a vida deles
        eles vivem minha vida

na sombra da tarde quente
na sombra da tarde quente

CANTIGA PARA NÃO MORRER

Quando você for se embora,
moça branca como a neve,
me leve.

Se acaso você não possa
me carregar pela mão,
menina branca de neve,
me leve no coração.

Se no coração não possa
por acaso me levar,
moça de sonho e de neve,
me leve no seu lembrar.

E se aí também não possa
por tanta coisa que leve
já viva em seu pensamento,
menina branca de neve,
me leve no esquecimento.

A POESIA

Onde está
a poesia? indaga-se
por toda parte. E a poesia
vai à esquina comprar jornal.

Cientistas esquartejam Púchkin e Baudelaire.
Exegetas desmontam a máquina da linguagem.
A poesia ri.

Baixa-se uma portaria: é proibido
misturar o poema com Ipanema.
O poeta depõe no inquérito:
meu poema é puro, flor
sem haste, juro!
Não tem passado nem futuro.

Não sabe a fel nem sabe a mel:
é de papel.
Não é como a açucena
que efêmera
passa.
E não está sujeito a traça
pois tem a proteção do inseticida.
Creia,
o meu poema está infenso à vida.

Claro, a vida é suja, a vida é dura.
E sobretudo insegura:
      "Suspeito de atividades subversivas foi detido ontem
      o poeta Casimiro de Abreu."
      "A Fábrica de Fiação Camboa abriu falência e deixou
      sem emprego uma centena de operários."
      "A adúltera Rosa Gonçalves, depondo na 3ª Vara de
                                        [Família,
      afirmou descaradamente: 'Traí ele, sim. O amor acaba,
                                        [seu juiz.'"

               O anel que tu me deste
               era vidro e se quebrou
               o amor que tu me tinhas
               era pouco e se acabou

Era pouco? era muito?
          Era uma fome azul e navalha
          uma vertigem de cabelos dentes
          cheiros que traspassam o metal
          e me impedem de viver ainda
Era pouco? Era louco,
                  um mergulho
no fundo de tua seda aberta em flor embaixo
                                     onde eu
                                   morria

Branca e verde
branca e verde
branca branca branca branca
                   E agora
recostada no divã da sala
          depois de tudo
          a poesia ri de mim

Ih, é preciso arrumar a casa
que Andrey vai chegar
É preciso preparar o jantar
É preciso ir buscar o menino no colégio
lavar a roupa limpar a vidraça
                                O amor
(era muito? era pouco?
era calmo? era louco?)
                                passa

A infância
passa
a ambulância
passa
              Só não passa, Ingrácia
              a tua grácia!

E pensar que nunca mais a terei
real e efêmera (na penumbra da tarde)
como a primavera.
                   E pensar
que ela também vai se juntar
ao esqueleto das noites estreladas
     e dos perfumes
              que dentro de mim gravitam
              feito pó
(e um dia, claro,
ao acender um cigarro
talvez se deflagre com o fogo do fósforo
seu sorriso
entre meus dedos. E só).

Poesia — deter a vida com palavras?
              Não — libertá-la,
fazê-la voz e fogo em nossa voz. Po-
                                esia — falar
                                o dia
acendê-lo do pó
abri-lo
como carne em cada sílaba, de-
flagrá-lo
              como bala em cada não
              como arma em cada mão

E súbito da calçada sobe
e explode.
junto ao meu rosto o pás-
saro? o pás-
?
Como chamá-lo? Pombo? Bomba? Prombo? Como?
Ele

bicava o chão há pouco
era um pombo mas
súbito explode
em ajas brulhos zules bulha zalas
e foge!
como chamá-lo? Pombo? Não:
poesia
paixão
revolução

DOIS POEMAS CHILENOS

I

Quando cheguei a Santiago
o outono fugia pelas alamedas
feito um ladrão
Latifúndios com nome de gente, famílias
com nome de empresas
também fugiam
com dólares e dolores
no coração
Quando cheguei a Santiago em maio
em plena revolução

II

Allende, em tua cidade
ouço cantar esta manhã os passarinhos
da primavera que chega
mas tu, amigo, já não os podes escutar

Em minha porta, os fascistas
pintaram uma cruz de advertência
e tu, amigo, já não a podes apagar

No horizonte gorjeiam
esta manhã as metralhadoras
da tirania que chega
                       para nos matar
E tu, amigo,
já nem as podes escutar

PASSEIO EM LIMA

Debaixo desta árvore
sinto no rosto o calor
de suas flores vermelhas (como
se dentro de um relâmpago)
        Podiam ser de trapo
essas flores, podia
ser de pano esse
                   clarão vegetal —
que é a mesma a matéria da flor,
        da palavra
e da alegria no coração do homem.

AO NÍVEL DO FOGO

                        falo
                 e por muitos incêndios ao
                              meu redor
         no incêndio do mar às minhas costas
           (ou a lembrança)
         no alto incêndio das nuvens sobre as cidades
         no incêndio das frutas na mesa de jantar

que por toda parte lavra
        evidente e oculto
        esse fogo
feito seda na carne da mulher
fome no coração do povo
branco no pão

e por dentro e por fora me trabalha
        como um sistema de sóis vivos ou mortos
        que irrompem feito relâmpagos
dos olores velhos
em cujas cinzas dormiam
        ou risos que voltam a iluminar
        a vida, entre bater de talheres e de pratos
passos na sala e o desamparo
do coração que é um ramo de flor
        dentro de uma bolsa
        a viajar pela cidade
Ao nível do fogo
e entre fogos (em Santiago
                do Chile, em
                Buenos Aires, em)
                falo
                à beira da morte

                como os vegetais
                com seu motor de água
                como as aves
                movidas a vento, como
                a noite (ou a esperança)
                com suas hélices
                                de hidrogênio

POEMA SUJO

(1975)

A Alzira Ferreira

turvo turvo
a turva
mão do sopro
contra o muro
escuro
menos menos
menos que escuro
menos que mole e duro menos que fosso e muro: menos que furo
escuro
mais que escuro:
claro
como água? como pluma? claro mais que claro claro: coisa alguma
e tudo
(ou quase)
um bicho que o universo fabrica e vem sonhando desde as entranhas
azul
era o gato
azul
era o galo
azul
o cavalo
azul
teu cu

tua gengiva igual a tua bocetinha que parecia sorrir entre as folhas de
banana entre os cheiros de flor e bosta de porco aberta como uma boca
do corpo (não como a tua boca de palavras) como uma entrada para
eu não sabia tu
não sabias
fazer girar a vida
com seu montão de estrelas e oceano
entrando-nos em ti

bela bela
mais que bela
mas como era o nome dela?
Não era Helena nem Vera
nem Nara nem Gabriela
nem Tereza nem Maria
Seu nome seu nome era...

Perdeu-se na carne fria
perdeu-se na confusão de tanta noite e tanto dia
perdeu-se na profusão das coisas acontecidas
constelações de alfabeto
noites escritas a giz
pastilhas de aniversário
domingos de futebol
enterros corsos comícios
roleta bilhar baralho
mudou de cara e cabelos mudou de olhos e risos mudou de casa
e de tempo: mas está comigo está
perdido comigo
teu nome
em alguma gaveta

Que importa um nome a esta hora do anoitecer em São Luís do
Maranhão à mesa do jantar sob uma luz de febre entre irmãos e pais
dentro de um enigma?
mas que importa um nome
debaixo deste teto de telhas encardidas vigas à mostra entre cadeiras
e mesa entre uma cristaleira e um armário diante de garfos e facas e
pratos de louças que se quebraram já
um prato de louça ordinária não dura tanto
e as facas se perdem e os garfos
se perdem pela vida caem
pelas falhas do assoalho e vão conviver com ratos
e baratas ou enferrujam no quintal esquecidos entre os pés de erva-
[-Cidreira
e as grossas orelhas de hortelã
quanta coisa se perde
nesta vida
Como se perdeu o que eles falavam ali
mastigando
misturando feijão com farinha e nacos de carne assada
e diziam coisas tão reais como a toalha bordada
ou a tosse da tia no quarto
e o clarão do sol morrendo na platibanda em frente à nossa
janela
tão reais que
se apagaram para sempre
Ou não?

Não sei de que tecido é feita minha carne e essa vertigem
que me arrasta por avenidas e vaginas entre cheiros de gás

e mijo a me consumir como um facho-corpo sem chama,
                    ou dentro de um ônibus
                    ou no bojo de um Boeing 707 acima do Atlântico
acima do arco-íris
                    perfeitamente fora
                    do rigor cronológico
                    sonhando
Garfos enferrujados facas cegas cadeiras furadas mesas gastas
balcões de quitanda pedras da Rua da Alegria beirais de casas
cobertos de limo muros de musgos palavras ditas à mesa do
jantar,
                    voais comigo
                    sobre continentes e mares

E também rastejais comigo
                    pelos túneis das noites clandestinas
                    sob o céu constelado do país
                    entre fulgor e lepra
debaixo de lençóis de lama e de terror
                    vos esgueirais comigo, mesas velhas,
armários obsoletos gavetas perfumadas de passado,
                    dobrais comigo as esquinas do susto
                    e esperais esperais
que o dia venha
                    E depois de tanto
                    que importa um nome?
Te cubro de flor, menina, e te dou todos os nomes do mundo:
                    te chamo aurora
                    te chamo água
te descubro nas pedras coloridas nas artistas de cinema
                    nas aparições do sonho

                    — E esta mulher a tossir dentro de casa!
Como se não bastasse o pouco dinheiro, a lâmpada fraca,
o perfume ordinário, o amor escasso, as goteiras no inverno.
E as formigas brotando aos milhões negras como golfadas de
dentro da parede (como se aquilo fosse a essência da casa)
E todos buscavam

                    num sorriso num gesto
                    nas conversas da esquina
                    no coito em pé na calçada escura do Quartel
                    no adultério

no roubo
a decifração do enigma

— Que faço entre coisas?
— De que me defendo?

Num cofo no quintal na terra preta cresciam plantas e rosas
(como pode o perfume
nascer assim?)

Da lama à beira das calçadas, da água dos esgotos cresciam
pés de tomate
Nos beirais das casas sobre as telhas cresciam capins
mais verdes que a esperança
(ou o fogo
de teus olhos)

Era a vida a explodir por todas as fendas da cidade
sob
as sombras da guerra:
a gestapo a wehrmacht a raf a feb a blitzkrieg catalinas tor-
pedeamentos a quinta-coluna os fascistas os nazistas os comunistas
o repórter esso a discussão na quitanda o querosene o sabão de an-
diroba o mercado negro o racionamento o blackout as montanhas de
metais velhos o italiano assassinado na Praça João Lisboa o cheiro
de pólvora os canhões alemães troando nas noites de tempestade por
cima da nossa casa. Stalingrado resiste.
Por meu pai que contrabandeava cigarros, por meu primo que passava
rifa, pelo tio que roubava estanho à Estrada de Ferro, por seu Neco
que fazia charutos ordinários, pelo sargento Gonzaga que tomava
tiquira com mel de abelha e trepava com a janela aberta,

pelo meu carneiro manso
por minha cidade azul
pelo Brasil salve salve,
Stalingrado resiste.
A cada nova manhã
nas janelas nas esquinas na manchete dos jornais

Mas a poesia não existia ainda.
Plantas. Bichos. Cheiros. Roupas.
Olhos. Braços. Seios. Bocas.
Vidraça verde, jasmim.
Bicicleta no domingo.

Papagaios de papel.
Retreta na praça.
Luto.
Homem morto no mercado
sangue humano nos legumes.
Mundo sem voz, coisa opaca.
Nem Bilac nem Raimundo. Tuba de alto clangor, lira singela?
Nem tuba nem lira grega. Soube depois: fala humana, voz de
gente, barulho escuro do corpo, intercortado de relâmpagos
Do corpo. Mas que é o corpo?
Meu corpo feito de carne e de osso.
Esse osso que não vejo, maxilares, costelas,
flexível armação que me sustenta no espaço
que não me deixa desabar como um saco
vazio
que guarda as vísceras todas
funcionando
como retortas e tubos
fazendo o sangue que faz a carne e o pensamento
e as palavras
e as mentiras
e os carinhos mais doces mais sacanas
mais sentidos
para explodir como uma galáxia
de leite
no centro de tuas coxas no fundo
de tua noite ávida
cheiros de umbigo e de vagina
graves cheiros indecifráveis
como símbolos
do corpo
do teu corpo do meu corpo
corpo
que pode um sabre rasgar
um caco de vidro
uma navalha
meu corpo cheio de sangue
que o irriga como a um continente
ou um jardim
circulando por meus braços
por meus dedos
enquanto discuto caminho
lembro relembro
meu sangue feito de gases que aspiro

dos céus da cidade estrangeira
com a ajuda dos plátanos
e que pode — por um descuido esvair-se por meu
pulso
    aberto
        Meu corpo
que deitado na cama vejo
como um objeto no espaço
    que mede 1,70 m
    e que sou eu: essa coisa
    deitada
    barriga pernas e pés
    com cinco dedos cada um (por que
    não seis?)
    joelhos e tornozelos
    para mover-se
    sentar-se
    levantar-se

meu corpo de 1,70 m que é meu tamanho no mundo
    meu corpo feito de água
    e cinza
que me faz olhar Andrômeda, Sírius, Mercúrio
    e me sentir misturado
a toda essa massa de hidrogênio e hélio
    que se desintegra e reintegra
    sem se saber pra quê

    Corpo meu corpo corpo
que tem um nariz assim uma boca
    dois olhos
    e um certo jeito de sorrir
    de falar
que minha mãe identifica como sendo de seu filho
    que meu filho identifica
    como sendo de seu pai

corpo que se para de funcionar provoca
    um grave acontecimento na família:
    sem ele não há José de Ribamar Ferreira
    não há Ferreira Gullar
e muitas pequenas coisas acontecidas no planeta
estarão esquecidas para sempre

corpo-facho   corpo-fátuo   corpo-fato

atravessado de cheiros de galinheiros e rato
na quitanda ninho
   de rato
   cocô de gato
sal azinhavre sapato
   brilhantina anel barato
língua no cu na boceta cavalo de crista chato
   nos pentelhos
corpo meu corpo-falo
   insondável incompreendido
meu cão doméstico meu dono
   cheio de flor e de sono
meu corpo-galáxia aberto a tudo cheio
   de tudo como um monturo
de trapos sujos latas velhas colchões usados sinfonias
   sambas e frevos azuis
   de Fra Angelico verdes
   de Cézanne
   matéria-sonho de Volpi

   Mas sobretudo meu
             corpo
             nordestino
mais que isso
             maranhense
mais que isso
             sanluisense
mais que isso
             ferreirense
             newtoniense
             alzirense
meu corpo nascido numa porta-e-janela da Rua dos Prazeres
             ao lado de uma padaria
             sob o signo de Virgo
             sob as balas do 24º BC
             na revolução de 30
e que desde então segue pulsando como um relógio
             num tique-taque que não se ouve
(senão quando se cola o ouvido à altura do meu coração)
             tique-taque tique-taque
enquanto vou entre automóveis e ônibus
             entre vitrinas de roupas

nas livrarias
nos bares
tique-taque tique-taque
pulsando há 45 anos
esse coração oculto
pulsando no meio da noite, da neve, da chuva
debaixo da capa, do paletó, da camisa
debaixo da pele, da carne

combatente clandestino aliado da classe operária
meu coração de menino

          claro claro
          mais que claro
                    raro
o relâmpago clareia os continentes passados:
                              noite e jasmim
                              junto à casa

vozes perdidas na lama
domingos vazios

                    água sonhando na tina
pátria de mato e ferrugem

                    busca de cobre e alumínio
                    pelos terrenos baldios
                    economia de guerra?
                    pra mim
                    torresmo e cinema

Sozinho naquele
desaguadouro de rio
                    sob o sol duro do trópico
sozinho na tarde no planeta na história
                    arrastando camarão
                    com um cofo de palha
                                   que
que eu buscava ali?
                    Houvera a guerra de Troia?
                    Homero Dante Boccaccio?
                    Já nascera a geometria?
Só tijuco e água salgada
só bagres e baiacus
areia sol vento e chuva
e as velas coloridas
dos barcos pela baía:
                    que perguntava eu ali
com aquele cofo nas mãos
sob o sol do Maranhão?
Não era o sol de Laplace
nem era a ilha geográfica:

era o sol
o sol apenas
com cheiro de lama podre

e cheiro de peixe e gente
corvina serra cação
papista comendo merda
na saída do bueiro
pátria de sal e ferrugem
que é que eu buscava ali
caminhando pelos trilhos
à toa
saltando dormentes
vadeando pelo córrego
raso de limo sapos garrafas
cheias de lama canos
onde moravam peixes-sabão
andando
sem rumo entre vagões rodas
de trem eixos leprosos
caixas de rolamento
abandonadas cheias
de terra ferrugem graxa
capim coberto de óleo

Que me ensinavam essas aulas
de solidão
entre coisas da natureza
e do homem?

O alto galpão de zinco
clarões de solda
operários na penumbra
paredes negras de fumo
Não era uma casa: uma casa
tem cadeiras mesas poltronas
Um templo
seria? mas
sem nichos sem altar sem santos?

Que era aquilo-uma-usina?

onde a tarde se fazia
com faíscas de esmeril calor de forja

onde a tarde era outra
tarde
que nada tinha daquela
que eu via agora distante
    para além da via férrea
    além do cais
    além das águas do Anil, lá

cega de sol por detrás das ruínas
    do Forte da Ponta d'Areia
    na entrada da baía

Quantas tardes numa tarde!
    e era outra, fresca,
debaixo das árvores boas a tarde
na praia do Jenipapeiro
    Ou do outro lado ainda
a tarde maior da cidade
    amontoada de sobrados e mirantes
    ladeiras quintais quitandas
    hortas jiraus galinheiros
ou na cozinha (distante) onde Bizuza
    prepara o jantar
              e não canta

ah quantas só numa
tarde geral que cobre de nuvens a cidade
    tecendo no alto e conosco
    a história branca
    da vida qualquer

ah ventos soprando verdes nas palmeiras dos Remédios
gramas crescendo obscuras sob meus pés
    entre os trilhos
e dentro da tarde a tarde-
    locomotiva
que vem como um paquiderme
    de aço
    tarda pesada
maxilares cerrados cabeça zinindo
    uma catedral que se move
    envolta em vapor
    bufando pânico

                    prestes
        a explodir

tchi tchi
      trã trã trã
tarã TARÃ TARÃ TARÃ
      tchi tchi tchi tchi tchi
TARÃ TARÃ TARÃ TARÃ TARÃ TARÃ

                      (*Para ser cantada com a música da*
                      Bachiana nᵒ 2, Tocata, *de Villa-Lobos*)

        lá vai o trem com o menino
        lá vai a vida a rodar
        lá vai ciranda e destino
        cidade e noite a girar
        lá vai o trem sem destino
        pro dia novo encontrar
        correndo vai pela terra
                    vai pela serra
                    vai pelo mar
            cantando pela serra do luar
            correndo entre as estrelas a voar
                            no ar
        piuí! piuí piuí
                            no ar
        piuí piuí piuí
        adeus meu grupo escolar
        adeus meu anzol de pescar
        adeus menina que eu quis amar
        que o trem me leva e nunca mais vai parar

    VAARÃ VAARÃ VAARÃ VAARÃ
        tuc tchuc tuc tchuc tuc tchuc

            brisa branca brisa fria
            cinzentura quase dia

    IUÍ IUÍ IUÍ IUÍ IUÍ
    Tuc tchuc tuc tchuc tuc tchuc

        lará lará larará
        lará lará larará
        lará lará larará lará lará larará

lará lará lará
lará lará lará

ɪuɪ́ ɪuɪ́ ɪuɪ́ ɪuɪ́ ɪuɪ́
iuí iuí iuí iuí iuí iuí iuí

saímos de casa às quatro
com as luzes da rua acesas

meu pai levava a maleta
eu levava uma sacola

rumamos por Afogados
outras ladeiras e ruas

o que pra ele era rotina
para mim era aventura

quando chegamos à gare
o trem realmente estava

ali parado esperando
muito comprido e chiava

entramos no carro os dois
eu entre alegre e assustado

meu pai (que já não existe)
me fez sentar ao seu lado

talvez mais feliz que eu
por me levar na viagem

meu pai (que já não existe)
sorria, os olhos brilhando

VAARÃ VAARÃ VAARÃ VAARÃ

tchuc tchuc tchuc
tchuc tchuc tchuc

TRARÃ TRARÃ TRARÃ
TRARÃ TRARÃ TRARÃ

ultrapassamos a noite
quando cruzamos Perizes
era exatamente ali
que principiava o dia

VAARÃ VAARÃ VAARÃ
VAARÃ VAARÃ VAARÃ

      e ver que a vida era muito
      espalhada pelos campos
      que aqueles bois e marrecos
      existiam ali sem mim
      e aquelas árvores todas
      águas capins nuvens — como
      era pequena a cidade!

      E como era grande o mundo:
      há horas que o trem corria
      sem nunca chegar ao fim
      de tanto céu tanta terra
      de tantos campos e serras
      sem contar o Piauí

      Já passamos por Rosário
      por Vale-Quem-Tem, Quelru.
      Passamos por Pirapemas
      e por Itapicuru:
      mundo de bois, siriemas,
      jaçanã, pato e nhambu

café com pão
      bolacha não
            café com pão
                bolacha não
vale quem tem
      vale quem tem
          vale quem tem
      vale quem tem
          nada vale
      quem não tem
          nada não vale
      nada vale
          quem nada
      tem

neste vale
nada
vale
nada
vale
quem
não
tem
nada
no
v
a
l
e
TCHIBUM!!!

Muitos
muitos dias há num dia só
        porque as coisas mesmas
os compõem
com sua carne (ou ferro
      que nome tenha essa
matéria-tempo
    suja ou
    não)
      os compõem
nos silêncios aparentes ou grossos
como colchas de flanela
ou água vertiginosamente imóvel
        como
na quinta dos Medeiros, no poço
da quinta
    coberto pela sombra quase pânica
    das árvores
    de galhos que subiam mudos
     como enigmas
     tudo parado
feito uma noite verde ou vegetal
    e de água
muito embora em cima das árvores
    por cima
     lá no alto
resvalando seu costado luminoso nas folhas
    passasse o dia (o século
    xx)
   e era dia
como era dia aquele
   dia
   na sala de nossa casa
a mesa com a toalha as cadeiras o
   assoalho muito usado
e o riso claro de Lucinha se embalando na rede
   com a morte já misturada
   na garganta
sem que ninguém soubesse
    — e não importa —

que eu debruçado no parapeito do alpendre
           via a terra preta do quintal
           e a galinha ciscando e bicando
              uma barata entre plantas
           e neste caso um dia-dois
              o de dentro e o de fora
           da sala
    um às minhas costas o outro
    diante dos olhos
    vazando um no outro
    através de meu corpo
dias que se vazam agora ambos em pleno coração
de Buenos Aires
      às quatro horas desta tarde
      de 22 de maio de 1975
      trinta anos depois

           muitos
      muitos são os dias num só dia
              fácil de entender
      mas difícil de penetrar
      no cerne de cada um desses muitos dias
porque são mais do que parecem
              pois
      dias outros há
      ou havia
      naquele dia do poço
da quinta
      também dentro e fora
porque não é possível estabelecer um limite
      a cada um desses
      dias de fronteiras impalpáveis
feitos de — por exemplo — frutas e folhas
      frutas que em si mesmas são
      um dia
      de açúcar se fazendo na polpa
ou já se abrindo aos outros dias
      que estão em volta
      como um horizonte de trabalhos infinitos:

    porque a poucos passos
do poço
    acima da ladeira de terra
    na rua sem árvores

donde vim há pouco
passa gente e carroça
ou alguém grita na janela
enquanto um pássaro cruza (possivel-
mente)
por sobre nós
um urubu talvez
deriva na direção da Camboa
leve sobre o vasto capinzal e para além da estrada de ferro
por cima das palhoças na lama
e lá detrás a fábrica
assentada numa plataforma fumegante de cinza e detritos
de algodão
um urubu
que é ele mesmo um dia preto farejando carniça
e na carniça
junto do Matadouro
que fede
o dia (um dia) apodrece
envolvendo o dia
dos moradores das palafitas
e o dia do urubu
e o da lata de azeite Sol Levante
que sobre três pedras
no chão de terra batida da palhoça
onde mora Esmagado
ferve
com arroz-de-toucinho
para o almoço

e todos esses dias enlaçados como anéis de fumaça
girando no cata-vento
esgarçando-se nas nuvens
e o alarido das pipiras na sapotizeira
às seis da tarde
ou
no cubo de sombra e vertigem
da água
do dito poço
da dita quinta
que os anos não trazem mais

E trazem cada vez mais
por ser alarme agora em minha carne

o silêncio daquela água
por ser clarão
a sua sombra
debaixo das minhas unhas
como então sob as folhas com açúcar e luz
pingar de água
                          um pio
um sopro de brisa
sem pressa
                          e por todas as partes
se fabricava a noite
que nos envenenaria de jasmim

E a noite mais tarde pronta passaria aos trambolhões
com sua carruagem negra
batendo ferros
feito um trem
pela Costela do Diabo
com seu cortejo de morcegos
Era impossível distinguir
                          com a pouca luz que havia
como eram seus cavalos
seu condutor seu chicote
a cavalgar no meu sono
sem o testemunho dos irmãos

Numa noite há muitas noites
mas de modo diferente
de como há dias
no dia
          (especialmente nos bairros
onde a luz é pouca)
          porque de noite
todos os fatos são pardos
                          e a natureza fecha
os olhos coloridos
                          guarda seus bichos
entre as pernas, põe as aves dentro dos frutos
e imobiliza todas as águas
                          embora fique urinando
escondido
em vários pontos da quinta
tão suave que quase ninguém ouve sob as folhas de tajá

E assim as muitas noites
parecem uma só
ou no máximo duas:
sendo a outra
a noite de dentro de casa
iluminada a luz elétrica
A noite adormece as galinhas
e põe a funcionar os cinemas
aciona
os programas de rádio, provoca
discussões à mesa do jantar, excessos
entre jovens que se beijam e se esfregam
junto à cancela
no escuro
e quando o tesão é muito decidem casar
(menos, por exemplo,
Maria do Carmo
que entregava os peitos enormes
pros soldados chuparem
na Avenida Silva Maia
sob os oitizeiros
e deixava que eles esporrassem
entre suas coxas quentes (sem
meter)
mas voltava para casa
com ódio do pai
e malsatisfeita da vida)

De noite, porque
a luz é pouca,
a gente tem a impressão
de que o tempo não passa
ou pelo menos não escorre
como escorre de dia:
como se se desse uma interrupção
para o dr. Bacelar fazer uma palestra
no Grêmio Lítero-Recreativo Português
uma interrupção
para que os operários da fábrica Camboa
descansem um pouco
e se reproduzam nas redes
ou nas esteiras
se amando sem muito alarde
para não acordar os filhos que dormem no mesmo quarto

Como se o tempo
durante a noite
ficasse parado junto
com a escuridão e o cisco
debaixo dos móveis e
nos cantos da casa
(mesmo dentro
do guarda-roupa,
o tempo,
pendurado nos cabides)
E essa sensação
é ainda mais viva
quando a gente acorda tarde
e depara com tudo claro
e já funcionando: pássaros
árvores vendedores de legumes

Mas também
quando a gente acorda cedo e fica
deitado assuntando
o processo do amanhecer:
os primeiros passos na rua
os primeiros
ruídos na cozinha
até que de galo em galo
um galo
rente a nós
explode
(no quintal)
e a torneira do tanque de lavar roupas
desanda a jorrar manhã

A noite nos faz crer
(dada a pouca luz)
que o tempo é um troço
auditivo.
Concluídos os afazeres noturnos
(que encheram a casa de rumores,
inclusive as últimas conversas no quarto)
quando enfim a família inteira dorme —
o tempo se torna um fenômeno
meramente químico
que não perturba

(antes
propicia)
o sono.

Não obstante,
alguém que venha da rua
— tendo caminhado sob a fantástica imobilidade
da Via Láctea —
pode ter a impressão,
diante daqueles corpos adormecidos,
de que o universo morreu
(quando de fato
em todas as torneiras da cidade
a manhã está prestes a jorrar)

Menos, claro,
nas palafitas da Baixinha, à margem
da estrada de ferro,
onde não há água encanada:
ali
o clarão contido sob a noite
não é
como na cidade
o punho fechado da água dentro dos canos:
é o punho
da vida
fechada dentro da lama

Já por aí se vê
que a noite não é a mesma
em todos os pontos da cidade;
a noite
não tem na Baixinha
a mesma imobilidade
porque a luz da lamparina
não hipnotiza as coisas
como a eletricidade
hipnotiza:
embora o tempo ali também não escorra,
não flua: bruxuleia
se debate
numa gaiola de sombras.
Mas o que mais distancia
essa noite da Baixinha

das outras
é o cheiro: melhor dizendo
o mau cheiro
que ela tem como certos animais
na sua carne de lodo

e daí poder dizer-se
que a noite na Baixinha
não passa, não
transcorre:
apodrece

Numa coisa que apodrece
— tomemos um exemplo velho:
uma pera —
o tempo
não escorre nem grita,
antes
se afunda em seu próprio abismo,
se perde
em sua própria vertigem,
mas tão sem velocidade
que em lugar de virar luz vira
escuridão;
o apodrecer de uma coisa
de fato é a fabricação
de uma noite:
seja essa coisa
uma pera num prato seja
um rio num bairro operário

Daí por que na Baixinha
há duas noites metidas uma na outra: a noite
suburbana (sem água
encanada) que se dissipa com o sol
e a noite sub-humana
da lama
que fica
ao longo do dia
estendida
como graxa
por quilômetros de mangue
a noite alta
do sono (quando

os operários sonham)
e a noite baixa
do lodo embaixo
da casa

uma noite metida na outra
como a língua na boca
eu diria
como uma gaveta de armário
metida no armário (mas
embaixo: o membro na vagina)
ou como roupas pretas
sem uso dentro da gaveta
ou como uma coisa suja
(uma culpa)
dentro de uma pessoa
enfim como
uma gaveta de lama
dentro de um armário de lama,
                              assim
talvez fosse a noite na Baixinha
princesa negra e coroada
apodrecendo nos mangues

Mas para bem definir essa noite
da Baixinha
                  não se deve separá-la
da gente que vive ali
                        — porque a noite não é
apenas
a conspiração das coisas —
nem separá-la da fábrica
de fios e pano riscado
(de que os homens fazem calças)
onde aquela gente trabalha,
nem do mínimo salário
que aquela gente recebe,
nem separar a fábrica
de lama da fábrica
de fios
nem o fio
do bafio
envenenado na lama
    que de feder tantos anos

já é parte daquela gente
                    (como
o cheiro de um bicho pode ser parte
de outro bicho)
                    e a tal ponto
que nenhum deles consegue
lembrar flor alguma que não tenha
aquele azedo de lama
          (e não obstante
          se amam)

Resta ainda acrescentar
— pra se entender essa noite
proletária —
que um rio não apodrece do mesmo modo
que uma pera
não apenas porque um rio não apodrece num prato
mas porque nenhuma coisa apodrece
como outra
                    (nem por outra)
                              e mesmo
uma banana
não apodrece do mesmo modo
que muitas bananas
dentro de
uma tina
          — no quarto de um sobrado
            na Rua das Hortas, a mãe
            passando roupa a ferro —
fazendo vinagre
          — enquanto o bonde Gonçalves Dias
            descia a Rua Rio Branco
            rumo à Praça dos Remédios e outros
            bondes desciam a Rua da Paz
            rumo à Praça João Lisboa
            e ainda outros rumavam
            na direção da Fabril, Apeadouro,
            Jordoa
            (esse era o bonde do Anil
            que nos levava
            para o banho no rio Azul)
e as bananas
fermentando
trabalhando para o dono — como disse Marx —

ao longo das horas mas num ritmo
diferente (muito mais
            grosso) que o do relógio
fazendo vinagre
            — naquele quarto onde dormia
            toda a família e
            se vendiam quiabo e jerimum —
fermentando
            — enquanto Josias, o enfermeiro,
            posava de doutor na quitanda
            de meu pai
                        e eu jogava bilhar
            escondido
            no botequim do Constâncio
            na Fonte do Ribeirão —
                                    mas

um rio
não faz vinagre
mesmo que um quitandeiro o ponha para apodrecer
numa tina

um rio
não apodrece como as bananas
nem como, por exemplo,
uma perna de mulher
            — (da mulher
que a gente não via
mas fedia durante toda manhã
na casa ao lado de nossa escola,
                        na época
                        da guerra)

um rio não apodrece do mesmo modo que uma perna
        — ainda que ambos fiquem
        com a pele um tanto azulada —
        nem do mesmo modo que um jardim
        (pelo menos em nossa cidade
        sob o demorado relâmpago do verão)

        E como nenhum rio apodrece
        do mesmo modo que outro rio
        assim o rio Anil

apodrecia a seu modo
naquela parte da ilha de São Luís.

Mesmo porque
para que outro rio
pudesse apodrecer como ele
era preciso que viesse
por esse mesmo caminho
passasse no Matadouro
e misturasse seu cheiro de rio ao cheiro
de carniça
e tivesse permanentemente a sobrevoá-lo
uma nuvem de urubus
como acontece com o Anil antes
de dobrar à esquerda
para perder-se no mar
                            (para de fato
afogar-se, convulso,
nas águas salgadas
da baía

que se intrometem por ele, por suas veias,
por sua carne doce de rio
    que o empurra para trás
    o desarruma
o envenena de sal
e o obriga a apodrecer
                    — já que não pode fluir —
    debaixo das palafitas
    onde moram os operários da Fábrica
de Fiação e Tecidos da Camboa)

Assim apodrece o Anil
ao leste de nossa cidade
que foi fundada pelos franceses em 1612
    e que já o encontraram apodrecendo
    embora com um cheiro
    que nada tinha
    do óleo dos navios que entram agora
quase diariamente no porto
    nem das fezes que a cidade
    vaza em seu corpo de peixes
    nem da miséria dos homens
    escravos de outros

que ali vivem agora
feito caranguejos.

Apenas os índios vinham banhar-se
na praia do Jenipapeiro, apenas eles
ouviam o vento nas árvores
e caminhavam por onde
hoje são avenidas e ruas,
sobrados cobertos de limo,
cheios de redes e lembranças
na obscuridade.

Mas desses índios timbiras
nada resta, senão coisas contadas em livros
e alguns poemas em que se tenta
evocar a sombra dos guerreiros
com seu arco
ocultos entre as folhas
(o que não impede que algum menino
tendo visto no palco da escola
I-Juca Pirama
                saia a buscar
pelos matos de Maioba ou da Jordoa
— o coração batendo forte —
vestígios daqueles homens,
mas não encontra mais
que o rumor do vento nas árvores)

Exceto se encontra
pousado
um pássaro azul e vermelho
— a brisa entortando-lhe as penas feito
um leque feito
                o cocar de um guerreiro
que nele se transformara
para continuar habitando aqueles matos.
E mesmo que
não seja o pássaro o guerreiro
foi decerto visto por ele um dia
e por isso
estranhamente
está presente ali
vendo-o de novo

quem sabe agora mesmo atrás do menino atrás
   dos ramos
          quando
   algo se mexe
e uma lagartixa foge sobre as folhas secas.

   E tudo isso se passa
   sob a copa das árvores
             (longe
da estrada por onde trafegam bondes
e ônibus,
   e mais longe ainda
das ruas da Praia Grande
   atravancadas de caminhões
pracistas como João Coelho e estivadores
   que descarregam babaçu)
   Tudo isso se passa
como parte da história dos matos e dos pássaros
   E na história dos pássaros
   os guerreiros continuam vivos.

E eu nunca pensara antes que havia
uma história dos pássaros
embora conhecesse tantos
                                    desde
o canário-da-terra (na gaiola
de seu Neco), a rolinha fogo-pagô
(na cumeeira da casa)
                        até o bigode-pardo
(que se pegava com alçapão no capinzal)
        o galo-de-campina
        parecia um oficial
        em uniforme de gala;
        o anum era um empregado
        da limpeza pública;
        o urubu, um crioulo
        de fraque; o bem-te-vi,
        um polícia de quepe
        e apito na boca
        sempre atarefado
Para me dar conta
        da história dos pássaros
        foi preciso ver
        o pássaro vermelho e azul
        mal pousado no galho
        grande demais para aqueles matos
        como um fantasma
        (a balançar no vento)
        foi preciso vê-lo
        dentro daquele silêncio
feito de pequenos barulhos vegetais
E ele — fazendo sua história — voou
        sem se saber por quê
        e foi pousar noutra árvore
        já agora quase oculto
ora parecendo flor ora folha colorida
        e assim sumiu

        Já a história dos urubus
é praticamente a mesma história dos homens
        que têm cães que morrem

atropelados
em frente à porta da casa
que têm papagaios que aprendem a falar
na cozinha
e curiós
cantando
na gaiola da barbearia
(a filha do barbeiro
fugiu com o filho
do carteiro
um mulato
que trabalhava nos Correios.
As vizinhas cochichavam:
"se tivesse fugido
com um branco,
ao menos ia poder casar")
Enquanto isso
o dr. Gonçalves Moreira mantinha na sua sala
um casal de canários-belgas numa gaiola de prata
(na Avenida Beira-Mar em frente à entrada da baía.)
E trouxe uma caboclinha
de suas terras em Barra do Corda
para arrumar as gavetas (lençóis
de linho branco cheirando a alfazema)
e cuidar dos canários:
ela limpava a gaiola
e renovava a água e o alpiste
todas as manhãs
na janela do alpendre
(na época da guerra).
Lá embaixo no quintal
a lavadeira batia roupa
no tanque
e cantava junto com a água.
O mamoeiro rente ao muro
amadurecia um mamão para a sobremesa do doutor
(isso por volta de 1942, 43,
quando chegaram os americanos
para construir a base aérea do Tirirical:
compraram todas as frutas e legumes
do Mercado
pagaram um salário incrível pro Antônio José
e puseram o pé em cima da mesa
no Moto Bar)

E os canários, nem-seu-souza,
trinavam na gaiola de prata

Camélia caiu na vida
porque ainda não existia a pílula
Pagou caro aquele amor
feito com dificuldade
detrás do jirau de roupas
em pé junto à cerca
enquanto a família dormia
          (o mesmo gosto de hortelã
          das pastilhas de aniversário)
          Seu pai, seu Cunha, o barbeiro,
          quase morre de vergonha,
          ele que fazia a barba
          de todos os homens da rua
          (e o curió na gaiola,
          nem-seu-souza).
          Por que vai um homem ter filhas,
          meu Deus? E ele tinha três.
          A mais velha, que era mais sonsa,
          foi ao Josias tomar
          uma injeção de Eucaliptina
          e o enfermeiro aconselhou:
          "Dói muito. É melhor num lugar
          que tenha mais carne".
          E desde esse santo dia
          era injeção toda tarde,
          (e o curió,
          nem-seu-souza)
          A terceira ficou séria
          e virou filha de Maria
          (e o curió,
          nem-seu-souza)
          Já o canário-da-terra
          parou de cantar quando
          numa manhã de domingo
          seu Neco matou a mulher
          que — dizem — lhe punha chifres:
          a gaiola rolou no chão.
          ("Canivetada nas costas
          pegou bem aqui, lá nela.
          Não saiu um pingo de sangue,
          foi hemorragia interna")

A morte se alastrou por toda a rua,
misturou-se às árvores da quinta,
penetrou na cozinha de nossa casa
ganhou o cheiro da carne que assava na panela
e ficou brilhando nos talheres
dispostos sobre a toalha
na mesa do almoço.

Salve a mulher de amarelo
Põe a de verde no chinelo
Mas a mulher de estampado
Deixa o homem amarrado

Mas essa é a história de pássaros
já de há muito urmanizados
pois a história dos pássaros
pássaros
só os guerreiros conhecem
só eles a entendem quando o vento
(numa lembrança)
sopra-a nas árvores de São Luís.

Não seria correto dizer
que a vida de Newton Ferreira
escorria ou se gastava
entre cofos de camarões, sacas de arroz
e paneiros de farinha-d'água
naquela sua quitanda
na esquina da Rua dos Afogados
com a Rua da Alegria.
                                    Não seria correto porque
se alguém chegasse lá
por volta das 3 da tarde (hora
de pouco movimento) — ele meio debruçado
no balcão lendo *X-9* —
veria que tudo estava parado
na mesma imobilidade branca
do fubá dentro do depósito
das prateleiras cheias de latas e garrafas
e do balcão com a balança Filizola
                                        tudo
sobre o chão de mosaico verde e branco
            como uma plataforma da tarde.
Parado e ao mesmo tempo inserido
num amplo sistema
                        que envolvia os armazéns
da Praia Grande, a Estrada de Ferro São Luís-Teresina,
fazendas em Coroatá, Codó, plantações de arroz
e fumo, homens que punham camarões para secar
ao sol em Guimarães. E as próprias famílias
da rua
que se sentariam mais tarde à mesa do jantar.
Por isso mesmo
ele podia mergulhar naquele mundo de *gangsters* americanos
sem ansiedade.

É verdade, porém, que uma esquina mais acima
(às suas costas)
na Avenida Silva Maia
a tarde passava ruidosamente
farfalhando nos oitizeiros como o vento por um relógio de folhas.

É que a tarde tem muitas velocidades
                    sendo mais lenta
por exemplo
no esgarçar de um touro de nuvem
que ela agora arrasta iluminada
                    na direção do Desterro
por cima da capital
(como uma aranha, poderia dizer?
que ata e puxa a presa para devorá-la?
como um abutre invisível a destripá-la
                    num *ballet*
e muito acima do telhado da quitanda
                    em pleno ar?)
E em meio a um outro sistema
                         este
                         de ventos
que avançavam escuros das bandas do Apeadouro
ou das cabeceiras do Bacanga,
                         úmidos às vezes,
num estampido que faz sacudir os aviões.

Não,
não cabe falar de aranha
se penso na cidade se desdobrando em seus
telhados e torres de igrejas
                    sob um sol duro
as famílias debaixo das telhas, retratos de mortos
com o rosto exageradamente colorido
dentro de molduras pintadas de dourado,
                              cômodas
antigas, pequenas caixas com botões e novelos de linha,
parentes tuberculosos em quartos escuros, tossindo
baixo para que o vizinho não ouça, crianças
                    que mal começam a andar
agarrando-se às pernas de pais que nada podem,
         debaixo daqueles telhados encardidos
         de nossa pequena cidade
                    a qual
                    alguém que venha de avião dos EUA
                    poderá ver
                    postada na desembocadura suja de dois rios
                    lá embaixo
                    e como se para sempre. Mas
                    e o quintal da Rua das Cajazeiras? O tanque

do Caga-Osso? a Fonte do Bispo? a quitanda
de Newton Ferreira?
Nada disso verá
de tão alto
aquele hipotético passageiro da Braniff.

Debruçado no balcão
Newton Ferreira lê
seu conto policial.
Nada sabe das conspirações
meteorológicas que se tramam
em altas esferas azuis acima do Atlântico.
Na quitanda
o tempo não flui
antes se amontoa
em barras de sabão Martins
mantas de carne-seca
toucinho mercadorias
todas com seus preços e
cheiros
ajustados ao varejo
(o olho sujo
do querosene
espiava na lata debaixo do balcão)
Mas nada disso se percebe
voando sobre a cidade a 900 quilômetros por hora.

Nem mesmo andando a pé
entre aquelas duas filas de porta-e-janela,
meias-moradas de sacadas de ferro e platibandas
manchadas de caruncho
(no vermelho
entardecer)
Nem mesmo que a quitanda
exista ainda e que já sejam oito horas da noite
e se veja
pela única folha da porta entreaberta a luz acesa
como antigamente
e haja homens conversando lá dentro
entre lambadas de cachaça
e seja o mesmo o balcão
e o cheiro das mercadorias
lá não encontrarás o Gonzaga, sargento músico do exército.

Já não se falará da guerra que a guerra acabou
        faz muitos anos.

        Descendo ou subindo a rua,
            mesmo que vás a pé,
verás que as casas são praticamente as mesmas
            mas nas janelas
            surgem rostos desconhecidos
como num sonho mau.

        Mudar de casa já era
            um aprendizado da morte: aquele
meu quarto com sua úmida parede manchada
aquele quintal tomado de plantas verdes
            sob a chuva
            e a cozinha
            e o fio da lâmpada coberto de moscas,
            nossa casa
            cheia de nossas vozes
            tem agora outros moradores:
            ainda estás vivo e vês, e vês
que não precisavas estar aqui para ver
        As casas, as cidades,
são apenas lugares por onde
passando
passamos
                (ora sentado ora deitado
                ora comendo na mesa
                bebendo água do pote
                ora debruçado
                no peitoril da janela, o frango
                    pingando ensopado debaixo
                    do jirau de plantas)

        Nem a pé, nem andando de rastros,
nem colando o ouvido no chão
voltarás a ouvir nada do que ali se falou.
        Do querosene, sim,
podes outra vez sentir o mesmo cheiro de trapo
        e do sabão talvez
se é que a fábrica ainda não faliu.
        Mas de Newton Ferreira, ex-
-*center-forward* da seleção maranhense,

que dez vezes faliu
e que era conhecido de todos na zona do comércio,
        não há nenhum traço
naquele chão de mosaico verde e branco
        (inutilmente o buscarás também
        na sessão desta noite do poeira)
A cidade no entanto poderás vê-la do alto praticamente a mesma
        com suas ruas e praças
        por onde ele caminhava

Ah, minha cidade verde
minha úmida cidade
constantemente batida de muitos ventos
rumojerando teus dias à entrada do mar
minha cidade sonora
esferas de ventania
rolando loucas por cima dos mirantes
e dos campos de futebol
verdes verdes verdes verdes
ah sombra rumorejante
que arrasto por outras ruas

Desce profundo o relâmpago
de tuas águas em meu corpo,
desce tão fundo e tão amplo
e eu me pareço tão pouco
pra tantas mortes e vidas
que se desdobram
no escuro das claridades,
na minha nuca,
no meu cotovelo, na minha arcada dentária
no túmulo da minha boca
palco de ressurreições
inesperadas
(minha cidade
canora)
de trevas que já não sei
se são tuas se são minhas
mas nalgum ponto do corpo (do teu? do meu
corpo?)
lampeja
o jasmim
ainda que sujo da pouca alegria reinante
naquela rua vazia
cheia de sombras e folhas

Desabam as águas servidas
me arrastam por teus esgotos
de paletó e gravata
Me levanto em teus espelhos

me vejo em rostos antigos
te vejo em meus tantos rostos
tidos perdidos partidos
                        refletido
irrefletido
             e as margaridas vermelhas
que sobre o tanque pendiam:
                        desce profundo
o relâmpago de tuas águas numa
vertigem de vozes brancas ecos de leite
                  de cuspo morno no membro
o corpo que busca o corpo
                        No capinzal escondido
naquele capim que era abrigo e afeto
feito cavalo sentindo
    o cheiro da terra o cheiro
verde do mato o travo do cheiro novo
    do mato novo da vida
    viva das coisas
    verdes vivendo
longe daquela mobília onde só vive o passado
longe do mundo da morte da doença da vergonha
da traição das cobranças à porta,
                        ali
    bebendo a saúde da terra e das plantas,
                              buscando
    em mim mesmo a fonte de uma alegria
    ainda que suja e secreta
    o cuspo morno a delícia
    do próprio corpo no corpo
    e num movimento terrestre
    no meio do capim,
    celeste o bicho que enfim alça voo
              e tomba

        Ah, minha cidade suja
de muita dor em voz baixa
          de vergonhas que a família abafa
          em suas gavetas mais fundas
          de vestidos desbotados
          de camisas mal cerzidas
          de tanta gente humilhada
          comendo pouco
mas ainda assim bordando de flores

suas toalhas de mesa
suas toalhas de centro
de mesa com jarros
— na tarde
durante a tarde
durante a vida —
cheios de flores
de papel crepom
já empoeiradas
minha cidade doída

Me reflito em tuas águas
recolhidas:
no copo
d'água
no pote d'água
na tina d'água
no banho nu no banheiro
vestido com as roupas
de tuas águas
que logo me despem e descem
diligentes para o ralo
como se de antemão soubessem
para onde ir
Para onde
foram essas águas
de tantos banhos de tarde?
Rolamos com aquelas tardes
no ralo do esgoto
e rolo eu
agora
no abismo dos cheiros
que se desatam na minha
carne na tua, cidade
que me envenenas de ti,
que me arrastas pela treva
me atordoas de jasmim
que de saliva me molhas me atochas
num cu
rijo me fazes
delirar me sujas
de merda e explodo o meu sonho
em merda.
Sobre os jardins da cidade

urino pus. Me extravio
na Rua da Estrela, escorrego
no Beco do Precipício.
Me lavo no Ribeirão.
Mijo na Fonte do Bispo.
Na Rua do Sol me cego,
na Rua da Paz me revolto
na do Comércio me nego
mas na das Hortas floresço;
na dos Prazeres soluço
na da Palma me conheço
na do Alecrim me perfumo
na da Saúde adoeço
na do Desterro me encontro
na da Alegria me perco
Na Rua do Carmo berro
na Rua Direita erro
e na da Aurora adormeço

Acordo na zona. O dia ladra, navega
                    enfunado e azul
                                    Voo
com as toalhas brancas
                    Vou pousar no sorriso de Isabel
Tropeço num preconceito caio das nuvens
                    descubro Marília
me aconchego em suas pétalas como a pomba
do Divino entre rosas na bandeja
                    Mas vem junho e me apunhala
                    vem julho me dilacera
                    setembro expõe meus despojos
                    pelos postes da cidade
                    (me recomponho mais tarde,
                    costuro as partes, mas os intestinos
                    nunca mais funcionarão direito)

                    Prego a subversão da ordem
                    poética, me pagam. Prego
                    a subversão da ordem política,
                    me enforcam junto ao campo de tênis dos ingleses
                    na Avenida Beira-Mar
                                    (e os canários,
                    nem-seu-souza: improvisam
                    em sua flauta de prata)

Vendo o que tenho e mudo
para a capital do país.

(Se tivesse me casado com Maria de Lourdes,
meus filhos seriam dourados uns, outros
morenos de olhos verdes
e eu terminaria deputado e membro
da Academia Maranhense de Letras;
se tivesse me casado com Marília,
teria me suicidado na discoteca da Rádio Timbira)

Mas na cidade havia
muita luz,
          a vida
fazia rodar o século nas nuvens
                    sobre nossa varanda
por cima de mim e das galinhas no quintal
                    por cima
do depósito onde mofavam
paneiros de farinha
          atrás da quitanda,
                    e era pouco
viver, mesmo
no salão de bilhar, mesmo
no bar do Castro, na pensão
da Maroca nas noites de sábado, era pouco
          banhar-se e descer a pé
para a cidade de tarde
(sob o rumor das árvores)
                    ali
                    no norte do Brasil
                    vestido de brim.

E por ser pouco
era muito,
          que pouco muito era o verde
fogo da grama, o musgo do muro, o galo
que vai morrer,
a louça na cristaleira,
o doce na compoteira, a falta
de afeto, a busca
do amor nas coisas.
          Não nas pessoas:
nas coisas, na muda carne

das coisas, na cona da flor, no oculto
falar das águas sozinhas:
                              que a vida
passava por sobre nós,
                      de avião.

Não tem a mesma velocidade o domingo
           que a sexta-feira com sua azáfama de compras
           fazendo aumentar o tráfego e o consumo
           de caldo de cana gelado,
                      nem tem
           a mesma velocidade
           a açucena e a maré
com seu exército de borbulhas e ardentes caravelas
           a penetrar soturnamente o rio
           noutra lentidão que a do crepúsculo
           o qual, no alto,
           com sua grande engrenagem escangalhada
moía a luz.
           Outra velocidade
tem Bizuza sentada no chão do quarto
           a dobrar os lençóis lavados e passados
           a ferro, arrumando-os na gaveta da cômoda, como
                se a vida fosse eterna.
                            E era
           naquele seu universo de almoços e temperos
           de folhas de louro e de pimenta-do-reino
           mastruz para tosse braba,
                      universo
de panelas e canseiras entre as paredes da cozinha
           dentro de um surrado vestido de chita,
                            enfim,
onde batia o seu pequenino coração.
                      E se não era
eterna a vida, dentro e fora do armário,
o certo é que
tendo cada coisa uma velocidade
                      (a do melado
                      escura, clara
                      a da água
                      a derramar-se)
cada coisa se afastava
desigualmente
de sua possível eternidade.
                      Ou
                      se se quer

                    desigualmente
                    a tecia
na sua própria carne escura ou clara
num transcorrer mais profundo que o da semana.
                    Por isso não é certo dizer
que é no domingo que melhor se vê
                    a cidade
— as fachadas de azulejo, a Rua do Sol vazia
as janelas trancadas no silêncio —

                    quando ela
                    parada
                    parece flutuar.

E que melhor se vê uma cidade
          quando — como Alcântara —
          todos os habitantes se foram
e nada resta deles (sequer
          um espelho de aparador num daqueles
aposentos sem teto) — se não
          entre as ruínas
          a persistente certeza de que
          naquele chão
          onde agora crescem carrapichos
          eles efetivamente dançaram
          (e quase se ouvem vozes
          e gargalhadas
                que se acendem e apagam nas dobras da brisa)
                                                      Mas
          se é espantoso pensar
          como tanta coisa sumiu, tantos
guarda-roupas e camas e mucamas
          tantas e tantas saias, anáguas,
          sapatos dos mais variados modelos
          arrastados pelo ar junto com as nuvens,
                    a isso
          responde a manhã
          que
          com suas muitas e azuis velocidades
          segue em frente
                    alegre e sem memória

É impossível dizer
em quantas velocidades diferentes
          se move uma cidade
                              a cada instante
                              (sem falar nos mortos
                              que voam para trás)
                              ou mesmo uma casa
onde a velocidade da cozinha
não é igual à da sala (aparentemente imóvel
nos seus jarros e bibelôs de porcelana)
                    nem à do quintal
          escancarado às ventanias da época

                              e que dizer das ruas
de tráfego intenso e da circulação do dinheiro
e das mercadorias
          desigual segundo o bairro e a classe, e da
          rotação do capital
          mais lenta nos legumes
          mais rápida no setor industrial, e
da rotação do sono
          sob a pele,
          do sonho
          nos cabelos?

          e as tantas situações da água nas vasilhas
          (pronta a fugir)
                    a rotação
          da mão que busca entre os pentelhos
          o sonho molhado os muitos lábios
          do corpo
          que ao afago se abre em rosa, a mão
          que ali se detém a sujar-se
          de cheiros de mulher,
                    e a rotação
          dos cheiros outros
          que na quinta se fabricam
          junto com a resina das árvores e o canto
          dos passarinhos?

Que dizer da circulação
da luz solar
arrastando-se no pó debaixo do guarda-roupa
entre sapatos?
e da circulação
dos gatos pela casa
dos pombos pela brisa?
e cada um desses fatos numa velocidade própria
sem falar na própria velocidade
que em cada coisa há
como os muitos
sistemas de açúcar e álcool numa pera,
girando
todos em diferentes ritmos
(que quase
se podem ouvir)
e compondo a velocidade geral
que a pera é

do mesmo modo que todas essas velocidades mencionadas
compõem
(nosso rosto refletido na água do tanque)
o dia
que passa
— ou passou —
na cidade de São Luís.

E do mesmo modo
que há muitas velocidades num
só dia
e nesse mesmo dia muitos dias
assim
não se pode também dizer que o dia
tem um único centro
(feito um caroço
ou um sol)
porque na verdade um dia
tem inumeráveis centros
como, por exemplo, o pote de água
na sala de jantar
ou na cozinha
em torno do qual
desordenadamente giram os membros da família.

            E se nesse caso
é a sede a força de gravitação
            outras funções metabólicas
            outros centros geram
            como a sentina
            a cama
            ou a mesa de jantar
(sob uma luz encardida numa
            porta-e-janela da Rua da Alegria
            na época da guerra)
sem falar nos centros cívicos, nos centros
            espíritas, no Centro Cultural
Gonçalves Dias ou nos mercados de peixe,
            colégios, igrejas e prostíbulos,
            outros tantos centros do sistema
            em que o dia se move
(sempre em velocidades diferentes)
            sem sair do lugar.

            Porque
            quando todos esses sóis se apagam
            resta a cidade vazia
            (como Alcântara)
            no mesmo lugar.

Porque
diferentemente do sistema solar
            a esses sistemas
            não os sustém o sol e sim
            os corpos
            que em torno dele giram:
            não os sustém a mesa
            mas a fome
            não os sustém a cama
            e sim o sono
            não os sustém o banco
            e sim o trabalho não pago

            E essa é a razão por que
            quando as pessoas se vão
                  (como em Alcântara)
            apagam-se os sóis (os
                  potes, os fogões)
                  que delas recebiam o calor

essa é a razão
por que em São Luís
donde as pessoas não se foram
ainda neste momento a cidade se move
em seus muitos sistemas
e velocidades
pois quando um pote se quebra
outro pote se faz
outra cama se faz
outra jarra se faz
outro homem
se faz
para que não se extinga
o fogo
na cozinha da casa

O que eles falavam na cozinha
          ou no alpendre do sobrado
          (na Rua do Sol)
          saía pelas janelas

          se ouvia nos quartos de baixo
na casa vizinha, nos fundos da Movelaria
          (e vá alguém saber
          quanta coisa se fala numa cidade
          quantas vozes
          resvalam por esse intrincado labirinto
          de paredes e quartos e saguões,
          de banheiros, de pátios, de quintais
                                        vozes
          entre muros e plantas,
                          risos
          que duram um segundo e se apagam)

          E são coisas vivas as palavras
e vibram da alegria do corpo que as gritou
têm mesmo o seu perfume, o gosto
          da carne
que nunca se entrega realmente
nem na cama
          senão a si mesma
          à sua própria vertigem
                                ou assim
                                falando
                                ou rindo
                                no ambiente familiar
enquanto como um rato
tu podes ouvir e ver
de teu buraco
como essas vozes batem nas paredes do pátio vazio
na armação de ferro onde seca uma parreira
entre arames
de tarde
          numa pequena cidade latino-americana.

E nelas há
uma iluminação mortal
                    que é da boca
                    em qualquer tempo
mas que ali
na nossa casa
          entre móveis baratos
          e nenhuma dignidade especial
minava a própria existência.

              Ríamos, é certo,
em torno da mesa de aniversário coberta de pastilhas
de hortelã enroladas em papel de seda colorido,
                              ríamos, sim,
mas
era como se nenhum afeto valesse
como se não tivesse sentido rir
          numa cidade tão pequena.

O homem está na cidade
como uma coisa está em outra
e a cidade está no homem
que está em outra cidade

mas variados são os modos
como uma coisa
está em outra coisa:
o homem, por exemplo, não está na cidade
como uma árvore está
em qualquer outra
nem como uma árvore
está em qualquer uma de suas folhas
(mesmo rolando longe dela)
O homem não está na cidade
como uma árvore está num livro
quando um vento ali a folheia
a cidade está no homem
mas não da mesma maneira
que um pássaro está numa árvore
não da mesma maneira que um pássaro
(a imagem dele)
está/va na água
                  e nem da mesma maneira
que o susto do pássaro
está no pássaro que eu escrevo

a cidade está no homem
quase como a árvore voa
no pássaro que a deixa

cada coisa está em outra
de sua própria maneira
e de maneira distinta
de como está em si mesma

a cidade não está no homem
do mesmo modo que em suas
quitandas praças e ruas

Buenos Aires, maio-outubro, 1975.

NA VERTIGEM
DO DIA
(1975–1980)

MINHA MEDIDA

Meu espaço é o dia
                    de braços abertos
tocando a fímbria de uma e outra noite
o dia
que gira
colado ao planeta
e que sustenta numa das mãos a aurora
e na outra
um crepúsculo de Buenos Aires

              Meu espaço, cara,
              é o dia terrestre
quer o conduzam os pássaros do mar
ou os comboios da Estrada de Ferro Central do Brasil
                                        o dia
medido mais pelo meu pulso
do que
pelo meu relógio de pulso

              Meu espaço — desmedido —
              é o pessoal aí, é nossa
              gente,
de braços abertos tocando a fímbria
de uma e outra fome,
                    o povo, cara,
que numa das mãos sustenta a festa
e na outra
              uma bomba de tempo

TRADUZIR-SE

Uma parte de mim
é todo mundo;
outra parte é ninguém:
fundo sem fundo.

Uma parte de mim
é multidão;
outra parte estranheza
e solidão.

Uma parte de mim
pesa, pondera;
outra parte
delira.

Uma parte de mim
almoça e janta;
outra parte
se espanta.

Uma parte de mim
é permanente;
outra parte
se sabe de repente.

Uma parte de mim
é só vertigem;
outra parte,
linguagem.

Traduzir uma parte
na outra parte
— que é uma questão
   de vida ou morte —
   será arte?

ARTE POÉTICA

Não quero morrer não quero
apodrecer no poema

que o cadáver de minhas tardes
não venha feder em tua manhã feliz

     e o lume
que tua boca acenda acaso das palavras
— ainda que nascido da morte —
      some-se
      aos outros fogos do dia
aos barulhos da casa e da avenida
      no presente veloz

Nada que se pareça
a pássaro empalhado múmia
de flor
dentro do livro
      e o que da noite volte
volte em chamas
      ou em chaga
      vertiginosamente como o jasmim
que num lampejo só
ilumina a cidade inteira

SUBVERSIVA

A poesia
quando chega
            não respeita nada.
Nem pai nem mãe.
                    Quando ela chega
de qualquer de seus abismos
desconhece o Estado e a Sociedade Civil
infringe o Código de Águas
                        relincha
como puta
        nova
        em frente ao Palácio da Alvorada.

E só depois
reconsidera: beija
            nos olhos os que ganham mal
            embala no colo
            os que têm sede de felicidade
            e de justiça

E promete incendiar o país

POEMA OBSCENO

Façam a festa
        cantem dancem
que eu faço o poema duro
            o poema-murro
            sujo
            como a miséria brasileira
Não se detenham:
façam a festa
            Bethânia Martinho
            Clementina
Estação Primeira de Mangueira Salgueiro
gente de Vila Isabel e Madureira
                    todos

                    façam
           a festa
enquanto eu soco este pilão
            este surdo
                poema
que não toca no rádio
que o povo não cantará
(mas que nasce dele)
Não se prestará a análises estruturalistas
Não entrará nas antologias oficiais
            Obsceno
como o salário de um trabalhador aposentado
            o poema
terá o destino dos que habitam o lado escuro do país
            — e espreitam.

ESPERA

Um grave acontecimento está sendo esperado por todos

Os banqueiros os capitães de indústria os fazendeiros
ricos dormem mal. O ministro
da Guerra janta sobressaltado,
a pistola em cima da mesa.

Ninguém sabe de que forma desta vez a necessidade
se manifestará:
                se como
                um furacão ou um maremoto
se descerá dos morros ou subirá dos vales
se manará dos subúrbios com a fúria dos rios poluídos.

Ninguém sabe.
Mas qualquer sopro num ramo
                o anuncia:

um grave acontecimento
está sendo esperado
e nem Deus e nem a polícia
poderiam evitá-lo.

BANANAS PODRES

Como um relógio de ouro o podre
oculto nas frutas
sobre o balcão (ainda mel
dentro da casca
na carne que se faz água) era
ainda ouro
o turvo açúcar
vindo do chão
                    e agora
ali: bananas negras
                    como bolsas moles
                    onde pousa uma abelha
                    e gira
                    e gira ponteiro no universo dourado
                    (parte mínima da tarde)
em abril
            enquanto vivemos.

E detrás da cidade
(das pessoas na sala
ou costurando)
às costas das pessoas
à frente delas
à direita ou
(detrás das palmas dos coqueiros
alegres
e do vento)
feito um cinturão azul
e ardente
o mar
batendo o seu tambor

que
da quitanda
não se escuta

Que tem a ver o mar
com estas bananas
                    já manchadas de morte?
que ao nosso
lado viajam

para o caos
      e azedando
e ardendo em água e ácidos
a caminho da noite
vertiginosamente devagar?

Que tem a ver o mar
com esse marulho
de águas sujas
fervendo nas bananas?
com estas vozes que falam de vizinhos,
de bundas, de cachaça?

Que tem a ver o mar com esse barulho?

Que tem a ver o mar com este quintal?

Aqui, de azul,
apenas há um caco
de vidro de leite de magnésia
(osso de anjo)
que se perderá na terra fofa
conforme a ação giratória da noite
e dos perfumes nas folhas
da hortelã

      Nenhum alarde
nenhum alarme
mesmo quando o verão passa gritando
sobre os nossos telhados

Pouco tem a ver o mar
com este banheiro de cimento
e zinco
      onde o silêncio é água:
      uma esmeralda
      engastada no tanque
      (e que
         solta
      se esvai pelos esgotos
      por baixo da cidade)

Em tudo aqui há mais passado que futuro
mais morte do que festa:

                                        neste
banheiro
de água salobra e sombra
              muito mais que de mar
                                há de floresta

Muito mais que de mar
neste banheiro
há de bananas podres na quitanda

e nem tanto pela água
em que se puem (onde
um fogo ao revés
foge no açúcar)
do que pelo macio dessa vida
de fruta
inserida na vida da família:
um macio de banho às três da tarde

Um macio de casa no Nordeste
com seus quartos e sala
seu banheiro
que esta tarde atravessa para sempre

Um macio de luz ferindo a vida
no corpo das pessoas
lá no fundo
onde bananas podres mar azul
fome tanque floresta
são um mesmo estampido
um mesmo grito

E as pessoas conversam
na cozinha
ou na sala contam casos
e na fala que falam
(esse barulho)
tanto marulha o mar quanto a floresta
tanto
fulgura o mel da tarde
— o podre fogo —
                        como fulge
a esmeralda de água
                  que se foi

Só tem que ver o mar com seu marulho?
com seus martelos brancos
seu diurno
relâmpago
que nos cinge a cintura?

O mar
   só tem a ver o mar com este banheiro
com este verde quintal com esta quitanda
   só tem a ver
   o mar
com esta noturna
terra de quintal
onde gravitam perfumes e futuros
   o mar o mar
com seus pistões azuis com sua festa
   tem a ver tem a ver
com estas bananas
   onde a tarde apodrece feito uma
carniça vegetal que atrai abelhas
varejeiras
   tem a ver com esta gente com estes homens
que o trazem no corpo e até no nome
   tem a ver com estes cômodos escuros
com estes móveis queimados de pobreza
com estas paredes velhas com esta pouca
vida que na boca
é riso e na barriga
é fome

No fundo da quitanda
na penumbra
     fervem a chaga da tarde
e suas moscas;
em torno dessa chaga estão a casa
e seus fregueses
o bairro
as avenidas
as ruas os quintais outras quitandas
outras casas com suas cristaleiras
outras praças ladeiras e mirantes
donde se vê o mar
nosso horizonte

O ESPELHO DO GUARDA-ROUPA

Espelho espelho velho
alumiando
debaixo da vida

Quantas manhãs e tardes
diante das janelas
viste se acenderem
e se apagarem
quando eu já não estava lá?

De noite
na escuridão do quarto
insinuavas
que teu corpo era de água

e te bebi
sem o saber te bebi e te trago
entalado
de um ombro a outro
dentro de mim
e dóis e ameaças
estalar

estilhaçar-se
com as tardes e as manhãs
que naquele tempo
atravessavam a rua
e se precipitavam em teu abismo claro
                                        e raso

espelho
espelho velho

e por trás de meu rosto
                              o dia
bracejava seus ramos verdes
sua iluminada primavera

II

Um homem
com um espelho (feito
um segundo esqueleto)
embutido no corpo
não pode
bruscamente voltar-se para trás
não pode
juntar nada do chão
e quando dorme
é como um acrobata
estendido sobre um relâmpago

Um homem com um espelho
enterrado no corpo
na verdade não dorme: reflete
um voo

Enfim, esse homem
não pode falar alto demais
porque os espelhos só guardam
(em seu abismo)
imagens sem barulho

III

Carregar um espelho
é mais desconforto que vantagem:
a gente se fere nele
e ele
não nos devolve mais do que a paisagem

Não nos devolve o que ele não reteve:
            o vento nas copas
            o ladrar dos cães
            a conversa na sala
barulhos
sem os quais
não haveria tardes nem manhãs

A VENTANIA

A ventania
não é voz alguma —
é só rumor
          lá fora
enquanto leio Hoffmann
                    (enquanto
                    minha mãe costura e o arroz
                    no fogo
                    recende a família)

Não é voz de ninguém
a ventania
          é sopro
          de ar apenas
          um modo como o dia
          se faz
                    (lá fora
                              na quinta
                    entre os galhos da mangueira
                    e suas folhas)
                    acima do telhado da casa
                    a jorrar
                    como se dia não fosse
                    mas cascata

II
Não é voz de ninguém
esse barulho
que se mistura ao som de nossa fala?
entra ano sai ano
se mistura
aos sons de nossa casa
— da água na torneira,
   da vassoura na sala? —
Não é voz
de mangueira?
de oitizeiro,
de sapotizeiro?

Não é voz de ninguém
a desse vento
que venta numa cidade brasileira?

III

Não fica a ventania nos espelhos
    quer se mire
    neles
    debruçada na janela
    ou de relance
quando batendo portas atravessa
    outros cômodos da casa;
    não fica tampouco nos cabelos
que assanha
nas toalhas
nos ramos que balança

    Todo vento
    ventado aqueles anos
    na Quinta dos Medeiros
    se teria esvaído sem lembrança
    não fora haver naquela casa
    de esquina
    para ouvi-lo
    ao menos um menino

CANTIGA DO ACASO

Rua Miguel Couto...
Não me importa um níquel
que Miguel é esse.
Já se vê que era
um filho do Couto.

Rua Miguel Couto
em cuja esquina acabo
de passar, e me comovo.
Mas por que me comovo
se também a rua
não me importa um ovo?
se aqui não amei não mamei
não morei
nem namorei?

Mal por ela passo
caio noutro espaço;
e a tarde ordinária
que atravessava
de comerciária
vira metafísica:
o homem que anda
o outro que compra
este que conversa
— vejo-o:
            vivem
uma tarde que
em forma de brisa
a cidade atravessa.

Rua Miguel Couto
de que me esquecera
perdida entre tantas
ruas do planeta
(entre *jirones, calles,
úlitsi,* vielas)
meu esquecimento
não te destruiu:
surges de ti mesma
diante de mim

que te carregava
sem saber de ti
(e talvez morresse
sem nunca o saber
não volvesse acaso
a passar aqui)

BICHO URBANO

Se disser que prefiro morar em Pirapemas
        ou em outra qualquer pequena cidade
        do país
        estou mentindo
ainda que lá se possa de manhã
lavar o rosto no orvalho
e o pão preserve aquele branco
sabor de alvorada

Não não quero viver em Pirapemas.
Já me perdi.
Como tantos outros brasileiros
me perdi, necessito
deste rebuliço de gente pelas ruas
e meu coração queima gasolina (da
comum)
            como qualquer outro motor urbano

A natureza me assusta.
Com seus matos sombrios suas águas
suas aves que são como aparições
me assusta quase tanto quanto
este abismo
            de gases e de estrelas
aberto sob minha cabeça.

ÓVNI

Sou uma coisa entre coisas
O espelho me reflete
Eu (meus
olhos)
reflito o espelho

Se me afasto um passo
o espelho me esquece:
— reflete a parede
   a janela aberta

Eu guardo o espelho
o espelho não me guarda
(eu guardo o espelho
a janela a parede
rosa
eu guardo a mim mesmo
refletido nele):
sou possivelmente
uma coisa onde o tempo
deu defeito

UM SORRISO

Quando
com minhas mãos de labareda
te acendo e em rosa
            embaixo
            te espetalas

quando
        com meu facho aceso e cego
penetro a noite de tua flor que exala
urina
e mel
        que busco eu com toda essa assassina
fúria de macho?

que busco eu
em fogo
aqui embaixo?
senão colher com a repentina
mão do delírio
uma outra flor: a do sorriso
que no alto o teu rosto ilumina?

MAU CHEIRO

Os jornais anunciam que o prefeito
vai acabar com o mau cheiro em Olaria.

É melhor do que nada: esta cidade
anda fedendo muito ultimamente.

Não falo da Lagoa que, parece,
já fede por capricho;
nem da praia do Leblon,
do Posto Seis:
nossa taxa de lixo.

Falo de um odor que entranha em tudo e que se espalha
pela cidade inteira feito gás
e por mais
banhos que tomemos
e por mais
desodorantes
que usemos
(na boca, na axila
na vagina;
no vaso do banheiro,
no setor financeiro)
não se acaba esse cheiro

BANANAS PODRES 2

naquele canto
              em sombra
da quitanda
              a tarde — o tempo
              o sol da tarde —
              nas bananas virava mel
                                        (aliás
              mais água
do que mel)
              em outubro
              de 1938
              talvez
          na boca
de Newton Ferreira
a mesma
tarde (de fachadas
e espelhos)
              falava português
e ria
(na saliva)
              ou talvez
              não
mas sem dúvida alguma
              se esvaía

              e lá no fundo da quitanda
              sem janelas
                        essa tarde
                        esse outubro
                        fedia

II

    esse outubro era grande: uma cidade inteira
lá fora
    com seus rios e mangues seus canteiros
    sua cúpula azul feita de vento
suas crianças de carne seus sobrados
                        cheios de conversas
e afazeres
    esse outubro era água

nas torneiras
                    roupas na corda
era nuvens igrejas arvoredos
era bondes carroças era pombos
em volta da quitanda
                    uma ciranda!

    esse outubro essa tarde era um Nordeste
desdobrado em caatingas e castigos
                            na lepra do verão
uma ciranda
de rostos consumidos
de olhares humanos entre trapos
na poeira de fogo
                o meu Nordeste
                um molambo
embrulhado num relâmpago

III

Essa tarde era história brasileira
que balançava as árvores
                            passando
e que cheirava a maresia
quando do mar soprava
                        e quando
crescendo em jasmineiros
                        a jasmim
cheirava
a história do Brasil em algum quintal
    de São Luís
pouco antes da segunda grande guerra

enquanto
sobre o balcão da quitanda nas bananas
que apodreciam
                a história era
                um sistema de moscas
                e de mel
                        zoando
                naquele determinado ponto da cidade,
                do país;
                naquele determinado ponto

da família,
como um câncer

Mas em qualquer dos mil espelhos da cidade
em que a história se vê
(na sala de visitas, no quarto
de empregada, na poça
d'água funda como o céu)
pode ser que sorrira
aquela tarde, o povo,
num rosto de menina.

HOMEM SENTADO

Neste divã recostado
à tarde
num canto do sistema solar
em Buenos Aires
(os intestinos dobrados
dentro da barriga, as pernas
sob o corpo)
        vejo pelo janelão da sala
parte da cidade:
           estou aqui
apoiado apenas em mim mesmo
neste meu corpo magro, mistura
de nervos e ossos
vivendo
à temperatura de 36 graus e meio
lembrando plantas verdes
que já morreram

MORTE DE CLARICE LISPECTOR

Enquanto te enterravam no cemitério judeu
do Caju
(e o clarão de teu olhar soterrado
resistindo ainda)
o táxi corria comigo à borda da Lagoa
na direção de Botafogo
E as pedras e as nuvens e as árvores
no vento
mostravam alegremente
que não dependem de nós

O POÇO DOS MEDEIROS

Não quero a poesia, o capricho
do poema: quero
reaver a manhã que virou lixo

       quero a voz
a tua a minha
aberta no ar como fruta na casa
fora da casa
       a voz
dizendo coisas banais
entre risos e ralhos
na vertigem do dia;
          não a poesia
o poema o discurso limpo
onde a morte não grita

        A mentira
não me alimenta:
         alimentam-me
as águas
     ainda que sujas rasas
     afogadas
     do velho poço
     hoje entulhado
     onde outrora sorrimos

LIÇÕES DA ARQUITETURA

Para Oscar Niemeyer

No ombro do planeta
(em Caracas)
Oscar depositou
para sempre
uma ave uma flor

(ele não faz de pedra
nossas casas:
faz de asa)

No coração de Argel sofrida
fez aterrizar uma tarde
uma nave estelar
                    e linda
como ainda há de ser a vida

(com seu traço futuro
Oscar nos ensina
que o sonho é popular)

Nos ensina a sonhar
mesmo se lidamos
com matéria dura:
o ferro o cimento a fome
da humana arquitetura
nos ensina a viver
no que ele transfigura:
no açúcar da pedra
no sonho do ovo
na argila da aurora
na pluma da neve
na alvura do novo

Oscar nos ensina
que a beleza é leve

A ALEGRIA

O sofrimento não tem
nenhum valor.
Não acende um halo
em volta de tua cabeça, não
ilumina trecho algum
de tua carne escura
(nem mesmo o que iluminaria
a lembrança ou a ilusão
de uma alegria).

Sofres tu, sofre
um cachorro ferido, um inseto
que o inseticida envenena.
Será maior a tua dor
que a daquele gato que viste
a espinha quebrada a pau
arrastando-se a berrar pela sarjeta
sem ao menos poder morrer?

       A justiça é moral, a injustiça
não. A dor
te iguala a ratos e baratas
que também de dentro dos esgotos
espiam o sol
e no seu corpo nojento
de entre fezes
       querem estar contentes.

AO RÉS DO CHÃO

Sobre a cômoda em Buenos Aires
o espelho reflete o vidro de colônia Avant la Fête
(antes,
muito antes da festa!)
Reflete o vidro de Supradyn, um tubo
de esparadrapo,
a parede em frente, uma parte do teto.
Não me reflete a mim
deitado fora de ângulo como um objeto que respira.

Os barulhos da rua
não penetram este universo de coisas silenciosas.

Nos quartos vazios
na sala vazia na cozinha
vazia
os objetos (que não se amam):
uns de costas para os outros.

A VOZ DO POETA

Não é voz de passarinho
flauta do mato
viola

Não é voz de violão
clarinete pianola

É voz de gente
(na varanda? na janela?
na saudade? na prisão?)

É voz de gente — poema:
fogo logro solidão

PRIMEIROS ANOS

Para uma vida de merda
nasci em 1930
na Rua dos Prazeres

Nas tábuas velhas do assoalho
por onde me arrastei
conheci baratas formigas carregando espadas
caranguejeiras
                que nada me ensinaram
exceto o terror

Em frente ao muro negro no quintal
as galinhas ciscavam, o girassol
gritava asfixiado
        longe longe do mar
        (longe do amor)

E no entanto o mar jazia perto
detrás de mirantes e palmeiras
embrulhado em seu barulho azul

E as tardes sonoras
rolavam claras sobre nossos telhados
sobre nossas vidas.
                    E do meu quarto
eu ouvia o século XX
farfalhando nas árvores da quinta.

Depois me suspenderam pela gola
me esfregaram na lama
me chutaram os colhões
e me soltaram zonzo
em plena capital do país
sem ter sequer uma arma na mão.

DIGO SIM

Poderia dizer
que a vida é bela, e muito,
e que a revolução caminha com pés de flor
nos campos de meu país,
com pés de borracha
nas grandes cidades brasileiras
          e que meu coração
é um sol de esperanças entre pulmões
          e nuvens.

Poderia dizer que meu povo
é uma festa só na voz
de Clara Nunes
                    no rodar
das cabrochas no carnaval
da Avenida.
                    Mas não. O poeta mente.

A vida nós a amassamos em sangue
          e samba
enquanto gira inteira a noite
sobre a pátria desigual. A vida
nós a fazemos nossa
alegre e triste, cantando
          em meio à fome
          e dizendo sim
— em meio à violência e à solidão dizendo
          sim —
pelo espanto da beleza
pela flama de Tereza
          pelo meu filho perdido
neste vasto continente
          por Vianinha ferido
          pelo nosso irmão caído
pelo amor e o que ele nega
pelo que dá e que cega
          pelo que virá enfim,
          não digo que a vida é bela
          tampouco me nego a ela:
     — digo sim.

IMPROVISO PARA A MOÇA DO CIRCO

Na Rua das Cajazeiras chovia muito.
Para falar com franqueza, chovia demais.
E as águas invadiam a cozinha
atravessavam a casa toda e saíam naturalmente
pela porta da rua.
É verdade que no quintal havia uma goiabeira
que em certas épocas cheirava escandalosamente
feito moça
e o céu com frequência era azul.

Mas o céu é pouco
para um menino magricela que sonha com flores que se comem
— ampolas rosadas como clitóris —
e que sai pelas avenidas a procurar
a árvore dessas flores
                          e não a encontra.
O céu é pouco o sonho é pouco
— mesmo o doce de banana-da-terra com cravinho,
a bola de gude amarela e negra
(feito um planeta) —
                          é pouca a vida
que a cidade oferece,
até que chega o circo.

Certamente não pode caber em mim um circo inteiro
com sua cobertura de lona ainda que remendada
e suja de caruncho, e a arquibancada,
a jaula do leão, o leão, o Globo
da Morte e o palhaço Tapioca. É muita coisa
para um só coração lembrar, agora,
em meio ao tumulto de uma outra cidade
sob o alarido de tantos outros mortos
brilhando na escuridão. Mas sobre eles dança, alva,
se contorce e voa
                          de um trapézio a outro
Sônia, a Mulher Acrobata.

O Campo do Ourique era longe
mas o circo estava lá.
Assim o anunciaram um elefante e alguns palhaços
clarins tambores anões

e um homem tão alto que roçava com o chapéu
os fios elétricos da rua.
Estava lá
e já não era possível como antes
gastar a tarde preenchendo o caderno de caligrafia.

O circo não era grande nem dos melhores.
A confiar nos mais velhos,
o leão urrava de fome e o elefante
tinha sido penhorado.
De fato, a arquibancada meio troncha
ameaçava ruir.
Nada disso, porém, impediu que brilhasses naquela noite,
Sônia, Mulher Acrobata,
estrela de quatro pontas
— braços brancos pernas brancas —
girando no ar
                    estrela de vinte pontas
centro azul de lantejoulas
de lantejoulas e susto...
Mas eis que, sã e salva,
cais em pé no picadeiro
e o público aplaude.
Agradeces
já convertida em mulher.

Pernas, pernas nuas e mais que pernas,
isso os adultos da cidade conheciam.
Eu mesmo já vislumbrara algumas
que no vislumbre ficaram
mitologicamente separadas do corpo
e do curso geral da vida.
Como o jasmim de certas noites
e um crepúsculo de outubro infectado de morte
assim ficaram algumas pernas de mulher
engastadas na memória.
Outra coisa, porém, eram as pernas de Sônia
públicas
expostas sem reservas
sob as luzes do circo

e que se abriam e fechavam, se dobravam,
e sobretudo se abriam e se abriam,
quase a lascar-se ao meio

para o escândalo das senhoras maranhenses.
                    Tornava-se evidente
                    que tua espécie era outra,
                    moça de circo.

Sônia nascera no circo
em plena função do circo
de pai e mãe acrobatas
também nascidos no circo
de outro casal de acrobatas.

Se a forma era de mulher,
outra era a sua matéria.
Não de carne como as outras
nem, como os anjos, sidérea:
era feita de aventura, de luzes
e de tambores rufando;
feita de infância e fascínio
em suma:
Sônia era feita de circo
            — essa era a sua matéria.

Por isso, neste momento,
quando a relembro
                        nesta
tarde banal de homem adulto,
em torno de mim se acendem
as luzes do espetáculo e a música
e as palmas
                    e freme o corpo
já cansado
— não como naquela noite,
moça,
quando subitamente decidi me casar com você —
                                            freme
ou melhor, geme
o corpo
        que não te teve
e já não te espera.

IMPROVISO ORDINÁRIO
SOBRE A CIDADE MARAVILHOSA

Comove-me pensar
que nas porcelanas e cristais da Casa Maillet
na Rua dos Ourives
num dia qualquer do ano de 1847
            nesta cidade do Rio de Janeiro
            (na borda de um cálice)
            cintilava a luz da tarde
                              e lá fora
            onde a tarde nada tinha do bom-tom parisiense
entre carroças puxadas a burro e homens suados
            negros no ganho
            o vento levantava a poeira do dia e do século
            (entranhado na carne das pessoas
            e que com elas
            haveria de morrer).

Sem sacanagem,
me comove pensar na tranquilidade da loja
fundada em 1843
com suas estantes de vidro
cheias de preciosidades
                              — vasos, taças, jarros —
que tocaram o coração de algumas poucas
senhoras cariocas
de gosto requintado e vida vã.

E se penso na loja penso na cidade
desdobrando-se em ruelas, becos e ladeiras,
                  em sobrados e igrejas,
fervilhando no mercado da Rua do Valongo
            onde se leiloavam escravos
            enquanto no porto
            os navios rangiam o madeirame
            sobre as águas desta mesma baía que ora vemos
            atual e azul.
            E que
            ainda mais azul já a tinham visto
outros olhos humanos
            que se apagaram
            antes muito antes que houvesse este cais

estas igrejas e praças
o pelourinho
o Mosteiro de São Bento
muito antes que alguma voz de branco ecoasse neste cenário
onde tudo são serranias e rochedos espantosos
com a baía dançando na atualidade do paraíso.

Possivelmente de luvas
(que já então se usavam luvas
na cidade de pouco asseio
e muitas putas)
madame aponta
para um vaso de porcelana de Sèvres
e lhe pergunta o preço.

A tarde é quente
na cidade de S. Sebastião do Rio de Janeiro
com suas cadeias apinhadas de presos
respirando o fedor de seus próprios dejetos
arrastando correntes
para ir mendigar no meio da rua,
que o governo não alimenta criminosos.
O governo alimenta nobres
e ladrões finos
ministros, ouvidores, provedores
que empoam a cabeleira
e se cumprimentam com trejeitos importados
se se cruzam nas ruas, no Fórum, nos salões.

Já ninguém anda nu neste cenário
que os brancos
há séculos nos trouxeram a moral e os bons costumes
além da sífilis.

Não obstante, àquela altura
já a cidade transbordava de bastardos e amásias
amores soturnos
que aconteciam por todas as partes
e especialmente nos conventos.
De nada (ou muito?) valeu
a recomendação de Manuel da Nóbrega, pedindo ao Rei
que à nova terra mandasse meretrizes
para evitar pecados e aumentar a população
a serviço de Deus.

E a população cresceu
a serviço de Deus e de tantos outros
senhores de tez clara
donos de escravos e de terras
que se foram sucedendo
a serviço de Deus e das empresas
agora multinacionais.

Sem sacanagem,
na cidade onde havia mais leprosos que cães vagando
pelas ruas,
comove-me saber que
em 1788
estava na moda o guarda-sol branco
em 1789
o verde
e que em 1904 o desbunde eram
os guarda-sóis azuis
de sarja ou tafetá.

Ah, cidade maliciosa
de olhos de ressaca
que das índias guardou a vontade de andar nua
e que, apesar do Toque do Aragão,
do Recolhimento do Parto
e do prefeito Amaro Cavalcanti
— impondo em 1917 a moralidade rigorosa
nos banhos de mar —
despe-se novamente hoje nas areias de Ipanema.

De pouco valeu manter analfabetas
as mulheres da cidade,
proibi-las de ir à rua,
dopá-las com emulsões de castidade.
Não houve jeito senão criar a Roda
e mais tarde
os hotéis de alta rotatividade.

A população cresceu.
Cresceu talvez não bem como o queriam
o padre Cepeda
e o poeta Bilac.
Cresceu festiva e arruaceira,
mais chegada ao batuque que à novena,

convencida de que só vale a pena
viver se é
pra assistir ao Fla-Flu e arriscar na centena.
Sem falar, claro está, no seu "bacano"
que só pensa na Bolsa e no carro do ano.

Uma cidade é
um amontoado de gente sem terra.
Antes não, nem tanto, antes
havia quintal e no Campo de Santana
as negras lavadeiras
estendiam na grama a roupa enxaguada.
Ah, que saudade de ver roupas na grama!
Já não,
já não que a lira tenho desatinada
e a voz enrouquecida
e não do canto
mas de ver que venho
falar de uma cidade endurecida
falar de uma cidade poluída
falar de uma cidade
onde a vida é
cada dia menos do que a vida:
asfalto asfalto asfalto
e mais assalto
na Tijuca, na Penha, na Avenida
Nossa Senhora de Copacabana
em pleno dia.
               Uma cidade
é um amontoado de gente que não planta
e que come o que compra
e pra comprar se vende.
Uma cidade como a nossa é
um labirinto de arranha-céus e transações financeiras,
um mercado de brancos
(de negros, de mulatos,
de malucos)
uma multiplicada Rua do Valongo.
Vendem-se frutas, carnes congeladas,
vendem-se couves, conas, inspiradas
canções de amor, poemas, vendem-se jornadas
inteiras de vida,
noites de sono,
vende-se até o futuro

e a morte
às companhias de seguro.

A tarde se apagou.
                    As porcelanas
não brilham mais na Rua dos Ourives.
A Casa Maillet fechou as portas
e seu dono fechou o paletó.
De paletó fechado, de camisa
ou sem camisa,
ricos e negros, brancos e pobres,
mulatos, mamelucos,
todos os que passavam pela rua
àquela hora
(quando a mulher de luvas perguntou
pelo preço do vaso)
se foram
com o sol, o pó e os guarda-sóis da época.
A noite
que ardeu nos lampiões de óleo
(depois de gás)
aquela noite e as muitas outras noites
passaram recendendo a carbureto e esperma
voando lentas sobre o Mangue
ou nas asas dos aviões
que descem de entre as constelações do céu.

E vem a manhã.
A cidade dá curso à sua história
(de féretros verões e diarreias)
em frente ao mar.
Carregados de dívidas, CPF, relógio de pulso,
entre desastres ecológicos, sob os temporais
de janeiro,
viajamos com ela
pelos espaços estelares,
velozmente.

Amigos morrem,
as ruas morrem,
as casas morrem.
Os homens se amparam em retratos.
Ou no coração dos outros homens.

BARULHOS

(1980–1987)

TANGA

Havia o que se via
e o que não se via:
                a manhã luminosa
encobria a treva
abissal e velha dos espaços.
                        O mar batia
em frente à Farme de Amoedo e ali
                        na areia
a gente mal o ouvia se o ouvia.

E era então que ela súbito surgia
                rindo entre os cabelos
                a raquete na mão
e se movia
        ah, como se movia!

E nessa translação nos descobria
suas fases solares:
                o ombro
                o dorso
                a bunda
lunar?
estelar?
        a bunda
        que (sob uma pétala
        de azul)
                celeste me sorria.

EXERCÍCIO DE RELAX

Pé direito, meu velho, relaxa,
esquece a inflação,
                    quero contigo iniciar
esta lenta descida no sono...
                    Mergulha nele, perna
minha, até o joelho... assim...
                                        e agora,
                    pé esquerdo,
você também, que nunca fez um gol na vida,
que só topadas deu,
                    adormece,
afrouxa esse feixe de tendões e ossos e te abre
                    à paz.
                    Joelhos meus, pensem
                    nos oitizeiros
                    da Avenida Silva Maia
                    e durmam,
e que as águas do sono subam pelos músculos da coxa
                    adductor longus, quadriceps femoris
                    e pelo fêmur
                    e pelo ânus
                    e pelo pênis
                    e me cinjam a cintura.
Deitado, já metade de mim desceu na sombra. A outra
                    metade
                    sofre ainda a crise do petróleo.
Relaxa, abdômen, que está tudo sob controle, músculos
                    do peito e dos braços,
                                        abandonem-se,
para que a paz escorra até a palma da mão:
                    a esquerda anônima, a direita
                    tão conhecida de mim quanto meu rosto
                    e que, como ele, mais disfarça
                    o que eu somos
                    o que eu sonos
mas quem, dentre as hostes celestes, me reconheceria
                    pelo caralho?

                    Cala-te, boca,
                    silencia, maxilar arcaico,

apaga-te, arco voltaico
do que o verso não diz.

E agora, tu, cabeça,
dura cabeça nordestina,
                dorme,
dorme, revolta,
sociedade futura pátria igual,
poema que iluminaria a cidade,
dorme
        onde me sonho
(caixa de flores)
e donde espio o mundo
por duas órbitas
        e duas pálpebras
        que finalmente
        se fecham
        sobre mim.

ONDE ESTÃO?

Na enseada de Botafogo o mar é cinza
e sobre ele se erguem os rochedos da Urca,
o Pão de Açúcar.
                É tudo solidamente real.

Mas e os mortos,
                onde estão?
O Vinicius, por exemplo,
e o Hélio? a Clarice?
Não quero que me respondam.
Pergunto apenas, quero
apenas
        fundamente
                perguntar.

Ia cruzando a sala de manhã quando
me disseram: a Clarice morreu.
E no banheiro, depois, lavando as mãos,

lavava eu as mãos já num mundo sem ela
e água e mãos eram um enigma
de sensações e lampejos
ali na pia.
É que a morte revela a vida aos vivos?

Quando Darwin morreu
fomos todos para o seu apartamento na Rua Redentor.
Ele estava esticado num banco
enquanto eu via
                              pela janela sobre a praia
um helicóptero
a zumbir na atmosfera iluminada
                                          longe.
Thereza, Guguta, Zuenir,
estavam todos ali e o bairro
funcionava, a cidade funcionava naquela manhã
como em todas as manhãs.
Não era realidade demais
para alguém deixar assim
                          para sempre?

A caminho do cemitério me lembro
havia uma casa espantosamente ocre
recém-pintada — e até hoje me pergunto
o que há de espantoso numa casa ocre
                          recém-pintada.

Não sei se devido à quantidade de automóveis
que há na cidade
o surdo barulho das ruas
e os aviões que cruzam o céu,
                              o certo é que
                              subitamente
                              me pergunto por eles.

Onde estão?
onde estou?
O mundo é real demais para alguém pensar
que se trata de um sonho.

DESPEDIDA

Eu deixarei o mundo com fúria.
Não importa o que aparentemente aconteça,
se docemente me retiro.

De fato
nesse momento
estarão de mim se arrebentando
              raízes tão fundas
quanto estes céus brasileiros.

Num alarido de gente e ventania
olhos que amei
rostos amigos, tardes e verões vividos
estarão gritando a meus ouvidos
          para que eu fique
          para que eu fique.

Não chorarei.
Não há soluço maior que despedir-se da vida.

POEMA POROSO

De terra te quero;
                poema,
e no entanto iluminado.

                  De terra
o corpo perpassado de eclipses,
poroso
poema
        de poeira —
        onde berram
suicidas e perfumes;
                    assim te quero
sem rosto
e no entanto familiar

como o chão do quintal
(sombra de todos nós depois
e antes de nós
quando a galinha cacareja e cisca).

De terra,
onde para sempre se apagará
a forma desta mão
por ora ardente.

MANCHA

Em que parte de mim ficou
aquela mancha azul?
ou melhor, esta
mancha
de um azul que nenhum céu teria
ou teve ou mar?
um azul
que a mão de Leonardo achou
ao acaso e inevitavelmente
e não só:
um azul
que há séculos
numa tarde talvez
feito um lampejo surgiu no mundo
essa cor
essa mancha
que a mim chegou
de detrás de dezenas de milhares de manhãs
e noites estreladas
como um puído
aceno humano.

Mancha azul
que carrego comigo como carrego meus cabelos
ou uma lesão
oculta onde ninguém sabe.

GLAUBER MORTO

O morto
não está de sobrecasaca
não está de casaca
não está de gravata.

O morto está morto

não está barbeado
não está penteado
não tem na lapela
uma flor
              não calça
sapatos de verniz

não finge de vivo
não vai tomar posse
na Academia.

O morto está morto
em cima da cama
no quarto vazio.

Como já não come
como já não morre
enfermeiras e médicos
não se ocupam mais dele.

Cruzaram-lhe as mãos
ataram-lhe os pés.

Só falta embrulhá-lo
e jogá-lo fora.

OLHAR

o que eu vejo
me atravessa
                como ao ar
                a ave

o que eu vejo passa
através de mim
quase fica
                atrás de mim

O que eu vejo
— a montanha por exemplo
banhada de sol —
                    me ocupa
e sou então apenas
essa rude pedra iluminada
ou quase
se não fora
                saber que a vejo.

PINTURA

Eu sei que se tocasse
com as mãos aquele canto do quadro
onde um amarelo arde
me queimaria nele
ou teria manchado para sempre de delírio
a ponta dos dedos.

QUEM SOU EU?

Quem sou eu dentro da minha boca?
Quem sou eu nos meus dentes
detrás dos dentes
        na língua que se move
presa no fundo da garganta? que nome tenho
na escuridão do esôfago?
        no estômago?
        na química
        dos intestinos?

        Quem em mim secreta
        saliva? excreta
        fezes?
                quem embranquece em meus cabelos
                e vira pus nas gengivas?

Quem sou eu
        ao lado da Biblioteca Nacional
        tão frágil, meu deus, na noite
        sob as estrelas?
        e no entanto impávido!
        (a mexer no armário de roupas
        num apartamento da Rua Tenente Possolo
        em 1952
        vivo a história do homem).
J'irai sous la terre
et toi, tu marcheras dans le soleil.

Tudo o que sobrará de mim
é papel impresso.
Com um pouco de manhã
engastado nas sílabas, é certo, mas
que é isso
em comparação com meu corpo real? meu
corpo
onde a alegria é possível
se mãos lhe tocam os pelos
se uma boca o beija
                o saliva
o chupa com dois olhos brilhantes?
                        E sou então

praia vento floresta
resposta sem pergunta
o eixo do corpo
na saliva dourada
                    giro

e giramos
com o verão que se estende por todo o hemisfério sul.

       Como dizer então: pouco
       me importa a morte?
E sobretudo se existem as histórias em quadrinhos
e os programas de televisão
que continuarão a passar noite após noite
no recesso dos lares
         numa terça-feira que antecede à quarta
         numa quinta-feira que antecede à sexta
         ou num sábado
         ou num domingo.
                    Como dizer
                    pouco me importa?

O LAMPEJO

O poema não voa de asa-delta
não mora na Barra
não frequenta o Maksoud.
Pra falar a verdade, o poema não voa:
anda a pé
e acaba de ser expulso da fazenda Itupu
                    pela polícia.

Come mal dorme mal cheira a suor,
parece demais com povo:
                    é assaltante?
                    é posseiro?
                    é vagabundo?
frequentemente o detêm para averiguações
       às vezes o espancam
       às vezes o matam

às vezes o resgatam
da merda
           por um dia
e o fazem sorrir diante das câmeras da TV
de banho tomado.

O poema se vende
           se corrompe
confia no governo
desconfia
de repente se zanga
e quebra trezentos ônibus nas ruas de Salvador.

O poema é confuso
mas tem o rosto da história brasileira:
           tisnado de sol
           cavado de aflições

e no fundo do olhar, no mais fundo,
           detrás de todo o amargor,
                      guarda um lampejo —
                      um diamante
                      duro como um homem
e é isso que obriga o exército a se manter de prontidão.

PERDA

                      a
                      Mário Pedrosa

Foi no dia seguinte. Na janela pensei:
Mário não existe mais.
Com seu sorriso o olhar afetuoso a utopia
                      entranhada na carne
                      enterraram-no
e com suas brancas mãos de jovem aos 82 anos.

Penso — e vejo
           acima dos edifícios mais ou menos à altura do Leme
           uma gaivota que voa na manhã radiante

e lembro de um verso de Burnett: "no acrobático
                                    milagre do voo".

E Mário?
A gaivota voa
fora da morte:
                e dizer que voa é pouco:
                        ela faz o voo
                        com asa e brisa
                        o realiza
                num mundo onde ele já não está
                para sempre.

E penso: quantas manhãs virão ainda na história da Terra?
É perda demais para um simples homem.

FEVEREIRO DE 82

Impõe a idade que me torne
um poeta provecto.
Voltar ao soneto
quem sabe ao solene
                verso alexandrino.

É que o corpo se cansou
de ser enigma
                e quer
a qualquer preço virar
discurso antológico?

                Apaga de tua carne
                o cheiro de manga-rosa
                o pânico olhar de teu pai
                em outubro de 1970
                esquece a janela do 9º andar
                do antigo IAPC.
                Daquele lodo negro sobre a marquise
                não destilarias
                uma gota de passado um lampejo sequer
                de riso ou palavra.

Só o feroz presente
ali está
ou nem isso mas
apenas
a opaca matéria que te invade
e ocupa:
                decifra-me
                ou foge.

Fujo.
No elevador as pessoas são fantasmas
(por que não dedicar-se ao decassílabo?
de óculos e barbas
engordar em São Paulo citando Ezra Pound?).

Desemboco enfim na Rua México
com meu Mido automático martelando no braço.
Da esquina da Araújo Porto Alegre
sopra um vento de 1953-54...
        Que fazer?
O poema já não quer mais ser poema
        quer ser fala
        esgarçada e esparsa
        mover de nuvem
                        e sono
        que se desenrola azul do joelho
                                quer ser
um murmúrio
        rente à pulsão
                    estelar
        chamada
                    ʌ
            d
                    i
            ɐ

SESSENTA ANOS DO PCB

Eles eram poucos
e nem puderam cantar muito alto a Internacional
naquela casa de Niterói
em 1922. Mas cantaram.
E fundaram o partido.

Eles eram apenas nove: o jornalista
Astrojildo, o contador Cordeiro,
o gráfico Pimenta, o sapateiro José Elias, o vassoureiro
Luís Peres, os alfaiates Cendon e Barbosa,
o ferroviário Hermogênio
e ainda o barbeiro Nequete
que citava Lênin a três por dois.
Em todo o país,
eles não eram mais de setenta.
Sabiam pouco de marxismo
mas tinham sede de justiça
e estavam dispostos a lutar por ela.

Faz sessenta anos que isto aconteceu.
O PCB não se tornou o maior partido do Ocidente
nem mesmo do Brasil.
Mas quem contar a história de nosso povo e seus heróis
tem que falar dele.
                    Ou estará mentindo.

DESASTRE

Há quem pretenda
    que seu poema seja
    mármore
    ou cristal — o meu
o queria pêssego
            pera
            banana apodrecendo num prato
e se possível
numa varanda

onde pessoas trabalhem e falem
e donde se ouça
     o barulho da rua.

   Ah quem me dera
   o poema podre!

a polpa fendida
   exposto
o avesso da voz
     minando
   no prato
o licor a química
   das sílabas
      o desintegrando-se cadáver
   das metáforas
   um poema
   como um desastre em curso.

OMISSÃO

I

Não é estranho
   que um poeta político
dê as costas a tudo e se fixe
em três ou quatro frutas que apodrecem
num prato
em cima da geladeira
numa cozinha da Rua Duvivier?

E isso quando vinte famílias
são expulsas de casa na Tijuca,
os estaleiros entram em greve em Niterói
e no Atlântico Sul começa
      a guerra das Malvinas.

Não é estranho?
    por que então
    mergulho nessa minicatástrofe
    doméstica

de frutas que morrem
e que nem minhas parentas são?
                    por que
                    me abismo
                    no sinistro clarão dessas formas
                    outrora coloridas
e que nos abandonam agora inapelavelmente
                    deixando a nossa cidade
                    com suas praias e cinemas
                    deixando a casa
onde frequentemente toca o telefone?
                                        para virar lama.

II

        É compreensível que tua pele se ligue à pele dessas frutas
                                        [que apodrecem
pois ali
há uma intensificação do espaço, das forças
que trabalham dentro da polpa
                        (enferrujando na casca
                        a cor
                        em nódoas negras)
e ligam
uma tarde a outra tarde e a outra ainda
                            onde
bananas apodreceram
subvertendo a ordem da história humana, tardes
                        de hoje e de ontem
que são outras cada uma em mim
e a mesma talvez
no processo noturno da morte nas frutas
e que te ligam a ti através das décadas
            como um trem que rompe a noite
furiosamente dentro
e em parte alguma
            — é compreensível
            que dês as costas à guerra das Malvinas
            à luta de classes
            e te precipites nesse abismo
            de mel
que o clarão do açúcar nos cega
e diverte ser espectador da morte, que é também a nossa,
e que nos atrai com sua boca de lama sua vagina
                    de nada

por onde escorregamos docemente no sono
                              e é bom morrer
no teatro
vendo morrer
peras ardendo
              na sua própria fúria
              e urinando
              e afundando em si mesmas
a converter-se em mijo, a pera, a banana ou o que seja
              e assistes
              à hecatombe
              no prato
              sob uma nuvem de mosquitos

                         e não ouves o clamor da vida
aqui fora
              na rua na fábrica na favela do Borel
              não ouves
              o tiro que matou Palito
              e não ouves, poeta,
              o alarido da multidão que pede emprego
              (são dois milhões sem trabalho
                                   há meses
              sem ter como dar de comer à família
              e cuja história
              é assunto arredio ao poema).

É a morte que te chama?
É a tua própria história
              reduzida ao inventário de escombros
              no avesso do dia
                         e não mais a esperança
                         de uma vida melhor?
que se passa, poeta?
              adiaste o futuro?

APRENDIZAGEM

Do mesmo modo que te abriste à alegria
    abre-te agora ao sofrimento
    que é fruto dela
    e seu avesso ardente.

Do mesmo modo
    que da alegria foste
                ao fundo
    e te perdeste nela
                e te achaste
                nessa perda
    deixa que a dor se exerça agora
    sem mentiras
    nem desculpas
                e em tua carne vaporize
                toda ilusão

que a vida só consome
o que a alimenta.

NARCISO E NARCISO

Se Narciso se encontra com Narciso
e um deles finge
que ao outro admira
(para sentir-se admirado),
o outro
pela mesma razão finge também
e ambos acreditam na mentira.

Para Narciso
o olhar do outro, a voz
do outro, o corpo
é sempre o espelho
em que ele a própria imagem mira.
E se o outro é
como ele

outro Narciso,
é espelho contra espelho:
o olhar que mira
reflete o que o admira
num jogo multiplicado em que a mentira
de Narciso a Narciso
inventa o paraíso.
    E se amam mentindo
    no fingimento que é necessidade
    e assim
    mais verdadeiro que a verdade.
Mas exige, o amor fingido,
ser sincero
o amor que como ele
é fingimento.
    E fingem mais
os dois
com o mesmo esmero
com mais e mais cuidado
    — e a mentira se torna desespero.
Assim amam-se agora
    se odiando.

O espelho
    embaciado,
já Narciso em Narciso não se mira:
se torturam
se ferem
não se largam
    que o inferno de Narciso
    é ver que o admiravam de mentira.

VOLTA AO LAR

Entra em casa o poeta de 52 anos.
Transpõe a sala vai até o escritório
larga a pasta tira o paletó —
                    de repente
                    sabe que vai morrer.

Com o paletó na mão
dirige-se ao quarto.
                    Não vai morrer hoje
nem amanhã talvez: apenas sabe
                    a verdade-lâmina
                    que sempre soube
e lhe esplende na carne: vai
                            morrer

embora neste momento
                esteja despindo as calças
                com que veio da rua.

DETRÁS DO ROSTO

Acho que mais me imagino
do que sou
ou o que sou não cabe
no que consigo ser
                e apenas arde
detrás desta máscara morena
que já foi rosto de menino.

Conduzo
sob minha pele
uma fogueira de um metro e setenta de altura.

Não quero assustar ninguém.
Mas se todos se escondem no sorriso
                        na palavra medida
devo dizer

que o poeta gullar é uma criança
                    que não consegue morrer

e que pode
a qualquer momento
desintegrar-se em soluços.

Você vai rir se lhe disser
que estou cheio de flor e passarinho
que nada
do que amei na vida se acabou:
                    e mal consigo andar
                    tanto isso pesa.

Pode você calcular quantas toneladas de luz
                    comporta
                    um simples roçar de mãos?
                    ou o doce penetrar
                    na mulher amorosa?

Só disponho de meu corpo
para operar o milagre
                    esse milagre
                    que a vida traz
                          e záz
                          dissipa às gargalhadas.

AQUI E AGORA

1
Que faz a defunta manhã
na manhã nova?

Que sois vós hoje
alegria de outrora
riso extinta palavra de afeto?

que sois vós
senão fantasmas
senão miasmas

a infectar
de morte
o que está vivo?

2
Se há sol no pátio
e um carro penetra nele
e estaciona
e o chofer desce
bate a porta
e sai andando
        se isto é isto
        e nada mais
        que isto,
te manténs no que vês
e estás feliz:
        entendes finalmente
        que o passado
        é pura doença.

BARULHO

Todo poema é feito de ar
apenas:
        a mão do poeta
        não rasga a madeira
        não fere
                o metal
                a pedra
        não tinge de azul
        os dedos
        quando escreve manhã
        ou brisa
        ou blusa
                de mulher.

O poema
é sem matéria palpável
        tudo
        o que há nele

é barulho
      quando rumoreja
      ao sopro da leitura.

GRAVURA

Longe de mim
para além dos edifícios de Botafogo
      e da Tijuca
      para além do Méier, de Madureira
      de Bangu
vencida a última casa na periferia do Rio
      longe
      para além dos espantosos rochedos
      da serra das Araras
para além dos vales e campos cultivados
      municípios e cidades
longe
longe de mim
      no coração de São Paulo
      dorme você a esta hora
      (quatro e quinze da manhã)

      com seus negros cabelos.

ANO-NOVO

Meia-noite. Fim
de um ano, início
de outro. Olho o céu:
nenhum indício.

Olho o céu:
o abismo vence o
olhar. O mesmo
espantoso silêncio

da Via Láctea feito
um ectoplasma
sobre a minha cabeça:
nada ali indica
que um ano novo começa.

E não começa
nem no céu nem no chão
do planeta:
começa no coração.

Começa como a esperança
de vida melhor
que entre os astros
não se escuta
nem se vê
nem pode haver:
que isso é coisa de homem
esse bicho
        estelar
        que sonha
        (e luta).

QUESTÃO PESSOAL

Não interessa
a ninguém
(talvez)
isso
de que já falei
que o poema se nega
a ser poema.

           Não interessa
           talvez
porque se a poesia
é universal
o poema é
uma questão pessoal
           (de mim comigo
           de voz comigo
           de voz
           que não quer voar
           não quer
           saltar
               acima
           do rio escuro,
                    prateada!)
essa palavra avesso esse
verso
espesso mais que pelo
essa pele-
           palavra
que envolve a voz
e voa ao revés
tão rente a meu corpo
feito um sopro —
              o poema
que em si mesmo se solve
           (em seu mel).

MEU POVO, MEU ABISMO

Meu povo é meu abismo.
Nele me perco:
a sua tanta dor me deixa
surdo e cego.

Meu povo é meu castigo
meu flagelo:
seu desamparo,
meu erro.

Meu povo é meu destino
meu futuro:
se ele não vira em mim
veneno ou canto —
                            apenas morro.

NÓS, LATINO-AMERICANOS

à
Revolução Sandinista

Somos todos irmãos
mas não porque tenhamos
a mesma mãe e o mesmo pai:
temos é o mesmo parceiro
que nos trai.

Somos todos irmãos
não porque dividamos
o mesmo teto e a mesma mesa:
divisamos a mesma espada
sobre nossa cabeça.

Somos todos irmãos
não porque tenhamos
o mesmo berço, o mesmo sobrenome:

temos um mesmo trajeto
de sanha e fome.

Somos todos irmãos
não porque seja o mesmo sangue
que no corpo levamos:
o que é o mesmo é o modo
como o derramamos.

UMA NORDESTINA

Ela é uma pessoa
no mundo nascida.
Como toda pessoa
é dona da vida.

Não importa a roupa
de que está vestida.
Não importa a alma
aberta em ferida.
Ela é uma pessoa
e nada a fará
desistir da vida.
Nem o sol de inferno
a terra ressequida
a falta de amor
a falta de comida.
É mulher é mãe:
rainha da vida.

De pés na poeira
de trapos vestida
é uma rainha
e parece mendiga:
a pedir esmola
a fome a obriga.
Algo está errado
nesta nossa vida:
ela é uma rainha
e não há quem diga.

ARMANDO, IRMÃOZINHO

I

O dia de hoje, Armando, estava quente
e empurrava luminoso com o ombro
alvas cordilheiras de nuvens por sobre Botafogo.

Depois que te deixamos ali para sempre
saímos todos aturdidos de realidade
e sem poder fugir.

À noite estaremos no Luna
                              e você não.
Você nunca mais estará no Luna, cara!
Parece incrível
mas vai ser assim.

Como um raio
a grande pantera caiu sobre nós
pôs as duas patas em nosso peito
e rugiu:
              agora vai ser assim!
E vai, cara,
vai ser assim.

II

Ele desarrumava a conversa
rompia a lógica
do discurso, a lógica
da postura da gente na vida, quebrava
o espelho da ordem
                            nossa e dele
                            o equilíbrio
em que dificilmente nos mantemos.

Preferia a vertigem
e aliviava a tensão com o frio do copo
na testa
            (suco de laranja com vodca)
"não se preocupe pois tudo vai acabar mal"
dizia rindo,
"além do mais esta música é bonita pra caralho...
                            ou não!".
E caiu de repente fulminado
no chão do quarto numa sexta-feira à noite
(a tia na sala, a empregada,
e só depois o encontraram debatendo-se vítima
de seu corpo frágil demais para tanta indagação
e afeto).
            Mas
aquele olhar, aquele jeito de falar e brincar
que era ele
e que se dissipou
o seu rosto — que ia começar a desfazer-se —
arrasta-nos para além do que se vê e sabe.
Onde a vida cessou começa o abismo.
Onde ele acabou
começa a vertigem
            que nos mistura à eternidade do mundo.

TEU CORPO

O teu corpo muda
independente de ti.
Não te pergunta
se deve engordar.

É um ser estranho
que tem o teu rosto
ri em teu riso
e goza com teu sexo.
Lhe dás de comer
e ele fica quieto.
Penteias-lhe os cabelos
como se fossem teus.

Num relance, achas
que apenas estás
nesse corpo.
Mas como, se nele
nasceste e sem ele
não és?
Ao que tudo indica
tu és esse corpo
— que a cada dia
mais difere de ti.

E até já tens medo
de olhar no espelho:
lento como nuvem
o rosto que eras
vai virando outro.

E a erupção
que te surge no queixo?
Vai sumir? alastrar-se
feito impingem, câncer?
Poderás detê-la
com Dermobenzol?
ou terás que chamar
o corpo de bombeiros?

Tocas o joelho:
tu és esse osso.
Olhas a mão:
tu és essa mão.
A forma sentada
de bruços na mesa
és tu.
Quem se senta és tu,
quem se move (leva
o cigarro à boca,
traga, bate a cinza)
és tu.
Mas quem morre?
Quem diz ao teu corpo — morre —
quem diz a ele — envelhece —
se não o desejas,
se queres continuar vivo e jovem
por infinitas manhãs?

VERSOS DE ENTRETER-SE

À vida falta uma parte
— seria o lado de fora —
pra que se visse passar
ao mesmo tempo que passa

e no final fosse apenas
um tempo de que se acorda
não um sono sem resposta.

À vida falta uma porta.

ADEUS A TANCREDO

Companheiro Tancredo Neves,
não vou chamar você de Excelência logo agora
quando, mais que nosso presidente,
você é o irmão ferido
                              e que se vai.
Foi você quem conduziu, de uma ponta a outra do país,
acima de nossa cabeça,
uma tocha de chama verde como a esperança.
            Esperança é uma palavra gasta
mas não era a palavra, era a esperança mesma
                  que você carregava
                  e que ainda luzia em suas mãos hoje
                  no derradeiro momento
num quarto de hospital em São Paulo.
E quando suas mãos se apagaram,
                                        essa chama
brilhou no céu da pátria nesse instante.

            Pátria é uma palavra gasta,
mas pátria é terra, é mãe,
embora muitos de nós, milhões de nós,
ainda vagueiem pelas cidades e pelos campos,
            sem o penhor de uma igualdade
que havemos de conquistar com braço forte.

            Pátria é uma palavra gasta
mas no seio dela descansarás, Tancredo amigo,
            no chão macio de São João del-Rei,
amado pelo povo e à luz do céu profundo.

            Povo também é uma palavra gasta
mas o povo — o povo mesmo — despertou
quando lhe prometeste uma nova República,
            iluminada ao sol do novo mundo.
E ela virá. E tu a construirás conosco,
erguendo nossos braços, cantando em nossa boca,
            caindo e levantando como este povo
em que — ao morrer — te transformaste.

O CHEIRO DA TANGERINA

Com raras exceções
        os minerais não têm cheiro

quando cristais
        nos ferem
quando azougue
        nos fogem
e nada há em nós que a eles se pareça

exceto
os nossos ossos
os nossos
dentes
        que são no entanto
        porosos
e eles não: os minerais não respiram.

E a nada aspiram
        (ao contrário
        da trepadeira
        que subiu até debruçar-se
        no muro
        em frente a nossa casa
        em São Luís
        para espiar a rua
        e sorrir na brisa).

Rígidos em sua cor
os minerais são apenas
extensão e silêncio.
Nunca se acenderá neles
— em sua massa quase eterna —
um cheiro de tangerina.

Como esse que vaza
        agora na sala
vindo de uma pequena esfera
        de sumo e gomos
e não se decifra nela
inda que a dilacere
e me respingue

o rosto e me lambuze os dedos
            feito uma fêmea.

E digo
        — tangerina
e a palavra não diz o homem
envolto neste
inesperado delírio
que vivo agora
a domicílio
            (de camisa branca
            e chinelos
            sentado numa poltrona) enquanto
a flora inteira
sonha à minha volta
                porque nos vegetais
                é que mora o delírio.

Já os minerais não sonham
        exceto a água
        (velha e jovem)
que está no fundo do perfume.
        Mineral
ela não tem no entanto forma
        ou cor.
Invertebrada
        ajusta-se a todo espaço.
        Clara
        busca as profundezas
da terra
e a tudo permeia
e dissolve
            aos sais
            aos sóis
traduz um reino no outro
            liga
            a morte e a vida
ah sintaxe do real
            alegre e líquida!

Como o poema, a água
        jamais é encontrada em estado puro
        e pesa nas flores
        como pesa em mim

(mais que meus documentos e roupas
mais que meus cabelos
minhas culpas)
e adquire
em meu corpo
esse cheiro de urina
como
na tangerina
adquire
seu cheiro de floresta.

Esse cheiro
que agora me embriaga
        e me inverte a vida
        num relance num
        relâmpago
e me arrasta de bruços
        atropelado
        pela cotação do dólar.

E não obstante
se digo — tangerina
não digo a sua fresca alvorada

                que é todo um sistema
                entranhado nas fibras
                na seiva
                em que destila
                o carbono
                e a luz da manhã
(durante séculos
                no ponto do universo
                        onde chove
                uma linha azul de vida abriu-se em folhas
                        e te gerou
                        tangerina
                        mandarina
                        laranja-da-china
                                        para
                        esta tarde
                        exalares teu cheiro
                        em minha modesta residência)

jovem cheiro
que nada tem da noite do gás metano
ou da carne que apodrece
doce, nada
do azinhavre da morte
que certamente
também fascina
e nos arrasta
à sua festa escura
          próxima ao coito
          anal
          ao minete
          ao coma
          alcoólico
coisas de bicho
não de plantas
        (onde a morte não fede)
coisas
de homem
        que mente
          tortura
        ou se joga do oitavo andar

não de plantas e frutas
não dessa
fruta
        que dilacero
e que solta
na sala (no século)
        seu cheiro
        seu grito
        sua
        notícia matinal.

PAISAGEM DE BOTAFOGO

Oh roxas rochas
da enseada,
de tão reais que sois
— na limpa luz
da tarde —
            me fazeis duvidar
dos dois:
            do que sou, do que sois,
se sonho ou realidade.

Ou seja tudo
na verdade
isto:
    a vasta pedra
a desdobrar-se
no espaço
            vesperal
enquanto eu passo
    — tendo diante de mim a eternidade
ou quase —
e passo
com meu corpo com
meus olhos
            fugazes.

DENTRO SEM FORA

A vida está
dentro da vida
em si mesma circunscrita
sem saída.

Nenhum riso
nem soluço
rompe
a barreira de barulhos.

A vazão
é para o nada.
Por conseguinte
não vaza.

O QUE SE VÊ

I
olho o piso branco
a pedra branca o branco
        de pedra
        do piso
do banheiro

        a um metro e pouco
de meu olho
        esse piso essa
        pedra
           branca
             é pedra
             e branca
        mesmo se meu olho
        não a vê

mas decerto também
ao vê-la
   algo desse

piso desse
branco
desce
em mim entranha
(não como cheiro
não como sono)
em mim
algo
— caliça? carícia? carência? —
que levarei comigo
enquanto falo
enquanto fodo
enquanto
morro.

II
move-se a pedra
ao sopro
da brisa
move-se o ramo
de margarida
no quintal da Rua da Alegria
(onde num domingo o pai
fotografou a família)
move-se
a cena
da foto move-se
a folha
move-se a ilha
de São Luís
ao sopro dessa brisa
que de há muito não sopra
como pode a pedra
imprimir-se
na impalpável lembrança?

III
a água sim
a brisa
sim
fluidas
e claras
podem enredar-se
numa cavidade qualquer

de osso
ou cartilagem
e até mesmo
dentro dos fios do teu cabelo

e ali ficarem
como um grito
abafado
pelo rumor da cidade.

MANHÃ DE SOL

Vianinha, Paulinho, Armando Costa
        que dia lindo, não?
Estou passando de carro
ao lado do cemitério São João Batista
e quase escuto vocês aí dentro
        falando e rindo
        debaixo deste sol.

Deve ser bom estar assim entre amigos
        livres das aporrinhações da vida
a olhar as nuvens
        e os passarinhos
        que por aí
                passarinham.

Invisíveis,
        de que falam vocês
recostados no túmulo de Vinicius de Moraes?
Do CPC? do Opinião? do futuro
da Nova República?
        ou simplesmente flutuam
        como os ramos
        ao fluxo da brisa?

Paro no sinal da Rua Mena Barreto.
— E pode um marxista admitir
    conversa entre defuntos?
    Não é a morte o fim de tudo?

— É claro, digo a mim mesmo, é claro —
   e sigo em frente.

Mas dentro da minha alegria
os três amigos continuam a conversar e rir
nesta manhã brasileira
   que torna implausível a escura morte.

NASCE O POEMA

há quem pense
que sabe
 como deve ser o poema
     eu
     mal sei
     como gostaria
     que ele fosse
porque eu mudo
   o mundo muda
   e a poesia irrompe
donde menos se espera
     às vezes
     cheirando a flor
às vezes
desatada no olor
  da fruta podre
  que no podre se abisma
(quanto mais perto da noite
  mais grita
   o aroma)
     às vezes
  num moer
  de silêncio
num pequeno armarinho do Estácio
de tarde:
   xícaras empoeiradas
   numa caixa de papelão
enquanto os ônibus passam ruidosamente
  à porta

                    e ali
                    dentro do silêncio
              da tarde menor do comércio
              do pequeno comércio
                    do Rio de Janeiro
              na loja do Kalil
                    estaria nascendo
                    o poema?
              desabrocharia
              o poema
              em meio àquelas mercadorias
                    num invisível caule?
              àquela tarde
              e próximo ao hospital da Polícia Militar?

Talvez eu não lhe tenha dado tempo
              — que o Amilcar estava ansioso
              e já se aproximava o ônibus Rio Comprido-Leblon.

              Assim me fui
              e o poema ficou talvez
                    inaturo
                    parte no ar da loja
              parte como poeira
              em meus cabelos.

A verdade porém
   é que
      onde a poesia sopra
         por um átimo de tempo
         (de todo o tempo gasto no gás
                              das galáxias
         rugindo)
      por um átimo de átimo
         que seja
      freme o coração acende-se
         alguma coisa dourada
      na pele
         e não importa se é
         numa loja
         do Estácio de tarde
         — numa tarde qualquer perdida na cidade —
            enfim
                  onde ela sopra

(a poesia)
muda-se o tempo
  em coisas
  eternas:
    xícaras
    prateleiras
    carretéis
      de linha
que a gente carregará
 ou melhor
  flutuará
  com elas
 fora da gravidade
e da morte:
  as xí-
  caras as
  peras podres as
  asas do pombo
    (o fragor
  das asas) as casas
  os quintais as aves
  os ovos as

  flutua o poeta
  prenhe do poema.

Tínhamos que tomar aquele maldito ônibus
  e voltar para casa
  que já quase anoitecera.

  Mas
mesmo que eu tivesse ficado ali
(isso foi
em 1955)
  nem assim
  o poema teria nascido
senão agora neste
  hoje nesta
  página
    pois
  a poesia
tem seu próprio tempo e modo
  de nascer:
  eu de qualquer maneira

teria que ir embora
e nunca mais voltar
                à loja do Kalil
para que o poema nascesse
                um dia

teria
que viver tardes e noites
de exílio em Santiago
do Chile em Moscou
                (mãe
e filha
    sob um guarda-sol azul
    às três da tarde
                na Prospekt Lenina)
                        longe da loja

o Kalil sentado junto ao balcão
        como numa fotografia
        (à margem do pesado tráfego
        da Rua Haddock Lobo)

        e me deixar levar
        para mais e mais longe
            para além dos Urais
        além de Tcheliábinsk
            com seus campos de trigo
                verde e a moça
            de olhos verdes e a poça
            de lodo verde e a praça
            de erva verde
                erva
            verde erva
                verde

                        longe
        cada vez mais longe
            da loja do Estácio, do barulho
            dos ônibus do Estácio

        porque o poema
        ninguém sabe como nasce como
        a vida o engendra
        que pétala

entra
em sua composição
          que voz
que latido de cão,
         ninguém
         sabe

      barulho de avião
por cima da casa
         entra no poema?
um bater de asa?
         boceta bilha mocotó Imbasa
         entram
            no poema?

        entram
         e não entram
que tudo o poema aceita
         e rejeita
     só não se sabe como
     nem onde
     nem quando
     nem qual é a receita
já que a musa é surda
     e muda
e o poema
   infenso a toda ajuda.

Por isso mesmo
de nada adiantaria
  ter perdido aquele ônibus
para ficar no armarinho
   à espera do poema

          até que ele explodisse
          (a estrofe)
          sob meu paletó
             feito um pombo
                ou

de nada adiantaria
     pois um poema
não nasce antes da hora (de sete

                    meses, de sete
                    séculos).

          A menos que eu ficasse lá
                    (na loja)
          de pé durante trinta e dois anos
          (já que estávamos
                    em 1955)
                              ou que
          todo esse tempo durasse
          aquela tarde (de abril
          a abril)
                    e como uma nave
               (ou ave)
                    pousasse agora
                                   na cidade

          e ainda assim
          não nasceria
     porque o tempo não é o mesmo
     se dentro ou fora
          do armarinho

     se pura ideia ou sujo
               da matéria dos dias

          porque
          o que são de fato
          os dias?
               os anos? os
          minutos?

     Impossível medir o tempo da vida
        a fluir desigual
        em cada corpo:
                         líquido
          nos líquidos   lento
          nos cabelos
                    sopro
                              no vento
          louro na urina
                         como medir
          o cheiro
          da tangerina

que é
clarão
na boca e sonho
na floresta?
como?

Não,
não havia por que
deixar de tomar o ônibus Rio Comprido-Leblon
naquele fim de tarde.

[Rio de Janeiro, maio-junho de 1987]

MUITAS VOZES

(1989–1999)

OUVINDO APENAS

e gato   e passarinho
              e gato
e passarinho (na manhã
veloz
          e azul
          de ventania e ar
              vores
              voando)
                      e cão
latindo e gato e passarinho (só
                      rumores
de cão
e gato
e passarinho
                      ouço
                      deitado
                      no quarto
às dez da manhã
                      de um novembro
                      no Brasil)

ELECTRA II

Qualquer coisa
eu esperaria
ver
      no céu
da rua Paula Matos
naquele dia por volta
das dez da manhã
      menos
um Electra II
da Varig (entre
os ramos quase
ao alcance
das mãos)
            num susto!

II

Foi um susto
vê-lo: vasto
pássaro metálico
   azul
   parado
   (um
segundo)
       entre
os ramos rente
aos velhos telhados
     àquela hora
da manhã,
de dentro de meu carro.

III

   Electra II é
para mim
        ponte-aérea
Rio—S. Paulo
      é cartão
de embarque
na mão e vento
nos cabelos
        é
subir a escada
e voar
      Electra II
para mim
é a cidade
do alto a ponte
e a salgada
baía
   e a Ilha
Fiscal
antes de pousar

e sentir depois
o odor
do querosene
ardente

   Natural pois
encontrá-lo

no aeroporto
Santos Dumont

mas nunca
na rua Paula Matos
ainda que
        acima da minha
cabeça (e
das casas)
        espiando
entre os ramos

como se me buscasse
pela cidade

IV
Os moradores
da rua ignoram
que naquele
instante
        um poema
tenha talvez
        nascido

não escutaram
seu estampido
                conversavam
                na sala na
                cozinha ou
                preparando
                o almoço
                e
                no quintal
                alguém ergue
                um girau
                para plantas

        Se fosse um assalto
com tiros um crime
de morte na esquina
todos saberiam mas
na rua havia
àquela hora
        muito barulho:

de cão
de moto
e do próprio avião
que gerou o poema:

são vozes do dia
que ninguém
estranha: como
o trepidar
            do tempo
que escorre
da torneira

            por isso
            se um poema
            nasce
            ali não se percebe

e mesmo se
naquele momento
fizesse total
silêncio
na rua
ainda assim
ninguém ouviria
detonar
o poema
            porque seu estampido
            (como certos
            gritos)
            por alto demais
            não pode ser ouvido

Talvez que um gato
ou
um cão
            e quem sabe o
            canário
— de melhor ouvido —
            tenham escutado
            a detonação.

NA LAGOA

A cidade
debruçada sobre
seus afazeres surda
de rock
não sabe ainda
que a garça
voltou.

Faz pouco, longe
daqui entre aves
lacustres a notícia
correu: a lagoa
rodrigo de freitas
está assim de tainhas!
— oba, vamos lá
dar o ar
de nossa graça,
disse a garça

e veio:

desceu
do céu azul
sobre uma pedra
do aterro
a branca filha das lagoas

e está lá agora
real e implausível
como o poema
que o gullar não consegue escrever

NASCE O POETA

em solo humano
o nome é lançado
(ou cai
do acaso)

        uma aurora
oculta num barulho

      uma pedra
         turva

a palavra
dita entre ráfagas
de chuva
e lampejos na noite:

          lobo

      um sopro
    um susto
      um nome
      sem coisa

o uivo
na treva
      o golpe
      na vidraça

é o vento?

      é o lobo

a palavra sem rosto
que se busca no espelho

2
ou se busca um espelho?

na lâmina das vozes
perdidas no sonho

na
lâmina
do
sono

da água
sonora

das coisas velozes

3
só sabia o nome
só sabia o medo
que esse nome dava

se era um mendigo
um gigante um bicho
isso não sabia

mas fosse o que fosse
viria do escuro
viria da noite
que oculta o mundo:
a rua da Alegria
e a mobília da casa

4

o que era aquilo
debaixo da cama?

uma coisa branca
molhada asquerosa

o que era aquilo
que não tinha nome?

parecia um bolo
mas não era um bolo

parecia um bicho
parecia um vômito

e que me espiava
sem olho nem nada

aquilo era o lobo

(a palavra lobo
enfim encarnada)

5

a palavra
estava
dentro da folha

(na quinta
do Caga Osso)

estava dentro
da margarida
uma
        borboleta

dentro (a pa-
lavra)
estava
dentro
do fruto

(na alva
noite
do açúcar)

e a folha
dizia
        folha
a rosa
dizia
rosa
e a água
(em si mesma
refletida)
seu próprio nome dizia
rindo
entre as pedras

mas não havia
ninguém ali
para ouvi-las

e só por isso
falavam

se vinha alguém
se calavam

6
a manhã apaga
as perguntas da noite

as coisas são claras
as coisas são sólidas

o mundo se explica
só por existir

a memória dorme

o presente ri

7
a moça baunilha
uma flama negra
na quitanda morna

confunde o sorriso
com o sorrir das frutas

seu cabelo de aço
era denso e bicho

seu olhar menina
vinha da floresta

sua pele nova
um carvão veludo

sua noite púbis
uma festa azul

misturada ao mel
no calor da tarde
durou dois segundos?
uma eternidade?

ela aquele cheiro
de casa de negros
de roupa engomando
rua do Coqueiro?

ela sua saia
de chita vermelha?

hoje é uma pantera
guardada em perfume

8

No princípio
era o verso
alheio

Disperso
em meio
às vozes
e às coisas
o poeta dorme
sem se saber

ignora o poema
não tem nada a dizer

o poema péssimo
revela
ao ser lido
que há no leitor
um poeta adormecido

o poema péssimo
(por péssimo) pode
ser comovido

inda que errado
em sua emoção
inda que truncado
em sua dicção

ele guarda um barulho
de quintal, de sala,
de vento ou de chuva
de gente que fala:
ivo viu a uva

o poeta ao ler
o péssimo poema
nele não se vê

na palavra ou verso
onde não se lê —
se lê ao reverso
em seu vir a ser

e assim vira ser

já que a escrita cria
o escrevinhador:
soletra na pétala
o seu nome: flor

o mundo que é fácil
de ver ou pegar
é difícil de ter:
difícil falar
a fala que o dá

e a fala vazia
nem é bom falar
se a fala não cria
é melhor calar

ou — à revelia
do melhor falar —
falar: que a poesia
é saber falhar

9
descubro a estranheza
do mundo
num jardim destroçado
da rua dos Prazeres
esquina de Afogados

num relance, o banal
se revela denso e
os galhos as folhas
são assombro e silêncio

o que era segurança
se esquiva — perdido
falo: planta jasmim

mas a voz não alcança
o fundo do abismo

10

a boca não fala
o ser (que está fora
de toda linguagem):
só o ser diz o ser

a folha diz folha
sem nada dizer

o poema não diz
o que a coisa é

mas diz outra coisa
que a coisa quer ser

pois nada se basta
contente de si

o poeta empresta
às coisas
sua voz — dialeto —

e o mundo
no poema
se sonha
completo

EVOCAÇÃO DE SILÊNCIOS

O silêncio habitava
o corredor de entrada
de uma meia morada
na rua das Hortas

o silêncio era frio
no chão de ladrilhos
e branco de cal
nas paredes altas

enquanto lá fora
o sol escaldava

Para além da porta
na sala nos quartos
o silêncio cheirava
àquela família

e na cristaleira
(onde a luz
se excedia)
cintilava extremo

quase se partia

Mas era macio
nas folhas caladas
do quintal
        vazio

e
negro
(o silêncio)
no poço
negro

que tudo sugava:
vozes luzes
tatalar de asa
o que
circulava
no quintal da casa

O mesmo silêncio
voava em zoada
nas copas
nas palmas
por sobre telhados
até uma caldeira
que enferrujava
na areia da praia
do Jenipapeiro

e ali se deitava:
uma nesga d'água

um susto no chão

fragmento talvez
da água primeira

água brasileira

Era também açúcar
o silêncio
dentro do depósito
(na quitanda
de tarde)

o cheiro
queimando sob a tampa
no escuro

energia solar
que vendíamos
aos quilos

Que rumor era
esse? barulho
que de tão oculto
só o olfato
o escuta?

que silêncio
era esse
      tão gritado
      de vozes
      (todas elas)
      queimadas
      em fogo alto?

      (na usina)

alarido
das tardes
das manhãs

agora em tumulto
dentro do açúcar

um estampido
(um clarão)
se se abre a tampa

Ao rés da fala

**Q'EL BIXO S'ESGUEIRANDO
ASSUME Ô TEMPO**

quando cheguei ao
sanatório
em Correas com
uma horrível
maleta
cor de abóbora e vi
os canteiros de
crista-de-galo
e me disse parecem
de fato cristas
de galo
      isso foi
num relance que
eu estava mesmo
era com medo de
morrer

     semanas mais
     tarde na
     varanda
     do quarto (na
doce luz
da manhã) debruçado
olhando os
canteiros vi um galo
no meio das
     cristas-de-
-galo e me disse
o quê? um galo? não
deve ser é só
porque aquele dia
pensei que essas
plantas se parecem com
cristas mas aí
o galo andou e saiu de entre as plantas

FILHOS

A meu filho Marcos

Daqui escutei
quando eles
chegaram rindo
e correndo
entraram
na sala
      e logo
invadiram também
o escritório
(onde eu trabalhava)
num alvoroço
e rindo e correndo
se foram
com sua alegria

se foram

Só então
me perguntei
por que
não lhes dera
maior
atenção
      se há tantos
      e tantos
      anos
      não os via
      crianças
      já que
      agora
      estão os três
      com mais
      de trinta anos.

ADORMECER

na cama
no escuro
busco a posição
certa
para adormecer:
fico de
bruços, de
lado, de
costas cego
in slow motion
        me
            movo
no feroz
silêncio
        do
        cosmos

até que os
braços as
pernas encontram
        a forma
        do sono
Detenho-me
o gás se desata

        e
        lentamente
        em
        meu
        corpo
        me
        apago

FOTOGRAFIA DE MALLARMÉ

é uma foto
premeditada
como um crime

basta
reparar no arranjo
das roupas os cabelos
a barba tudo
adrede preparado
— um gesto e a manta
equilibrada sobre
os ombros
cairá — e
especialmente a mão
com a caneta
detida
acima da
folha em branco: tudo
à espera
da eternidade

sabe-se:
após o clique
a cena se desfez na
rue de Rome a vida voltou
a fluir imperfeita
mas
isso a foto não
captou que a foto
é a pose a suspensão
do tempo
agora
meras manchas
no papel raso

mas eis que
teu olhar
encontra o dele
(Mallarmé) que
ali
do fundo
da morte
olha

MEU PAI

meu pai foi
ao Rio se tratar de
um câncer (que
o mataria) mas
perdeu os óculos
na viagem

quando lhe levei
os óculos novos
comprados na Ótica
Fluminense ele
examinou o estojo com
o nome da loja dobrou
a nota de compra guardou-a
no bolso e falou:
quero ver
agora qual é o
sacana que vai dizer
que eu nunca estive
no Rio de Janeiro

VISITA

no dia de
finados ele foi
ao cemitério
porque era o único
lugar do mundo onde
podia estar
perto do filho mas
diante daquele
bloco negro
de pedra
impenetrável
entendeu
que nunca mais
poderia alcançá-lo

Então
apanhou do chão um
pedaço amarrotado
de papel escreveu
eu te amo filho
pôs em cima do
mármore sob uma
flor
e saiu
soluçando

INTERNAÇÃO

Ele entrara em surto
e o pai o levava de
carro para
a clínica
ali no Humaitá numa
tarde atravessada
de brisas e
falou
      (depois de meses
trancado no
fundo escuro de
sua alma)
      pai,
o vento no rosto
é sonho, sabia?

QUEDA DE ALLENDE

A luz da manhã era
leitosa e não se via o
leiteiro na esquina
da Carlos Sampaio
             Desci
com dois litros
vazios atravessei o
conjunto residencial do
outro lado da
praça havia uma fila
de gente comprando leite
e à minha frente
uma senhora se
dirigia também para lá
pensei em bancar o cavalheiro
mas o leite era
pouco deixei-a para
trás sem saber que
daquele leite
não haveria de beber

2
escondi meus escassos
dólares sob a
palmilha do
sapato pus numa
sacola escova e pasta de
dentes e saí para
participar da
resistência mas
na primeira esquina havia
numa banca de
jornais uma fila
                ouvia-se
longe o matraquear das
metralhadoras aviões
sobrevoavam La Moneda o mundo
desabava e ainda
assim entrei na fila
para comprar cigarros

3
cheguei à Vila
Olímpica: de uma esquina
soldados atiravam contra uma
fábrica que
resistia
enquanto entre
os soldados e a
fábrica num
terreno baldio um
grupo de rapazes
jogava futebol: quando
os soldados atiravam
eles se abaixavam e
quando o tiroteio cessava
voltavam a jogar

APRENDIZADO

Quando jovem escrevi
num poema 'começo
a esperar a morte'
e a morte era então
um facho
a arder vertiginoso, os dias
um heroico consumir-se
através de
esquinas e vaginas

Agora porém
depois de
tudo
sei que
apenas
morro

sem ênfase

THEREZA

Sem apelo
          no vórtice do
dia no
abandono do chão na
lâmina da
luz feroz

          fora da vida

desfaz-se agora
a minha doída
desavinda companheira

FIM

Como não havia ninguém
na casa naquela
terça-feira tudo
é suposição: teria
tomado seu costumeiro
banho
de imersão por volta
de meio-dia e trinta e
de cabelos ainda
úmidos
deitou-se na cama para
descansar não
para morrer
          queria
dormir um pouco
apenas isso e
assim não lhe
terá passado pela
mente — até
aquele último segundo
antes de
se apagar no

silêncio — que
jamais voltaria
ao ruidoso mundo
da vida

REDUNDÂNCIAS

Ter medo da morte
é coisa dos vivos
o morto está livre
de tudo o que é vida

Ter apego ao mundo
é coisa dos vivos
para o morto não há
(não houve)
raios rios risos

E ninguém vive a morte
quer morto quer vivo
mera noção que existe
só enquanto existo

LIÇÃO DE UM GATO SIAMÊS

Só agora sei
que existe a eternidade:
é a duração
    finita
    da minha precariedade

O tempo fora
de mim
       é relativo
mas não o tempo vivo:
esse é eterno
porque afetivo
— dura eternamente
    enquanto vivo

E como não vivo
além do que vivo
não é
tempo relativo:
dura em si mesmo
eterno (e transitivo)

Poemas recentes

NÃO COISA

O que o poeta quer dizer
no discurso não cabe
e se o diz é pra saber
o que ainda não sabe.

Uma fruta uma flor
um odor que relume...
Como dizer o sabor,
seu clarão seu perfume?

Como enfim traduzir
na lógica do ouvido
o que na coisa é coisa
e que não tem sentido?

A linguagem dispõe
de conceitos, de nomes
mas o gosto da fruta
só o sabes se a comes

só o sabes no corpo
o sabor que assimilas
e que na boca é festa
de saliva e papilas

invadindo-te inteiro
tal dum mar o marulho
e que a fala submerge
e reduz a um barulho.

um tumulto de vozes
de gozos, de espasmos,
vertiginoso e pleno
como são os orgasmos.

No entanto, o poeta
desafia o impossível

e tenta no poema
dizer o indizível:

subverte a sintaxe
implode a fala, ousa
incutir na linguagem
densidade de coisa

sem permitir, porém,
que perca a transparência
já que a coisa é fechada
à humana consciência.

O que o poeta faz
mais do que mencioná-la
é torná-la aparência
pura — e iluminá-la.

Toda coisa tem peso:
uma noite em seu centro.
O poema é uma coisa
que não tem nada dentro,

a não ser o ressoar
de uma imprecisa voz
que não quer se apagar
— essa voz somos nós.

MUITAS VOZES

Meu poema
é um tumulto:
    a fala
que nele fala
outras vozes
arrasta em alarido.

(estamos todos nós
cheios de vozes
que o mais das vezes
mal cabem em nossa voz:

se dizes *pera*,
acende-se um clarão
um rastilho
de tardes e açúcares
        ou
se *azul* disseres,
pode ser que se agite
        o Egeu
em tuas glândulas)

        A água que ouviste
            num soneto de Rilke
        os ínfimos
        rumores no capim
            o sabor
            do hortelã
        (essa alegria)
        a boca fria
        da moça
            o maruim
        na poça
        a hemorragia
            da manhã
            tudo isso em ti
        se deposita
            e cala.
        Até que de repente
        um susto
                ou uma ventania

(que o poema dispara)
                chama
esses fósseis à fala.

Meu poema
é um tumulto, um alarido:
basta apurar o ouvido.

OS VIVOS

Os vivos são vorazes
são glutões ferozes:
até dos mortos comem
carnes ossos vozes

Se devoram os mortos
devoram os outros vivos:
pelos olhos e sexo
elogios, sorrisos

Os vivos são dotados
de famintas bocas:
devoram o que veem,
o que cheiram e tocam

Os vivos são fornalhas
em sempre operação:
em sua mente e ventre
tudo vira carvão

O mar a pedra a manhã
são ali combustível:
o vivo, voraz, muda
o visível em visível

O mar a pedra a manhã
— que ele queima em seus risos —
viram pele e cabelos
do corpo, que é ele vivo

e onde habita alguém
— seja espírito ou não —
alimentado também
por essa combustão

que tudo vaporiza.
Mas que agora na pele
desta efêmera mão
é afago de brisa

ISTO E AQUILO

você é seu corpo
sua voz seu osso

você é seu cheiro
e o cheiro do outro

o prazer do beijo
você é seu gozo

o que vai morrer
quando o corpo morra

mas é também aquela
alegria (verso,
melodia)
que, intangível, adeja
acima
        do que a morte beija.

VOLTA A SÃO LUÍS

Mal cheguei e já te ouvi
gritar pra mim: bem te vi!

E a brisa é festa nas folhas
Ah, que saudade de mim!

O tempo eterno é presente
no teu canto, bem-te-vi

(vindo do fundo da vida
como no passado ouvi)

E logo os outros repetem:
bem te vi, te vi, te vi

Como outrora, como agora,
como no passado ouvi

(vindo do fundo da vida)

Meu coração diz pra si:
as aves que lá gorjeiam
não gorjeiam como aqui

São Luís, abril, 1996

PERGUNTA E RESPOSTA

Se é fato que
toda a massa do sistema
solar (somando a de Saturno e Marte
e Terra e Vênus e Urano e Mercúrio
e Plutão, mais
os satélites, mais
os asteroides, mais) equivale
apenas a 2% da massa
total do Sol e

que o Sol não é mais
que um mínimo ponto
de luz na estonteante tessitura de
gás e poeira da Via
Láctea e que a Via
Láctea é apenas uma
entre bilhões de galáxias
que à velocidade de 300 mil km por
segundo
voam e explodem
na noite
          então pergunto:
          o que faz aí
          meu poema com seu
          inaudível ruído?

          e respondo:
          inaudível
          para quem esteja
               na galáxia NGC5128
          ou na constelação
          de Virgo ou mesmo
               em Ganimedes
          onde felizmente não estás,
               Cláudia Ahimsa,
          poeta e musa do planeta Terra.

DANÇA FLAMENCA

Começa com as castanholas
zoando em nossos ouvidos
e a vibração das violas
os baques os estampidos
dos pés dessas espanholas
que ao emitirem zumbidos
de abelhas com as castanholas
parecem atrair maridos,
e no trepidar de solas
e de saltos repetidos
pernas movidas a molas

e desejos reprimidos
lê-se a lição espanhola
do garbo e gestos medidos,
do orgulho que vem das solas
dos pés aos queixos erguidos,
que nas fêmeas são estolas,
saias, babados, vestidos,
e nos homens são gemidos
de peito humano e violas,
mas são gemidos fingidos,
de quem deseja é a corola
oculta sob os vestidos
dessas fêmeas espanholas,
feitas de sangue e zunidos,
de unhas e castanholas,
coxas, nádegas, grunhidos,
olhos negros, ventarolas
com seus punhais escondidos,
é a dança flamenca, a escola
que ensina Espanha em batidos
de pés e mãos, saltos, solas,
que ensina Espanha em gemidos
de marmanjos e violas,
a Espanha das castanholas,
do desejo e seus zumbidos,
dos pés e seus estalidos,
dos tumultos repetidos
de coxas, pernas, gemidos...

Espanha, dança flamenca,
Espanha pelos ouvidos.

GRÉCIA PELOS OLHOS

Não pelos ouvidos
        mas pelos olhos
chegas até nós, Grécia, de deuses finados
e de heróis

        pelos olhos
        uma vez que
à nossa frente estão as colunas
        do Partenon, patinadas,
e tudo o que se vê acima delas
é o céu atual
        e vazio
                de Atenas
        atravessado de aviões

        (o mesmo
        céu por onde circulavam
        deuses, o mesmo céu
        que deu a Fídias
        a límpida medida)

        assim
        não pelos ouvidos te apreendo,
        Grécia
        de Orfeu,
porque estive em Delfos (onde
        foi Delfos) onde
        o oráculo se calou
        e é sobre um fundo de silêncio
        que ainda se desenham os brancos restos
        dos teus templos, é
        no silêncio
que as vestes de Ártemis,
de pedra,
súbito se movem
        na brisa
                leves

        e arremete o guerreiro (o que dele
sobrou) empina-se um cavalo (cortado
        ao meio) e mudamente

transcorre, no friso, na métopa,
o atropelo da batalha imóvel

Recolho no chão da Acrópolis
uma mínima parte
do esqueleto de Apolo

(que ali jaz,
ao pé do Erecteion, disperso,
impossível de se distinguir
em meio a tantos fragmentos de mármore)

NOVA CONCEPÇÃO DA MORTE

Como ia morrer, foi-lhe dado o aviso
na carne, como sempre ocorre aos seres vivos;

um aviso, um sinal, que não lhe veio de fora,
mas do fundo do corpo, onde a morte mora,

ou dizendo melhor, onde ela circula
como a eletricidade ou o medo, na medula

dos ossos e em cada enzima, que veicula,
no processo da vida, esse contrário: a morte

(decidida sem que se saiba de que sorte
nem por quem nem por que nem por que corte

de justiça, uma vez que era morte de dentro
não de fora (como as que causa externa engendra)

Ela veio chegando ao ritmo do pulso,
sem pressa nem vagar e sem perder o impulso

que empurra a vida para o desenlace, para
o ponto onde afinal o sistema dispara

cortando a luz do corpo — e a máquina para.
Muito antes, porém, que ocorra esse colapso,

chega o aviso da morte, indecifrado, *lapsus
linguae*, sinal errado ou mal pronunciado

no código de sais, ou não compreendido
deliberadamente: a gente faz ouvido

de mercador à voz que a morte noticia
pra não ouvi-la, já que não tem serventia

ouvi-la e assim saber que a hora está marcada.
Só para entristecer-se ante a noite estrelada?

Essa é a morte de dentro, endógena; a de fora,
a exógena, provém do acaso, se elabora

na natureza ou então no tráfego ou no crime
e implacável chega, e nada nos exime

da injusta sentença, a moral impoluta,
a bondade, o latim, nossa boa conduta,

nada: a pedra que cai ou a bala perdida
sem razão nos atinge e acaba com a vida.

Diz-se que dessa morte, a notícia também
nos chega, aleatória antecipação,

na pronúncia da brisa e dos búzios, além
do que se lê na carta e nas linhas da mão.

Mas, se vinda de dentro ou fora, não se altera
essencialmente o fato: a morte, por si, gera

um processo que altera as relações de espaço
e tempo e modifica, inverte, em descompasso,

o curso natural da vida: uma vertigem
arrasta tardes, sóis, desperta da fuligem

vozes, risos, manhãs já de há muito apagadas,
e as precipita velozmente, misturadas,

para dentro de si, como fazem as estrelas
ao morrer, cuja massa, ao ser prensada pelas

forças de contração da morte, se reduz
a um buraco voraz de que nem mesmo a luz

escapa, e assim também com as pessoas ocorre.
E é por essa razão que quando um homem morre,

alguém que esteja perto e que apure o ouvido
certamente ouvirá, como estranho alarido,

o jorrar ao revés da vida que vivera
até tornar-se treva o que foi primavera.

IMPROVISO MATINAL

a manhã
       (alvoroço
       de brisa
       nos cabelos
       na camisa)

é leve
é lisa
       feito fruta
       escancarada
       feito polpa
       de maçã
             lufada
             de mar
       a brisa
       desdobra
sua toalha
       baralha
minha camisa

como um barulho
a manhã
se desembrulha
no ar

pastilha de azul
e menta
cheira a sabor de hortelã
Coisas que a alegria inventa
Ouve-se a flauta de Pã?

Sopra anil nos meus cabelos
    desatina
    a luz
            buzina
    o mar: é o azul
    na sua usina
Hoje o delírio não mente
Ouve-se a flauta de Pã

A vida é este
    facho
    diurno
        e ardente:
        só presente.

Rio, ris, ri-se a manhã.

MANHÃ DE NOVEMBRO

Meu gato siamês

                (de veludo
                e garras,
                cheio de sons)

deita-se
ao sol

                (da morte,
                sabemos nós)

displicente
e eterno

DEFINIÇÃO DA MOÇA

Como defini-la
quando está vestida
se ela me desbunda
como se despida?

Como defini-la
quando está desnuda
se ela é viagem
como toda nuvem?

Como desnudá-la
quando está vestida
se está mais despida
do que quando nua?

Como possuí-la
quando está desnuda
se ela toda é chuva?
se ela toda é vulva?

O MORTO E O VIVO

Inútil pedir
perdão
      dizer
que o traz
no coração

O morto não ouve

TATO

Na poltrona da sala
as mãos sob a nuca
    sinto nos dedos
    a dureza do osso da cabeça
    a seda dos cabelos
    que são meus

A morte é uma certeza invencível

    mas o tato me dá
    a consistente realidade
    de minha presença no mundo

REFLEXÃO

Está fora
de meu alcance
o meu fim

Sei só até
onde sou

contemporâneo
de mim

SORTILÉGIO

Estava eu ali
no escuro e
   de repente
   o silêncio se move

   enruga-se, melhor
   dizendo, e me
   roça as virilhas
   (onde dormiam fúrias)

É quando uma
quase voz me toca
o lado esquerdo
do corpo para onde
me volto
e estás ali
nua

   emergias da treva
as coxas o ventre
os seios
   eram luas encantadas
   e do centro
   do teu corpo
   a macia estrela negra
me chamava
para dentro de si
enquanto o teu rosto menino
espantosamente familiar
sorria a me dizer: jamais
   jamais jamais
   escaparás

MAU DESPERTAR

Saio do sono como
de uma batalha
travada em
lugar algum

Não sei na madrugada
se estou ferido
se o corpo
    tenho
riscado
    de hematomas

Zonzo lavo
    na pia
os olhos donde
ainda escorrem
uns restos de treva.

COITO

Todos os movimentos
    do amor
    são noturnos
mesmo quando praticados
    à luz do dia

Vem de ti o sinal
    no cheiro ou no tato
que faz acordar o bicho
    em seu fosso:
    na treva, lento,
    se desenrola
            e desliza
em direção a teu sorriso

Hipnotiza-te
com seu guizo

envolve-te
em seus anéis
corredios
            beija-te
            a boca em flor
e por baixo
  com seu esporão
  te fende te fode

  e se fundem
  no gozo
depois
desenfia-se de ti

  a teu lado
  na cama
  recupero minha forma usual.

UM INSTANTE

Aqui me tenho
como não me conheço
        nem me quis

sem começo
nem fim

        aqui me tenho
        sem mim

nada lembro
nem sei

à luz presente
sou apenas um bicho
        transparente

MORRER NO RIO DE JANEIRO

Se for março
    quando o verão esmerila a grossa luz
    nas montanhas do Rio
teu coração estará funcionando normalmente
entre tantas outras coisas que pulsam na manhã
    ainda que possam de repente enguiçar.

Se for março e de manhã
    as brisas cheirando a maresia
quando uma lancha deixa seu rastro de espumas
no dorso da baía
    e as águas se agitam alegres por existirem
    se for março
nenhum indício haverá
    nas frutas sobre a mesa
    nem nos móveis que estarão ali como agora
    — e depois do desenlace — calados.

Tu de nada suspeitas
    e te preparas para mais um dia no mundo.
Pode ser que de golpe
    ao abrires a janela para a esplêndida manhã
te invada o temor:
    "um dia não mais estarei presente à festa da vida."
Mas que pode a morte em face do céu azul?
    do escândalo do verão?

A cidade estará em pleno funcionamento
    com suas avenidas ruidosas
    e aciona este dia
que atravessa apartamentos e barracos
da Barra ao morro do Borel, na Glória
onde mendigos estendem roupas
sob uma passarela do Aterro

e é quando um passarinho
    entra inadvertidamente em tua varanda, pia
saltita e se vai.
Uma saudação? um aviso?

Essas perguntas te assaltam misturadas
    ao jorrar do chuveiro
persistem durante o café da manhã
com iogurte e geleia. Mas o dia
    te convida a viver, quem sabe
um passeio a Santa Teresa para ver do alto
a cidade noutro tempo do agora.
    Em cada recanto da metrópole desigual
nos tufos de capim no Lido
nos matos por trás dos edifícios da rua Toneleros
por toda a parte a cidade
    minuciosamente vive o fim do século,
sua história de homens e de bichos,
de plantas e larvas,
de lesmas e de levas
    de formigas e outros minúsculos seres
transitando nos talos, nos pistilos, nos grelos que se abrem
    como clitóris na floresta.
São sorrisos, são ânus, caramelos,
são carícias de línguas e de lábios
    enquanto
                terminado o café
                passas o olho no jornal.

A morte se aproxima e não o sentes
                nem pressentes
não tens ouvido para o lento rumor que avança escuro
    com as nuvens
    sobre o morro Dois Irmãos
    e dança nas ondas
    derrama-se nas areias do Arpoador
sem que o suspeites a morte
    desafina no cantarolar da vizinha na janela.

    Teu coração
(que começou a bater quando nem teu corpo existia)
    prossegue
                suga e expele sangue
    para manter-te vivo
    e vivas
    em tua carne
as tardes e ruas (do Catete,
    da Lapa, de Ipanema)
    — as lancinantes vertigens dos poemas

que *te mostraram a morte num punhado de pó*
    o torso de Apolo
ardendo como pele de fera a boca da carranca
dizendo sempre a mesma água pura na noite
com seus abismos azuis —

    Teu coração,
esse mínimo pulsar dentro da Via Láctea,
    em meio a tempestades solares,
    quando se deterá?
Não o sabes pois *a natureza ama se ocultar.*
    E é melhor que não o saibas
para que seja por mais tempo doce em teu rosto
a brisa deste dia
    e continues a executar
sem partitura
a sinfonia do verão como parte que és
desta orquestra regida pelo sol.

MANHÃS

    Tão vertiginoso urgia
o verão
    zunindo feito dínamo
    naquelas manhãs velozes
que era como se víssemos
a eternidade
    (ofuscante)
    se produzindo a si mesma,

enquanto ouvíamos
a luz voraz
    consumir nossos mortos
            acima da cidade.

A AUGUST WILLEMSEN

"que toda la vida es sueño
y los sueños sueños son"
Pedro Calderón de La Barca

Tive um sonho conclusivo:
sonhei que a vida era um sonho
e quando a vida acabava
o sonhador acordava
                    vivo

DILEMA

A pretensão me degrada
a humildade me deprime
e assim a vida é lesada:
ora é virtude ora é crime

MÉDITATION SANS BRAS, DE RODIN

O corpo vem
    do metal da treva
porejando luz na parte leprosa
    da figura
          onde falta o braço
    arrancado
(sem nunca ter estado ali)
    com fúria
    deixando a chaga
    a arder
fervente de ausência
      e junto ao rosto
    de tal modo que
    o ilumina
em laivos e lascas de luz
    as quais
    se vertem
no pulsante cofre do púbis

    Ela medita
        relâmpagos
    sobre despojos

POEMA PARA FRANZ WEISSMANN

Ao contrário
     do escultor de antes
que
     para dissipar a noite
     (mítica)
     que habita a matéria
imprimia à superfície
     da massa
velocidades de luz,
     Weissmann
     escultor de hoje
                              abre
a matéria
e mostra que dentro dela
não há noite mas
     espaço

     puro espaço

modalidade transparente
     de existência

PELE SOBRE PELE

agitado no ar
                    o lençol
                              me sobrevoa
                                        ondula
e lentamente pousa
                    em meu corpo
                    (ao longo dele)
quase tão leve
               quanto minha pele
               (ou o sono)
               cujo peso não sinto

EXTRAVIO

Onde começo, onde acabo,
se o que está fora está dentro
como num círculo cuja
periferia é o centro?

Estou disperso nas coisas,
nas pessoas, nas gavetas:
de repente encontro ali
partes de mim: risos, vértebras.

Estou desfeito nas nuvens:
vejo do alto a cidade
e em cada esquina um menino,
que sou eu mesmo, a chamar-me.

Extraviei-me no tempo.
Onde estarão meus pedaços?
Muito se foi com os amigos
que já não ouvem nem falam.

Estou disperso nos vivos,
em seu corpo, em seu olfato,
onde durmo feito aroma
ou voz que também não fala.

Ah, ser somente o presente:
esta manhã, esta sala.

OS MORTOS

os mortos veem o mundo
pelos olhos dos vivos

eventualmente ouvem,
com nossos ouvidos,
        certas sinfonias
                algum bater de portas,
        ventanias

        Ausentes
        de corpo e alma
misturam o seu ao nosso riso
        se de fato
        quando vivos
        acharam a mesma graça

INFINITO SILÊNCIO

    houve
            (há)
um enorme silêncio
anterior ao nascimento das estrelas

    antes da luz

    a matéria da matéria

de onde tudo vem incessante e onde
        tudo se apaga
        eternamente

esse silêncio
        grita sob nossa vida
        e de ponta a ponta
        a atravessa
                estridente

Poemas resgatados

SOB A ESPADA

mas que sentido tem tecer palavras e palavras
    — amoras
    auras
    lauras
    carambolas —
com esta mão mortal
enquanto o tempo luze sua espada
sobre mim?
          Para que armar mentiras
se a água é água
se a água é nuvem (entre meus pés)
se a folha é por si só
               lâmina
               verde
                   e corta
e se meus dentes estão plantados
em mim?
       nesta gengiva sim
       que sou eu mesmo
       e unha e ânus
       e anca e osso
       e pele e pelo
       e esperma e
       es
         cro
           to
       com que invento
       um verso torto

SOB OS PÉS DA FAMÍLIA

Ainda debaixo do soalho
fala o poeta?
           invisível,
de sob a terra escura que fede,
fala?
    ainda entre
baratas e ratos,
fala
sob as tábuas?

   (ah, tempo tempo
   quanto foge de mim na água e no vento)

      Escuta: nada se ouve
      no poroso talco
      no fundo poroso pó
      debaixo das tábuas
      sob os pés da família

      Escuta só: é pulvo
      é pudre é podre é púlvura é
      pólvora
             quase azul

     que a noite deposita
     e o dia
          deposita
     sob o soalho
     é março cremado
abril é maio
cremado
um desastre estelar sob os pés da família

INVENTÁRIO

Vivo a pré-história de mim
Por pouco pouco
   eu era eu
José de Ribamar Ferreira Gullar
  Não deu
O Gullar que bastasse
   não nasceu

FILHO DA ILHA

De lama e o verde veludo
do musgo
de fulgores e fedores
                 matinais
fui feito

De soar de palmeiras
e mangueiras
e de solitárias águas
brasileiras
       (que eram
brasileiras aquelas águas)
     ali aparecidas
     vindas
do corpo do planeta
      no Maranhão na ilha
      de São Luís
atravessada de ventos
      que nos enredavam os cabelos

ali
dei por mim
   nascido
   e destinado a viver
mas sem ninguém para explicar-me
    por que tanta luz tanta manhã
    nem donde vieram os passarinhos

e os gatos
e os espelhos

THAT IS THE QUESTION

Dois e dois são quatro.
Nasci cresci
para me converter em retrato?
em fonema? em morfema?

Aceito
ou detono o poema?

O POEMA NA RUA

coisa clara
        fruta

ata
            polpa

como palavra

        ou lavoura

        ou toalha
        que esvoaça

                    o poema
na mente do poeta
a caminhar
na rua Duvivier

que vai assim inventando-o
entre os barulhos

            do dia
(o que da época
se ouve)
            desta
quinta-feira
dia de feira
na Viveiros de Castro

FALAGENS

I
onde a flor
é lampejo
e a água
é ninfa
            líquida

quem
            ali
disfarçado
foge na folhagem?

a moça
na folhagem?

desfeita
na brisa?
oculta
na corça?

a vertigem na poça

II
automóveis largados
à ferrugem
ossadas (eixos
placas)
no matagal do domingo

na ferrugem
do domingo

entranhados de afetos
os dejetos
da era
industrial

próximo à gare
da Estrada de Ferro São Luís—Teresina

III
mesmo um trapo fala

    farrapo
    de voz
    língua de pano

    porque fala
    no trapo
    o trabalho
a feitura
    e fala
        (baixo)
a memória vegetal
    do algodão

    a flama
    branca
    da planta
    (na lembrança)

    ou
como fala um trapo
    no chão

como a fala feita
    por máquina
    ou mão

como flâmula
    a fala que fala
    no pano

e a extraviada brancura
    da flor
    que fala
    no trapo

    e assim

    a flora
    aflora

IV
e como um trapo a língua
  se esfarrapa
  e deixa ver o
  domingo e suas
  nuvens
    (na perdida memória)

fogem
os séculos
    no capim (entre
    os talos)

    próximo à estação
da Estrada de Ferro São Luís—Teresina

V
uma blusa vermelha
na corda

e chove de repente
na rua do Alecrim

esperando a chuva
passar quem adivinharia
        o encontro
        em Moscou?
            (as pernas
molhadas de respingos)
quem
adivinharia
        o poema
em Buenos Aires o amor
no bairro de Fátima?

VI

os objetos da casa já marcados de abismo
          quem adivinharia?

ah, dias e dias e tardes
e dias
          nada restará senão

mas a lembrança
de uma
cor
encardida
                um caco
          de cerâmica no
          quintal
a lembrança do
perfume
na horta
          o metal
          da hortelã

são
     uma rara
     alegria

VII

a metalurgia no-
turna exercida
no sono

a me-
talurgia do
pássaro
na floresta

(do canto
dele)

e dos
bichos
          miúdos
das larvas
a
metalurgia

da brisa

da lama

do inseto
azul que
come
fezes
a metalurgia
do pólen
da
espada
que há na água
(o punhal
dentro das
flores
a lâmina
disfarçada
em aroma)

EM ALGUMA PARTE ALGUMA (2000–2010)

FICA O NÃO DITO POR DITO

o poema
    antes de escrito
não é em mim
     mais que um aflito
         silêncio
ante a página em branco

ou melhor
um rumor
branco
     ou um grito
que estanco
      já que
o poeta
     que grita
     erra
e como se sabe
     bom poeta (ou cabrito)
     não berra

o poema
     antes de escrito
antes de ser
     é a possibilidade
     do que não foi dito
     do que está
         por dizer
e que
    por não ter sido dito
não tem ser
não é
    senão
possibilidade de dizer

mas
    dizer o quê?
dizer
    olor de fruta
cheiro de jasmim?

mas
    como dizê-lo
se a fala não tem cheiro?

por isso é que
       dizê-lo
       é não dizê-lo
embora o diga de algum modo
pois não calo

por isso que
       embora sem dizê-lo
       falo:
falo do cheiro
       da fruta
    do cheiro
       do cabelo
    do andar
       do galo
       no quintal
e os digo
       sem dizê-los
       bem ou mal

se a fruta
não cheira
   no poema
nem do galo
nele
o cantar se ouve
pode o leitor
   ouvir
(e ouve)
outro galo cantar
noutro quintal
   que houve

(e que
   se eu não dissesse
   não ouviria
já que o poeta diz
   o que o leitor
          — se delirasse —
        diria)

mas é que
    antes de dizê-lo
não se sabe
uma vez que o que é dito
    não existia
e o que diz
    pode ser que não diria

e
se dito não fosse
jamais se saberia

por isso
é correto dizer
que o poeta
não revela
    o oculto:
inventa
    cria
o que é dito
    (o poema
que por um triz
    não nasceria)

mas
    porque o que ele disse
não existia
            antes de dizê-lo
    não o sabia

então ele disse
    o que disse
sem saber o que dizia?
então ele o sabia sem sabê-lo?
então só soube ao dizê-lo?
ou porque se já o soubesse
    não o diria?

é que só o que não se sabe é poesia

assim
        o poeta inventa
        o que dizer
e que só

>   ao dizê-lo
>   vai saber
> o que
>   precisava dizer
> ou poderia
>   pelo que o acaso dite
> e a vida
>   provisoriamente
>   permite

DESORDEM

> meu assunto por enquanto é a desordem
>   o que se nega
>   à fala
>
> o que escapa
> ao acurado apuro
>   do dizer
>   a borra
>   a sobra
>   a escória
>   a incúria
>   o não caber
>
> ou talvez
>   — pior dizendo —
>   o que a linguagem
>   não disse
>   por não dizer
>
> porque
>   por mais que diga
>   e porque disse
>   sempre restará
> no dito o mudo
>   o por dizer
> já que não é da linguagem
> dizer tudo

ou é
    se se
    entender
que
o que foi dito
é o que é
e por isso
nada há mais por dizer

portanto
o meu assunto
é o não dito não
o sublime indizível
mas o fortuito
e possível
de ser dito
e não o é
por descuido
ou por intuito
já que
somente a própria coisa
se diz toda
(por ser muda)

é próprio da palavra
não dizer
ou
    melhor dizendo
só dizer

a palavra
é o não ser

isto porque
a coisa
(o ser)
repousa
fora de toda
fala
ou ordem sintática

e o dito (a
não coisa) é só
gramática

o jasmim, por exemplo,
é um sistema
como a aranha
(diferente do poema)
o perfume
é um tipo de desordem
a que o olfato
põe ordem
e sorve
mas o que ele diz
excede à ordem
do falar
    por isso
     que
    só
desordenando
a escrita
    talvez se diga
aquela perfunctória
ordem
inaudita

uma pera
    também
funciona
como máquina
    viva
enquanto quando
podre
    entra ela (o sistema)
em desordem:
instala-se a anarquia
dos ácidos
e a polpa se desfaz
    em tumulto
e diz
assim
bem mais do que dizia
ao extravasar
o dizer

dir-se-ia
então
    que

para dizer
a desordem
da fruta
teria a fala
— como a pera —
que se desfazer?
que de certo
modo
          apodrecer?

mas a fala
é só rumor
e ideia
          não exala
          odor
(como a pera)
pela casa inteira

a fala, meu amor,
não fede
nem cheira

REFLEXÃO SOBRE O OSSO
DA MINHA PERNA

A parte mais durável de mim
          são os ossos
          e a mais dura também

como, por exemplo, este osso
          da perna
          que apalpo
          sob a macia cobertura
ativa
de carne e pele
          que o veste e inteiro
          me reveste
          dos pés à cabeça
                    esta vestimenta
                    fugaz e viva

sim, este osso
a mais dura parte de mim
dura mais do que tudo o que ouço
e penso
mais do que tudo o que invento
e minto
este osso
              dito perônio
é, sim,
a parte mais mineral
e obscura
de mim
já que à pele
e à carne
        irrigam-nas o sonho e a loucura

têm, creio eu,
algo de transparente
e dócil
tendem a solver-se
a esvanecer-se
        para deixar no pó da terra
o osso
o fóssil

        futura
        peça de museu

        o osso
        este osso
        (a parte de mim
        mais dura
        e a que mais dura)
        é a que menos sou eu?

O JASMIM

                    me invade as ventas
                    no limite do veneno

assim de muito perto
esse aroma rude é um oculto fogo verde
(quase fedor)
que me lesiona
                    as narinas

entre o orgasmo e a morte
mal pergunto
o que é isto um cheiro?
                    quem o faz?
                         a flor e eu?
                              um invento
milenar da flora?
quando? desde quando?
já estaria na massa das estrelas o cheiro da alfazema?

Nasce o perfume com as florestas
um silêncio a inventar-se nas plantas
vindo da terra escura
como caules, talos ramos folhas
              o aroma
que se torna arbusto — um jasmineiro.

Nos jardins dos prédios (na rua senador Eusébio,
por exemplo), nos matagais,
são usinas de aromas
a fabricar jasmim anis alfazema

(alguns cheiros são perversos
como o anis
que a muitos poetas endoidou
durante a *belle époque*;
já o da alfazema
dorme manso nas gavetas de roupas
em São Luís
e reacende o perdido)
Tudo isto para dizer que ontem à noite
        arranquei flores de um jasmineiro

no Flamengo
e vim com elas
    — um lampejo entre as mãos —
    pela rua
sorvendo-lhe o aroma selvagem
enquanto foguetes Tomahawk caíam sobre Bagdá.

OFF PRICE

Que a sorte me livre do mercado
e que me deixe
continuar fazendo (sem o saber)
    fora de esquema
    meu poema
inesperado

    e que eu possa
    cada vez mais desaprender
    de pensar o pensado
e assim poder
reinventar o certo pelo errado

ADENDO AO POEMA DESORDEM

Já disse
   num poema
   que o jasmim
é um sistema
um tipo de desordem
a que o olfato
põe ordem

mas não disse
que o sistema-perfume
excede a tudo o que a fala resume
   ou expressa

já que não tem sintaxe
nem forma
        que se meça
        ou obedeça
à gramática
corpuscular do odor

    nem fala cabalmente
nada,
fora do poema
  difunde-se o jasmim
          amorfo
          sistema
na noite do jardim

misturado ao escuro
dele não sabem nada
o olhar
(pois sem contorno)
o ouvido
(pois que não soa)
o tato
(pois que revoa)

    já que é jasmim
    — aroma apenas —
o qual, selvagem,
nos envenena

O DUPLO

Foi-se formando
a meu lado
    um outro
que é mais Gullar do que eu

que se apossou do que vi
        do que fiz
      do que era meu

e pelo país
            flutua
livre da morte
e do morto

pelas ruas da cidade
        vejo-o passar
        com meu rosto

mas sem o peso
        do corpo
que sou eu
culpado e pouco

ACIDENTE NA SALA

movo a perna esquerda
        de mau jeito
e a cabeça do fêmur
                    atrita
                    com o osso da bacia
sofro um tranco

e me ouço
perguntar:
        aconteceu comigo
        ou com meu osso?

e outra pergunta:
        eu sou meu osso?
        ou sou sòmente a mente
que a ele não se junta?

e outra:
se osso não pergunta,
        quem pergunta?
alguém que não é osso
        (nem carne)
        em mim habita?
alguém que nunca ouço

a não ser quando
        em meu corpo
um osso com outro osso atrita?

PERPLEXIDADES

a parte mais efêmera
            de mim
é esta consciência de que existo

e todo o existir consiste nisto

é estranho!
e mais estranho
            ainda
            me é sabê-lo
e saber
que esta consciência dura menos
que um fio de meu cabelo

e mais estranho ainda
            que sabê-lo
é que
        enquanto dura me é dado
        o infinito universo constelado
        de quatrilhões e quatrilhões de estrelas
sendo que umas poucas delas
posso vê-las
            fulgindo no presente do passado

NOVO ADENDO AO POEMA DESORDEM

foi
       um relâmpago um
       eletrochoque
na mucosa
       (sujeita a inflamações
                   alérgicas) mas
                   ali
naquela noite de abril, não:
deflorou-me as narinas
              o veneno
              que o jasmineiro
              (disfarçado de arbusto)
              expelia
como uma fêmea
emite seu aroma de urina

e assim
              saí
              pela noite
a recender
levando
embutido em meu corpo
              um vaporoso
              e novo
              e alvo esqueleto
de jasmim

RELVA VERDE RELVA

Dentro de mim — mas onde?
              no céu
              da boca? debaixo
              da pele? —
fulge de repente um largo verde esquecido

dentro de mim
              ou fora

(em algum lugar nenhum)
          de mim
um largo como se fosse um lago
e quase a transbordar de verde

ouvia a miúda algazarra da relva
          rente ao chão

ah aquela inesperada toalha verde viva
          em meio à cidade em ruínas!
(o relâmpago me atinge agora numa cozinha da rua Duvivier)

De tais espantos somos feitos.

UMA COROLA

Em algum lugar
          esplende uma corola
          de cor vermelho-queimado
                    metálica

não está em nenhum jardim
          em nenhum jarro
          da sala
          ou na janela

não cheira
não atrai abelhas
não murchará

          apenas fulge
          em alguma parte alguma
          da vida

BANANAS PODRES 3

era uma tarde quente na quitanda
    e aquele calor
    acendia o perfume das bananas apodrecendo
fato a que ninguém dava atenção

    — Um vidro de perfume? Foi mesmo?
    — O enfermeiro Josias me contou.
    — Então ela era virgem... pro vidro ficar engatado...
    — Foi atrás, rapaz! disse meu pai às gargalhadas.
    Tu não estás entendendo!
Todos falavam e riam excitadíssimos numa algazarra de
pássaros a chilrear.
Os olhos de meu pai se encheram de água tanto ele ria.

De noitinha, todos se foram, e Newton Ferreira fechou a
                                [quitanda
    com as bananas lá dentro, recendendo.
Os seus risos vozes lembro-os sem ouvi-los,
mas o perfume daquelas frutas
    que feito um relâmpago
    desceu na minha carne
    e ali ficou, parado,
    esse de vez em quando
        volta a esplender

O QUE SE FOI

O que se foi se foi.
Se algo ainda perdura
é só a amarga marca
na paisagem escura.

Se o que se foi regressa,
traz um erro fatal:
falta-lhe simplesmente
ser real.

Portanto, o que se foi,
se volta, é feito morte.

Então por que me faz
o coração bater tão forte?

INSÔNIA

É alta madrugada. A culpa
joga dama comigo
no entressono. Cismo
que ela me engana
mas não bispo o seu logro.
Ganho? Perco? Blefo?
Afinal, qual de nós rouba no jogo?

FALAR

A poesia é, de fato, o fruto
de um silêncio que sou eu, sois vós,
por isso tenho que baixar a voz
porque, se falo alto, não me escuto.

A poesia é, na verdade, uma
fala ao revés da fala,
como um silêncio que o poeta exuma
do pó, a voz que jaz embaixo
do falar e no falar se cala.
Por isso o poeta tem que falar baixo
baixo quase sem fala em suma
mesmo que não se ouça coisa alguma.

OSSOS

depois de vinte anos
        mostraram-me a urna
        em que tinham guardado seus restos mortais

        alguns ossos brancos:
        os fêmures o ilíaco as vértebras e falanges
        Era tudo

        — Não pode ser.
        — Como não pode ser?
        — Esqueça — disse eu.

Estava no cemitério de São João Batista, em Botafogo.
Olhei para o alto onde zunia a luz do século XXI.

Vi que de fato
ele não estava ali:
eu o carregava comigo
        leve impalpável
        como um doído amor

INSETO

Um inseto é mais complexo que um poema
Não tem autor
Move-o uma obscura energia
Um inseto é mais complexo que uma hidrelétrica

Também mais complexo
                que uma hidrelétrica
é um poema
(menos complexo que um inseto)

e pode às vezes
                (o poema)
com sua energia
iluminar a avenida
        ou quem sabe
                    uma vida

BANANAS PODRES 4

É a escuridão que engendra o mel
ou o futuro clarão no paladar
        (como quase luz
        na saliva, e mais:
        em alguma parte da vida)
        a escuridão
        engendra
        o olhar no corpo ansioso de abrir-se
        à luz

e o mel que
aflui da noite da polpa
(e feito
dessa noite) flui
do podre da polpa
da noite do podre
        (sob a casca)
tal como um suicídio

ou um alarme ou
abafada rotação
nas moléculas
                (e igual que
                no cosmos cintila)
uma balbúrdia de ácidos
negros
        inventando
um quase alvorecer na quitanda.

E pense bem: também
um tumor é um ponto intenso
da matéria viva,
de alta temperatura
como a gestar um astro
de pus
(assim se engendram os sóis,
os sons
no vazio abissal)

e assim também as vozes
do açúcar
                (um negro
                lampejo)
que assustam os mosquitos
(nuvens deles)
pairando no ar
dos escusos cantos
do depósito
de frutas
nos fundos da quitanda
rua da Alegria esquina de Afogados

e que faliu
e sumiu
          para sempre
daquela esquina e do mundo, a quitanda,
bem como seu dono, o falado
Newton Ferreira e seus amigos Luís Dedão,
o Cantuária e o Elias,
          todos
          que poderiam afirmar
que sim, de fato as bananas

já estavam passadas, quase inteiramente podres
naquela tarde

e que ali amontoadas num alguidar
fermentavam
exalando no ar o doce odor
        de bananas morrendo
o que efetivamente ocorreu
na cidade de São Luís do Maranhão
        ao norte do Brasil
        por volta de 1940...

        E foda-se.

TOADA À TOA

A vida, apenas se sonha
que é plena, bela ou o que for.
Por mais que nela se ponha
é o mesmo que nada pôr.

Pois é certo que o vivido
— na alegria ou desespero —
como o gás é consumido...
Recomeçamos de zero.

REENCONTRO

Estou rodeado de mortes.
Defuntos caminham comigo na saída do cinema.
São muitos,
        sinto a presença ativa das magnólias
queimando em seu próprio aroma.

Os mortos acomodam-se a meu lado
como numa fotografia.

Ajeitam o paletó, a gola da blusa
e parecem alegres.

São gente amiga
com saudade de mim
(suponho)
e que voltam de momentos intensamente vividos.
Tentam falar e falta-lhes a voz,
tentam abraçar-me
e os braços se diluem no abraço.
Fitam-me nos olhos cheios de afeto.

Ah, quanto tempo perdemos,
quanta desnecessária discórdia,
penso pensar.

É isto que me parecem dizer seus esplendentes rostos
neste entardecer de janeiro.

GALÁXIA

Aqui estive
          neste
banheiro branco
de piso branco
    de louça fria

aqui estive
    (estou) neste hoje
    dia 3 de fevereiro
    de 2003

          aqui
dentro deste silêncio
de banheiro (de
    pia, de torneira
    de vaso sanitário
    de bidê)
          estou
    mortal
    e conformado

estou
num tempo branco
pequeno (2m por
2m) e eterno?
fora da morte, eu,
futuro morto

e lá fora chispa
a tarde célere
e clara
        (lampejo na
        areia ofuscante)
na praia atravessada de veículos
que vão e vêm
pela avenida ruidosa
tendo ao fundo
        horizontal
a massa pesada e azul
            da baía

lá fora (fora
do banheiro, fora
da casa)
        a cidade é uma galáxia
a mover-se desigual
em seus diferentes estratos
        veloz e lenta
e em contraditórias direções

uma galáxia
que em seu girar arrasta
nossas vidas, nossas
casas, nossas
        caixas
de lembranças
cheias de papéis velhos e fotos
doídas
        de olhos que nos fitam
de tempo algum
agora que são apenas manchas
        e não obstante falam ainda
na poeira do cemitério doméstico

misturado com fungo e mofo
à beira do buraco voraz

e a galáxia urbana
tem como as outras
                    cósmicas
insondáveis labirintos
de espaços e tempos e mais
os tempos humanos da memória, essa
antimatéria que pode
                    num átimo
reacender o que na matéria
se apagara para sempre

assim
a cidade girando
arrasta em seu giro
pânicos destinos desatinos
risos choros
luzi-luzindo nos cômodos sombrios
da Urca, da Tijuca, do Flamengo,
e misturados às conversas na cozinha
                    ou na área de serviço
o lixar de alguma porta, o cheiro de Tonitrin,
o chilrear dos pardais e o arrulhar dos pombos,
barulhos inumeráveis da cidade que é bem mais lenta
nos arvoredos do Jardim Botânico com seus esquilos e
macaquinhos
lépidos a se moverem, seres que são daquele universo de folhas,
e somando-se a isto a Praça xv e a Ilha Fiscal,
                    tudo girando em torno deste imaginário eixo
                    — o banheiro,
onde estou
(onde estive)
e donde apenas ouço
o acelerar do motor de um ônibus
(talvez)
que passa pela rua Duvivier
não sei com que destino.

BANANAS PODRES 5

Fora
    no alto
nos céus de São Luís
o tempo zune
    luzindo acima dos telhados
manchados de musgos

    e
    debaixo
    deles
num sobrado da rua das Hortas
    como feras
bananas azedam em suas roupas negras
    e ali
    na polpa
o açúcar acelera a vertigem
    em direção ao caos

ou seja
  a uma aurora outra
  sem luz
  quando a forma
  se desfaz
      em água chilra

(enquanto Newton Ferreira
    discutia a guerra
    detrás do balcão
de sua quitanda, próximo dali,
na esquina de Afogados com a rua da Alegria)

    e num alarido surdo
    aquelas pobres frutas
    — com prazo vencido —
    vão aos soluços
        perder-se na desordem

DOIS POETAS NA PRAIA

É carnaval,
a terra treme:
um casal de poetas conversa
na praia do Leme!

Falam os dois de poesia
e dos banhistas
que nunca leram Drummond nem Mallarmé.
— E lerão meu poema?
pergunta ela.
— Alguém vai ler.
— Pois mesmo que não leia
não vou deixar de dizer
o que vejo nesta areia
que eles pisam sem ver.

E o poeta mais velho
sorri confortado:
a poesia está ali
renascida a seu lado.

REPOUSO

pouso o rosto
na mesa

que
alívio
ser apenas
tato

só este
macio
contato

o corpo —
    corpo

defeso
dos esplendores
da vida

A MORTE

A morte não tem avenidas iluminadas
não tem caixas de som atordoantes
tráfego engarrafado
      não tem praias
      não tem bundas
não tem telefonemas que não vêm nunca

      a morte
      não tem culpas
      nem remorsos
      nem perdas
            não tem
lembranças doídas de mortos
nem festas de aniversário

                a morte
não tem falta de sentido
não tem vontade de morrer
não tem desejos
      aflições
      o vazio vazio da vida

a morte não tem falta de nada
não tem nada
é nada
      a paz do nada

UMA ARANHA

ela surgiu não sei de onde
   quando abri o Dicionário de Filosofia
   de José Ferrater Mora
   (no verbete *Descartes, René*) mi-
núscula
   com suas muitas perninhas
   quase invisíveis
cruzou a página 1305 como se flutuasse
   (uma esfera de ar
   viva)
e foi postar-se no alto
no limite entre o texto e a margem branca
enquanto eu
          fascinado
              indagava:
como pode residir
          insuspeitado
nestas encardidas páginas
— em minha casa, afinal de contas —
um tal ser
        mínimo mas vivo
        consciente de si
              (e como eu
              parte do século XXI)
e que agora parece observar-me
        tão espantado quanto estou
        com este nosso inesperado encontro?

ANOITECER EM OUTUBRO

A noite cai, chove manso lá fora
   meu gato dorme
      enrodilhado
         na cadeira

Num dia qualquer
     não existirá mais
     nenhum de nós dois
para ouvir
     nesta sala
a chuva que eventualmente caia
     sobre as calçadas da rua Duvivier

NEM AÍ...

Indiferente
      ao suposto prestígio literário
e ao trabalho
do poeta
     à difícil faina
a que se entrega para
inventar o dizível,
sobe à mesa
    o gatinho
    se espreguiça
    e deita-se e
    adormece
       em cima do poema

FALAS DO MOFO

Do fundo das gavetas
    de dentro de pastas
    e envelopes
do fundo do silêncio encardido
em folhas de jornal
    de um tempo ido
ali
   regressa à luz
         puído
o murmúrio inaudível
das vozes
no mofo impressas
mudas
    ainda que plenas de retórica

É apenas
    uma mínima parte
    do incalculável arquivo morto
esta que reacende agora
à leitura do olhar
e em mim
     ganha voz
     por um momento

e penso em tantos falares
que abafados em pastas
      e arquivos
esperam por um corpo
de homem
em que
    de novo
    se façam vivos

A PROPÓSITO DO NADA

sou
      para o outro
este corpo esta
      voz
sou o que digo
      e faço
      enquanto passo

mas
      para mim
só sou
      se penso que sou
enfim
se sou
      a consciência
      de mim

e quando
      vinda a morte
      ela se apague
serei o que alguém acaso
      salve
            do olvido

já que
      para mim
      (lume apagado)
nunca terei existido

FLAGRANTE

o meu gato
    na cadeira
    se coça

corto papéis coloridos na sala
e os colo num caderno

a manhã clara canta na janela

estou eterno

DOÍDA ALEGRIA

Durante anos
foi a minha constante companhia
aonde eu estava
    ele vinha
    e ronronando
em meu colo se acolhia

Até que um dia...

Faz anos já que a casa está vazia

Mas eis que
inesperado
    ele de novo chega
e se deita a meu lado

Não me atrevo
a olhá-lo
    pois é melhor não vê-lo
que não vê-lo

Nada pergunto
    apenas vivo

a doída ilusão
de tê-lo junto

ABDUZIDO

busco
   tateando
            no escuro
o interruptor da lâmpada de cabeceira
e
ao acendê-la
   deparo-me
            comigo
em frente a mim
como se fosse um outro:
            estarei noutro?
(e de pijama
o mesmo pijama verde-grama
com que durmo
            em minha cama)

      e
            apa
            go
            a
              luz

      na treva
      cismo
      que
            esse eu-mesmo-outro
   habita
            agora
   abduzido
   um abismo

   (bem rente à cama
do quarto de um hotel
   na capital paulista)

UM POUCO ANTES

Quando já não for possível encontrar-me
em nenhum ponto da cidade
ou do planeta
          pensa
               ao veres no horizonte
               sobre o mar de Copacabana
                         uma nesga azul de céu
pensa que resta alguma coisa de mim
por aqui
               Não te custará nada imaginar
               que estou sorrindo ainda naquela nesga
               azul celeste
               pouco antes de dissipar-me para sempre

UMA PEDRA É UMA PEDRA

uma pedra
            (diz
o filósofo, existe
            em si,
não para si
            como nós)

uma pedra
é uma pedra
            matéria densa
sem qualquer luz
            não pensa

ela é somente sua
            materialidade
            de cousa:
            não ousa

enquanto o homem é uma
            aflição
            que repousa
            num corpo
que ele
            de certo modo
            nega
pois que esse corpo morre
            e se apaga

e assim
            o homem tenta
            livrar-se do fim
            que o atormenta

            e se inventa

II

UNIVERSO

O que vi do universo
até hoje foi pouco
mas, se penso em quanto meço,
posso dizer que foi muito.

Sei, de ler, que o universo
é de tais dimensões
que a própria luz só o atravessa
depois de bilhões e bilhões

de anos, e que nele há
multidões de galáxias e sóis
que talvez já morreram, antes
de chegar sua luz até nós.

Deste modo, é correto dizer
que o céu que ora espio é passado
e que até pode ser que
o universo que vejo já se tenha acabado.

Mas, de fato, não vejo
a não ser nas revistas
de astronomia: o lampejo
espantoso de infinitas

constelações a brilhar
num abismo espectral e difuso
de gases e poeira estelar
que me deixa confuso.

E assim, assustado e mudo,
bem menor que um ínfimo
grão de poeira, contudo,
sou capaz de apreender, no meu íntimo,

essas incontáveis galáxias,
esses espaços sem fim,

essa treva e explosões de lava.
Como tudo isso cabe em mim?

O fato é que qualquer vasta nuvem
prenhe de sóis já mortos ou futuros
não possui consciência, esse obscuro
fenômeno surgido aqui na Via Láctea,

ou melhor, na Terra, e talvez
somente nela, não se sabe por quê,
mas que permite ao cosmos perceber-se
a si mesmo, e ter olhos pra se ver.

Olhos que são os nossos,
lentes minúsculas mas sensíveis
que captam a luz das nebulosas
vinda de espaço e tempo inconcebíveis.

É o que dizem, pois tudo
o que vejo é, à noite, apenas o brilhar
de distantes luzes no escuro.
São estrelas? planetas do sistema solar?

Somos algo recente e raro
no universo, como rara
é também a própria luz
dos sóis deste sol que nos aclara.

Todo o universo é treva.
Inalcançável vastidão escura
dentro da qual os sóis, as explosões
de gás e luz são exceções.

O universo na sua vastidão vazia
é espaço e treva, é matéria fria
em que não há o mínimo sinal
de vida ou consciência; o que é mental

nele, ao que se sabe, está em nós,
no mínimo do mínimo do existente
e o que também na treva luze é nossa voz
inaudível no espantoso vão silente.

Vi pouco do universo: afora a asa
de luz e pó da Via Láctea, o que conheço
são as manhãs que invadem minha casa

O TEMPO CÓSMICO

ente minúsculo
            num braço da galáxia,
            ouço dizer
      que ela demora 250 milhões de anos
      para fazer
                  um giro
                  completo
      em torno de seu eixo

e penso:
      o homem existe há pouco mais
                        de 100 mil anos
      é como se o giro da galáxia
            jamais se completasse

é como se ela não girasse

      e que o diria esta mosca
— que na toalha da mesa
      pousa agora —
            cuja existência talvez dure
            pouco mais que uma hora?

A LUZ

dizer que o universo é escuro
    é dizer que vemos pouco:
    que o nosso olho
    se fez
        para captar somente
certa radiação chamada luz

mas outros seres que há
    neste planeta
    têm olhos também
tal como temos
    e pode ser que vejam mais do que nós vemos

e de modo diverso
    decifrarão
    a matéria
    de que é feito o universo

Enquanto os nossos olhos deixam
    que nos invada a luz
    de bilhões de sóis remotos

que verão os ratos
habituados que estão
    à noite dos esgotos?
    Também captam
    num relance
        luzes
    como a do lampião do beco
    ou da lâmpada do sótão
    e outros tantos clarões deste planeta
que se imprimem em sua carne de rato
até quem sabe a da distante Sírius
    vista por ele da sarjeta.

A ÁGUA

esta água que bebes
        como vida
        e fresca te ilumina a garganta

        esta água
        feito líquida luz
        a propagar-se em teu corpo

        é rara no cosmo
— certamente pelo menos no sistema solar —
        é rara
        e sua ausência
torna mortos os planetas
                        que são esferas de gás ou
        quase sem cores

a água inunda de azul nosso planeta
desponta verde nas folhas
        vermelha ou amarela nas pétalas
        das flores

a água
        surgiu tardia no universo
        quando o furor
        inicial
        da matéria se aplacou
        e deu vez
        a coisas mais sutis
        que apareceram
                como os tecidos vivos
                        as lentes de nossos olhos
                        os sonhos e os pensamentos
                que em última instância
                da água nasceram

O SOM

o som é da Terra
não há nenhuma música das esferas
como pensou Aristóteles

> música barulho
> o trepidar cristalino
> da água
> > sob as folhas
> é coisa terrestre

o cosmo é um vastíssimo silêncio
> de bilhões e bilhões de séculos

> nenhum ruído
as estrelas são imensas explosões mudas
> um desatino

> a matéria estelar
> (a explodir)
> é silêncio
> > e energia

Para outros ouvidos talvez
> poderia ser o universo
> um insuportável barulho;
> não para os nossos
> > terrenos

Viver na Terra é ouvir
> entre outras vozes
> > o marulho
do mar salgado e azul
ouvir a ventania a rasgar-se nos galhos
> antes do temporal

só aqui
neste planeta é que
se pode escutar teu límpido gorjeio,
> passarinho,
> pequenino cantor
> da praça do Lido.

A ESTRELA

Gatinho, meu amigo,
fazes ideia do que seja uma estrela?

Dizem que todo este nosso imenso planeta
        coberto de oceanos e montanhas
        é menos que um grão de poeira
        se comparado a uma delas

Estrelas são explosões nucleares em cadeia
numa sucessão que dura bilhões de anos

O mesmo que a eternidade

Não obstante, Gatinho, confesso
que pouco me importa
            quanto dura uma estrela

Importa-me quanto duras tu,
            querido amigo,
            e esses teus olhos azul-safira
            com que me fitas

O ESPAÇO

não há espaços iguais

o espaço
            entre o núcleo
do átomo
e os eléctrons
            nada tem a ver
com o espaço
            entre o sol
            e os planetas
nem com o espaço
            entre
            minha mesa de jantar
            e as paredes em volta

não há espaço vazio
    cada espaço
    é feito
    dos corpos que estão
    nele
    que o deformam e o formam
é feito
de suas energias
e cargas elétricas
    ou afetos

DENTRO

"O um é um e não é dois"
Parménides, de Platão

estamos dentro de um dentro
    que não tem fora

e não tem fora porque
    o dentro é tudo o que há

e por ser tudo
é o todo:
tem tudo dentro de si

até mesmo o fora se,
    por hipótese,
se admitisse existir

INIMIGO OCULTO

dizem que
em algum ponto do cosmos

(*le silence éternel de ces espaces infinis m'éffraie*)

um pedaço negro de rocha
— do tamanho de uma cidade —
voa em nossa direção

perdido em meio a muitos milhares de asteroides
impelido pelas curvaturas do
espaço-tempo
extraviado entre órbitas
e campos magnéticos
voa
em nossa direção

e quaisquer que sejam os desvios
e extravios
de seu curso
deles resultará
matematicamente
a inevitável colisão

não se sabe se quarta-feira próxima
ou no ano quatro bilhões e cinquenta e dois
da era cristã

REGISTRO

À janela
    de meu apartamento
à rua Duvivier 49
    (sistema solar, planeta Terra,
    Via Láctea)
    limpo as unhas da mão
por volta das quatro e quarenta da tarde
    do dia 2 de dezembro de 2008
enquanto
    na galáxia M 31
a 2 milhões e 200 mil anos-luz de distância
    extingue-se uma estrela

A RELATIVA ETERNIDADE

Cruzo a rua e vejo
    sobre a montanha
    que se ergue no horizonte
para além da Lagoa
    nuvens matinais
    iluminadas
        contra um céu muito azul

como na primeira manhã do mundo

(ainda que
    em todos os dias do ano
    quando faz sol
    essa festa matinal se tenha repetido
por séculos)

mas pouco importa:
    é hoje manhã pela primeira vez

ainda que
    antes de terem aqui chegado os portugueses
    já ali estivessem a montanha

                    o céu azul
                    e as nuvens a se esgarçarem
quer houvesse
        ou não
        (como agora)
        alguém para vê-los

e então me digo:
  se o mundo dura tanto
  e eu tão pouco
        importa pouco
        se ele não for eterno

OLHOS

vejamos: este lagarto
(de um palmo, verde-escuro,
desses que habitam
                velhos muros)
esse organismo
        chamado lagarto
        quis ter olhos
ver o mundo
        quis
deixar-se invadir
        por ele
        (como nós
        pelo céu do verão)

a sua carne
de lagarto quis
abrir-se ao real
        ou simplesmente
ver a presa
        a vespa
        e zás
a captura
        e engole

a escuridão
    exige o tato (nos
    cegos)
    o ouvido (nos
    morcegos)
    exige
        o faro
    já de si noturno
    que
    de qualquer modo
dispensam a luz
    (ainda que
    certos cheiros
    nos ilumine
    a vagina
            num lampejo)

mas como
    sem olhos
apreender a glória
    desta manhã
                de maio?

O MUSGO

Em frente à janela do alpendre
por volta de 1949
                o musgo
tomou todo o muro com seu veludo vivo
                e verde
assim o mantinha dominado
sob a multidão de suas patinhas macias

e ali ficava como se dormisse
                grudado a ele
                feito o pelo de um bicho
prenhe de luz e noite
pois nele formigava um escuro, úmido alarido
                e que
                de qualquer ponto da cidade
                eu podia escutar

eu e os mortos todos
cristalizados no chão da ilha

A PLANTA

haverá mesmo tanta
diferença
            entre mim e a planta
do vaso da sala?

Ao que se percebe
ela é verde
            e não fala

Pode ser que ouvido
            melhor que o meu
ouça-lhe a voz da seiva
a irrigar-lhe o caule

Ao contrário de mim
(forma pronta)
            a planta
se multiplica em folhas
que ela
a cada dia puxa
de si
(do ventre)
como sabres
            feito um jogador
            a exibir seus naipes

O LOUVA-DEUS

Se faz de vegetal
        de talo seco
as asas são
        folhas de palha

e tem no entanto uma cabeça
e dois olhos
                por onde entra nele
                a floresta
ou o que seja aquele
intrincado labirinto de caules
e cálices

        e sabe
        que por ali andam lagartas
        deliciosas voam libélulas
        besouros todos
                        comestíveis
que (sem vê-lo) dele
se aproximarão para morrer

ou não
ou sim
ou tanto faz

        pois que
        na natureza
não há crimes nem culpas.

III

FIGURA-FUNDO

a pintura, digamos,
          é mentira

isto é:
          uma pera
          pintada
          não cheira

          não se dilui
          em xarope,
          água rala e azeda, é
          pintura e por isso
          dura
mais que qualquer pera verdadeira

e por isso também, digamos,
          a pera pintada a falsa
          pera
          por ser mentira
          (por ser
          cultura e não natura)
          desta sorte
                    nos alivia
                    da perda e do podre
                    da morte

e se a mentira fosse verdadeira?
como fazê-la?

mas escute:
                    o que é falso
          é a pera que a pintura figura
          não a pintura
                    a cor
                    o traço
                    a pasta
                    a fatura

por que então
não fazer
em vez da pintura-pera
a pintura pura?

a verdade é que
a fruta pintada
não tem carnadura
não se pode comê-la
— é empaste, tintura
na tela
mas pode — e por isto —
ser bela
e, de outra maneira,
verdadeira

é que a fruta-pintura
        é apenas figura
        sobre um fundo
        de tela
        (de tinta
        de pasta)

mas
        e se a beleza
        não basta?

e se o pintor
        quer fazê-la
nascer da pasta
do fundo
(do fundo do fundo)
como a pera real nasce do mundo?

(onde começa a pera?
        na pereira? onde
começa a pereira?
        em que dia
        em que hora
        em que século
surgiu
        a árvore da pera?

a cor
da pera? o sabor
da fruta pera?)

E o pintor então dissolve
a figura da pera
na pasta escura do fundo
para
sem mentira
dizê-la
e nela
dizer o mundo

Pintar a partir de então
é despintar
fundir a forma
na escuridão
(na pasta, na lama)
fundir os brancos
os verdes os azuis
na suja
matéria sem luz

e assim
pelo avesso
o pintor
chega ao fim
isto é, ao começo:
da pasta escura
(do fundo pintado)
ressurge a figura

(ao contrário
de antes, quando
da figura
nascia o fundo).

VESTÍGIOS

Onde o morto deitou-se
                    quando vivo

(queimado de césio
até a medula)

na cama de hospital
não resta rastro

nem resta mesmo a cama
os lençóis
que o leito foi desfeito
e refeito para outros
que ali morreram
sem deixar marca

(pois tudo a lavanderia
apaga, menos
a memória
que vira cimento ferro alumínio
tubos de plástico)

                    mas
como mostrar os vestígios
            da morte
            os traços
do corpo tornado fósforo?

(a chama mortiça do câncer
a consumi-los)?

Pintando-os
na tela?
            como?
arrastando a cama do hospital
para o museu de arte moderna?
                            expondo
                            o corpo
                            do morto?

            A cama foi desfeita
            o cadáver inumado

o quarto varrido
e desinfetado

É mesmo que nada
evocá-lo pintado
(na tela)
        daí porque
só restou a Siron
imprimir as marcas da morte ausente
e vil
        no leito de concreto
        metáfora brutal
        da vida que explodiu

MÍNIMO VOO

a Amilcar de Castro

No começo era o plano
    a placa plana
que eu dobro e vira
    asa
    o voo
    que alça
    do casulo do aço

A obra
    eu a começo
    do começo
    de zero
(se não erro)
pra que a placa
    que dobra
    e vira asa
nunca esqueça
    seu começo

e a ele volte sem erro
e assim viva
esta nova idade do ferro

OS FIOS DE WEISSMANN

O espaço é nada?

(o nada, dizem
os físicos,
          é energia)

o espaço
é também
ideia, pos
      sibili
      da
      de de
impre
      vistos
          a
              bis
          mos

o
espaço
é
  nada
  ao olho

a menos
que
      o escultor
      o torne visível

      por
      um
      fio

DESENVOLVIMENTO DO QUADRADO EM CUBO

a Mary Vieira

tudo de que ela
    dispunha
era um quadrado
de metal
    ionizado

mas o sonha
    cúbico
    e o traduz
    de quadrado
    em cubo
    de ar
    (e luz)

para isso
    corta-lhe
a fímbria com
lúcida certeza:
e a dobra
    na razão
    exata
  da beleza

  eis tudo:
  o quadrado
é levado ao cubo

antes porém
    o fende
  no centro
    por onde
(num momento
    dado)
    o cubo
    adentra
e se torna
o dentro
    do quadrado

QUADRO-CORPO

a Iberê Camargo

Há dois modos de ver
os seus quadros: de perto,
como ele os via
    ao pintá-los
e de longe
    ou seja
da distância que tomava
para avaliá-los

e neste ir e vir
você agora
    como ele antes
    (mas ao revés)
descobrirá o viés
da tessitura
da pasta luminosa e basta
que lhe constitui
a carnadura

e surpreenderá
na tela
    o relâmpago
    (ali parado)
da ação furiosa
da mão
    que à pasta-noite
    infundiu
esta convulsão de cósmica gestação
da luz ou
    melhor dizendo
da humana combustão
    ou
    melhor dizendo
da conversão do pintor
de seu osso e
musculatura
de seu câncer

e sua desventura
    enfim
      a transubstanciação
do pintor em pintura

IV

VOLTA A SANTIAGO DO CHILE

O avião sobrevoa a cidade que
    apesar de tudo
            continua lá
(a cidade que dentro de mim
    é incêndio e perda)

            pousa na pista
            Será
    a mesma pista donde
    (em pânico) decolei noutro avião
        numa tarde aflita
    como se escapasse do inferno?

Impossível sabê-lo mas
a estação do aeroporto de Pudahuel
é sem dúvida outra
inteiramente
        — moderna e muitas vezes maior

Estou de volta a Santiago
    ou não?
É esta a cidade onde vivi?

Cruzando-a agora de automóvel
busco em tudo o passado
        Avenida O'Higgins... Providencia...
e não o encontro
— La Moneda! É o palácio? não é?

Já no quarto do hotel
deitado olho o espelho em frente:
sua moldura polida, o armário de roupas e à direita
    a janela
    Allende não está
    Não está na cidade não está no país

É tudo inacreditavelmente real: eu estou neste quarto
e a cidade lá fora — a cidade
com suas avenidas e edifícios,
seus bairros e ônibus
        e carros e pessoas.
Em que direção fica La Villa Olímpica? Las Condes?
O rio Mapocho? La calle Carlos Antúnez
        onde morei?

Lá fora estende-se o presente rumoroso
a crescer com o tráfego urbano e o pulsar do coração.
        O passado sou eu

(Quem aqui ficou vivendo
o consumiu juntamente com o gás de cozinha e o leite
no café da manhã,
a cada manhã,
porque a vida quer viver e livrar-se do que finda,
        a vida que em sua marcha
        tudo apaga e muda
        e de tal modo que
        mesmo o que permanece
        não permanece o mesmo:
                La Moneda não é La Moneda
                Santiago não é Santiago
        Nada resta das tropelias e gritos,
        das aflições e paixões
        da insensatez e do medo
                que como um clarão a tudo então iluminava)

A cidade é agora apenas suas ruas e casas, os supermercados,
os *shoppings* abarrotados de mercadorias.
        Nenhum temor, nenhuma esperança maior.

RAINER MARIA RILKE E A MORTE

Ela é sumo e perfume na folhagem
                          é relâmpago
                          e açúcar
                          na polpa fendida

                                    e em todo o bosque
é rumor verde que de copa em copa se propaga
entre estalos e chilreios
                          a morte
                          presença e ocultação
                                    circula luminosa
                          dentro dos caules
                          e se estende em ramos
                          abre-se em cores
                          nas flores nos
                          insetos (veja
                          este verde metálico este
                          azul de metileno) e inspira
                          o mover mecânico
                          dos mínimos robôs
                          da floresta

E ele a ouvia desatento
     no próprio corpo
     voz contraditória
          que vertiginosamente o arrasta através da água
          até o fundo da cisterna e
                    no intenso silêncio
                    Pensou ver-lhe num susto
          o rosto
          que se desfez no líquido espelho
          (era aquele
          o rosto da morte?)
                    De fato o entrevira ali no
                    tanque do jardim?

Suspeita que era dela já aquele
     olho que o espiava
     do cálice da açucena ou a abelha que zumbia
     enfiada na corola a sujar-se de
     dourado. Ou vida seria?

Nada mais vida (e morte) que esse zunir de luz solar e pólen
                                        na manhã
    Era de certo ela, o lampejo
    naqueles olhos de um cão
    numa pousada em Wursburg.

Mas a morte (a sua) pensava-a como
                o clarão lunar
                sobre a cordilheira da noite
                na radiante solidão
                            mãe do poema

Sentia-a contornar-lhe o sorriso
                esplender-lhe
                        na boca
pois convive com sua alegria
                        nesta tarde banal

Sabe que somente os cães ouvem-lhe
                o estridente grito
                e tentam quem sabe avisá-lo.
                Mas adiantaria? Evitaria ferir-se no espinho?

Na verdade
era a morte (não a brisa)
que aquela tarde
movia os ramos da roseira

O futuro não está fora de nós
                mas dentro
                como a morte
                que só nos vem ao encontro
                depois de amadurecida
                em nosso coração.
                E no entanto
                        ainda que unicamente nossa
                        assusta-nos.

Por isso finge que não a pressente,
                que não a adivinha nos pequenos ruídos
e diz a si mesmo que aquele grito que ouviu
                ainda não era ela
                terá sido talvez a voz de algum pássaro
                        novo no bosque

A verdade, porém, é que a mão inflama
                    todo ele
                    queima em febre

Que se passa? Está incômodo em seu próprio corpo
                    este corpo em que sempre
                    coube como numa luva
macio, e afável, tão próprio que jamais poderia imaginar-se
noutro.
                    E agora o estranha. Olha-se
                    no espelho: sim são seus
                    estes olhos azuis,
                    o olhar porém
                    esconde algo, talvez
                    um medo novo. Mira
                    as mãos de longos dedos: são suas
estas mãos, as unhas, reconhece-as, mas
                    já não está nelas como antes.

                    Com estas mãos tocava o mundo
                    na sua pele
                    decifrou-se o frescor da água, a veludez
do musgo como
                    com estes olhos conheceu
                    a vertigem dos céus matinais
                    neste corpo
                    o mar e as ventanias vindas
dos confins do espaço ressoavam
                    e os inumeráveis barulhos da existência: era ele
                    seu corpo
                    que agora
                    ao mundo se fecha
                    infectado de um sono
                    que pouco a pouco o anestesia
                    e anula.

Como sentir de novo na boca (no caldo
                    da laranja)
                    o alarido do sol tropical?

                    Se meu corpo sou eu
como distinguir entre meu corpo e eu?
                    Quem ouviu por mim

o jorro da carranca
a dizer sempre a mesma água clara?

Agora, porém, este corpo é como uma roupa de fogo
que o veste
e o fecha
aos apelos do dia
Com fastio
vê o pássaro pousar no ramo em frente
já não é alegria
o sopro da tarde em seu rosto
na varanda.

Alguma coisa ocorre
que nada tem a ver com o nascer do poema
quando ainda sussurro sob a pele
prometendo a maravilha
(abafado clamor de vozes
ainda por se ouvir
a girar nas flores
e nas constelações)

Alguma coisa ocorre
e se traduz em febre
e faz
a vida ruim
É desagradável estar ali
num corpo doente
que queima
de um fogo enfermo
que cala o mundo
e turva-lhe
o esplendente olhar.

Que se passa afinal?
Será isto
morrer?
Terá sido um aviso
o uivo que ouviu
naquela noite prateada em Ullsgraad?

Assim se acaba um homem
que sem resposta iluminou
o indecifrável processo da vida

e em cuja carne sabores e rumores se con-
vertiam
em fala, clarão vocabular,
a acessibilidade do indizível.
E quem dirá
por ele
o que jamais sem ele será dito
e jamais se saberá?

Verdade é que cada um morre sua própria morte
que é única porque
feita do que cada um viveu
e tem os mesmos olhos azuis
que ele
se azuis os teve;
única
porque tudo o que acontece
acontece uma única vez
uma vez
que
infinita é a tessitura
do real: nunca os mesmos cheiros os mes-
mos
sons os mesmos tons as mesmas
conversas ouvidas no quarto ao lado
nunca
serão as mesmas a diferentes ouvidos
a diferentes vidas
vividas até o momento em que as vozes foram
ouvidas ou
o cheiro da fruta se desatou na sala; infinita
é a mistura de carne e delírio
que somos e
por isso
ao morrermos
não perdemos todos as mesmas
coisas, já que
não possuímos todos a mesma
quantidade de sol na pele, a mesma vertigem na
alma
a mesma necessidade de amor
e permanência

E quando enfim se apagar
no curso dos fenômenos este pulsar de vida
quando enfim deixar
de existir
este que se chamou Rainer Maria Rilke
desfeito o corpo em que surgira
e que era ele, Rilke,
desfeita a garganta e a mão e a mente
findo aquele que
de modo próprio
dizia a vida
resta-nos buscá-lo nos poemas
onde nossa leitura
de algum modo
acenderá outra vez sua voz

porque
desde aquele amanhecer em Muzot
quando ao lado do dr. Hammerli
subitamente seu olhar se congelou
iniciou-se o caminho ao revés
em direção à desordem

Hoje, tanto tempo depois
quando não é mais possível encontrá-lo
em nenhuma parte
— nem mesmo no áspero chão de Rarogne
onde o enterraram —
melhor é imaginar
se vemos uma rosa
que o nada em que se convertera
pode ser agora, ali, contraditoriamente,
para nosso consolo,
um sono,
ainda que o sono de ninguém sob aquelas muitas pálpebras

A fala ao revés da fala

ANTONIO CICERO

O primeiro livro de poemas de Ferreira Gullar, *Um pouco acima do chão*, foi publicado em São Luís com próprios recursos do autor em 1949, quando ele tinha dezoito anos. Tratava-se de um livro cujos poemas empregavam as formas tradicionais de métrica e rima, parnasianas.

No ano seguinte, em 1950, depois de entrar em contato com a poesia modernista de Manuel Bandeira, Carlos Drummond de Andrade e Murilo Mendes, entre outros, a poesia de Gullar mudou radicalmente de direção. Foi então que começou a ser escrito o que viria a ser o livro *A luta corporal*, publicado em 1954 no Rio de Janeiro, para onde ele havia se mudado três anos antes. Tendo passado a considerar o livro anterior como "um tateio inicial",[1] ele jamais o republicou desde então, nem mesmo como parte de qualquer das edições do *Toda poesia*.

A primeira parte de *A luta corporal* é intitulada "Sete poemas portugueses". Nas palavras do autor, trata-se de "um ajuste de contas em relação à poesia metrificada, rimada. Um ajuste de contas — quer dizer, para nunca mais fazer aquilo".[2] Ao cabo dessa parte há dois poemas deslumbrantes, "Galo galo" e "A galinha". A ela, seguem-se diferentes partes, em que se entremeiam trechos em prosa com trechos em versos livres.

"Nos meus vinte anos de idade", diz ele,

cheguei à conclusão de que a poesia que deveria fazer era o contrário daquela que eu fazia — que ela não deveria ter qualquer norma a priori. [...] Como era uma coisa nova, a linguagem se mostrava velha — ela prejudicava a juventude, o frescor do que estava sendo descoberto. Como fazer que a linguagem nasça com o poema; como fazer com que o poema tenha o frescor de sua descoberta? Esta é a proposta de *A luta corporal*.[3]

---

1   Ferreira Gullar, "A trégua". Entrevista a *Cadernos de Literatura Brasileira*, São Paulo, Instituto de Literatura Brasileira, 1998, p. 34.

2   Ibid.

3   Ferreira Gullar, "Na vertigem da poesia: uma conversa com Ferreira Gullar". *Dicta & Contradicta*. Entrevista a Martim Vasques da Cunha, Guilherme Malzoni Rabello e Renato José de Moraes. São Paulo, Instituto de Formação e Educação, n. 5, p. 13, 16 jun. 2010, p. 13.

Segundo Gullar, o nome *A luta corporal* se referia a essa batalha que ele travava consigo mesmo para fazer a linguagem renascer junto com o poema. Nesse afã, encontram-se diversos trechos admiráveis. Vários textos ao final do livro, porém — em particular "Roçzeiral" —, acabaram por ser simplesmente ilegíveis. E então, dizendo para si próprio que ninguém entenderia o que acabara de fazer e que esse "não pode ser o meu caminho, o meu caminho não pode ser isso, é o suicídio da poesia",[4] ele conta que resolveu parar de escrever.

Todavia, a publicação de *A luta corporal* chamou a atenção dos poetas paulistas Augusto de Campos, Haroldo de Campos e Décio Pignatari, que haviam criado o grupo e a revista vanguardista *Noigandres*. Augusto, em 1955, tendo entrado em contato com Gullar, levou-o a participar do movimento da poesia concreta, cujo lançamento público se daria na Exposição Nacional de Arte Concreta, que ocorreu em São Paulo em dezembro do ano seguinte, e no Rio de Janeiro em fevereiro de 1957. Ainda em 1957, os poetas concretos publicaram obras no Suplemento Dominical do *Jornal do Brasil*, caderno dirigido por Mário Faustino. Em julho daquele ano, porém, Gullar rompeu com o movimento concretista por discordar das concepções — consideradas por ele excessivamente racionalistas — expostas no artigo "Da fenomenologia da composição à matemática da composição", de Haroldo de Campos.

De todo modo, em 1958, no livro *Poemas*, ele reuniu suas experiências poéticas no movimento concretista e, dois anos depois, publicou *O vil metal*, com poemas esparsos, que havia escrito entre 1954 e 1960. Um desses poemas, aliás, intitulado "Ocorrências", ficou — merecidamente — bastante popular.

Em 1959, Gullar escreveu o "Manifesto neoconcreto" e a "Teoria do não objeto", que exerceram grande influência sobre as artes plásticas. Ao mesmo tempo, continuou a desenvolver uma poesia espacial muito radical, que resultou, em 1960, no *Poema enterrado*. Consistia em um cubo enterrado no chão: se descia por uma escada e se entrava numa sala pequena, onde havia um cubo vermelho, que ao ser levantado, revelava um cubo verde. Levantando-se o cubo verde, surgia um branco. Levantando-se o branco, lia-se a palavra "Rejuvenesça". O efeito que essa obra extremamente original e sugestiva teve sobre o próprio poeta é por ele relatado da seguinte maneira:

> Eu achava que era uma coisa bonita, algo que me lembrava os túmulos egípcios, ressonâncias do inconsciente, como se eu estivesse descendo no Inconsciente. Agora, quando eu percebi que armara aquela coisa toda para abrigar uma palavra apenas, perguntei a mim mesmo: aonde é que

---

4 Ibid.

eu vou chegar? Estou me tornando um artista plástico? E o poeta para
onde vai? E comecei a me sentir mal dentro daquilo tudo.[5]

Em todo caso, podemos considerar os momentos do concretismo
e do neoconcretismo como a terceira fase — não propriamente oposta
à segunda, porém muito diferente dela — da carreira do poeta.
Em 1961, ao ser nomeado presidente da Fundação Cultural do
Distrito Federal, Gullar foi morar em Brasília. Lá, teve contato com
o marxismo e, de volta ao Rio no ano seguinte, se engajou politi-
camente, entrando para o Centro Popular de Cultura. Começou a
escrever romances de cordel, o que, de certo modo, representou seu
abandono da poesia. Como ele mesmo diz:

> Eu nunca considerei aqueles romances de cordel como literatura, como
> poesia. Ao contrário, aquilo ali foi uma atitude de rejeição da poesia
> num momento em que passei a julgar que a sociedade brasileira e,
> sobretudo, a literatura brasileira eram coisas desligadas do povo, e que
> seria necessário transformar o país. Eu não queria mais fazer literatura,
> e sim mobilizar minha capacidade de escrever, de usar o verso, para
> fazer a revolução.[6]

Embora, como acabamos de ver, o próprio escritor não classifique
os romances de cordel como poesia de fato, podemos considerá-los
como parte da sua carreira literária. Nesse caso, diremos se tratar
de uma fase — a quarta — oposta completamente às três anteriores.
Depois do golpe de 1964, Gullar se filiou ao Partido Comunista
Brasileiro. Em 1968, com o decreto do Ato Institucional nº 5, ele foi
preso. Em 1971, ao ser alertado por um amigo dos riscos que corre-
ria se ficasse no país, ele partiu para o exílio. Residiu inicialmente
em Moscou, depois em Santiago de Lima e, finalmente, em Buenos
Aires. Em 1975, foi publicado no Brasil seu livro de poemas *Dentro
da noite veloz*. Embora ainda fosse forte a temática política de vários
dos seus textos, a qualidade de sua poesia — como nos poemas "Dois
e dois: quatro", "Pela rua", "Meu povo, meu poema", "O açúcar", "Não
há vagas" e "Verão" — voltou a ser o principal, ao contrário do que
ocorria nos romances de cordel. Consideremos essa como a quinta
fase da carreira poética de Gullar.
Em seguida, chegamos à sexta fase, que é a do *Poema sujo*. Desde
que foi escrito, essa obra teve sua importância reconhecida por alguns
dos maiores poetas e críticos brasileiros. Ficou famosa a declaração

---

5   Ferreira Gullar, Entrevista concedida à revista *Poesia Sempre*. Rio de Janei-
ro, Fundação Biblioteca Nacional, n. 9, p. 396, mar. 1998.
6   Ibid., p. 397.

de Vinicius de Moraes, segundo a qual "Ferreira Gullar [...] acaba de escrever um dos mais importantes poemas deste meio século, pelo menos nas línguas que eu conheço: e certamente o mais rico, generoso (e paralelamente rigoroso) e transbordante de vida de toda a literatura brasileira".[7]

O crítico literário Otto Maria Carpeaux observou que "*Poema sujo* mereceria ser chamado 'Poema nacional', porque encarna todas as experiências, vitórias, derrotas e esperanças da vida do homem brasileiro. É o Brasil mesmo, em versos 'sujos' e, portanto, sinceros".[8]

Por que o nome de "poema sujo"? Segundo Gullar, "o poema era sujo como o povo brasileiro, como a vida do povo brasileiro".[9] Outra razão por ele invocada é que, "de acordo com a moral estabelecida, um poema que fala de boceta, de cancro, de todas as obscenidades, é sujo".[10]

Mas certamente a razão mais importante para chamá-lo de "sujo" é que ele, "estilisticamente, tem referências de todas as fases anteriores".[11] E Gullar explica que,

> depois da fase política de minha poesia, comecei a elaborar uma linguagem poética que foi se tornando mais rigorosa, mais exigente e despojada, até o *Poema sujo*, onde, a rigor, faço explodir minha própria linguagem. Então, nesse sentido é que ele é sujo estilisticamente, porque mistura prosa, ritmo, rima — enfim, mistura tudo.[12]

De fato, encontram-se ali elementos formais característicos de suas fases anteriores. Por exemplo, certas sequências de versos seus são, como nos poemas da fase parnasiana, metrificadas e rimadas com perfeição. Por isso, na segunda parte do poema, o merecidamente famoso trecho "para ser cantado com a música da *Bachiana nº 2, Tocata*, de Villa-Lobos", é todo composto em redondilhas e rimas alternadas:

> lá vai o trem com o menino
> lá vai a vida a rodar
> lá vai ciranda e destino
> cidade e noite a girar
> lá vai o trem sem destino
> pro dia novo encontrar

---

7 Vinicius de Moraes, "Poema sujo de vida", In: Ferreira Gullar. *Poesia completa, teatro e prosa*. Rio de Janeiro: Nova Aguilar, 2008, p. XLII.

8 Otto Maria Carpeaux, "Poema sujo". In: Ibid, p. lxi.

9 Ibid., p. 387.

10 Ibid.

11 Ferreira Gullar, "Na vertigem da poesia", op. cit., p. 26.

12 Id., Entrevista concedida à revista *Poesia Sempre*, p. 387.

Nessa mesma parte, encontramos trechos tão onomatopaicos — ou melhor, mimológicos — que, de certo modo, criam a linguagem do poema, tal como Gullar ambicionou fazer ao final de *A luta corporal*, de sua segunda fase. Assim é, por exemplo,

IUÍ IUÍ IUÍ IUÍ IUÍ
Tuc tchuc tuc tchuc tuc tchuc

lará lará larará
lará lará larará
lará lará larará lará lará larará
lará lará lará
lará lará lará

IUÍ IUÍ IUÍ IUÍ IUÍ
iuí iuí iuí iuí iuí iuí iuí

Certas passagens da obra até lembram a fase concretista de Gullar, como o final dessa mesma segunda parte, em um trecho que combina onomatopeia, visualidade e a preocupação social que já se manifestara nas duas fases seguintes à do concretismo. Este trecho reúne algo de lúdico, melancólico e tragicômico:

café com pão
     bolacha não
         café com pão
             bolacha não
vale quem tem
     vale quem tem
         vale quem tem
     vale quem tem
         nada vale
     quem não tem
         nada não vale
     nada vale
         quem nada
     tem
         neste vale
         nada
         vale
         nada
         vale
         quem
         não

tem
nada
no
v
a
l
e

TCHIBUM!!!

Gullar descreve nas seguintes palavras o caminho que resultou no *Poema sujo*:

A verdadeira poesia tem muitas faces. Quando deixei de fazer poesia metrificada, [...] caí no coloquial, que foi se reelaborando até virar uma linguagem complexa, abstrata, que conduziu à desintegração. Entretanto, com os poemas de cordel, voltei à linguagem banal, mas evidentemente politizada. No *Poema sujo*, a linguagem que vai aparecer resulta de todas essas experiências. Defendo, então, a tese de que não existe poesia pura. A poesia verdadeira não é sectária, não é unilateral.[13]

Nessa descrição, feita oralmente, Gullar omitiu a fase de *Dentro da noite veloz*, embora a tenha mencionado antes, conectando-a aos seus primeiros poemas engajados, que, "mais tarde, minha poesia engajada mudou. Um poema como 'Dentro da noite veloz', por exemplo, é ambíguo".

Na verdade, uma das características mais interessantes do percurso poético de Gullar é o fato de que, de certo modo, ele pessoalmente — microcosmicamente — percorreu o caminho das vanguardas do século XX.

Pode-se, em suma, descrever o caminho das vanguardas da seguinte maneira: antes da atuação delas, as formas poéticas mais tradicionais em uso nas línguas modernas haviam sido fetichizadas. Supunha-se que o uso de métrica, de rima ou o emprego de alguma das diversas formas fixas então catalogadas (tais como o soneto, a balada e a sextina) fosse necessário para a produção de um bom poema. Desse modo, naturalizavam-se as formas tradicionais.

Ora, as vanguardas mostraram, ao produzir autênticos poemas sem o emprego dessas formas, o caráter convencional de tais formas, em primeiro lugar; em segundo, tornaram evidente que a poesia e o poético não se encontram prêt-à-porter, à disposição do poeta, nessas ou naquelas formas fixas; em terceiro, revelaram que a poesia não é

---

13   Ferreira Gullar, "A trégua", op. cit., p. 49.

necessariamente incompatível com nenhuma forma determinada — é possível inventar novas formas para ela.

Assim, ao desfetichizar as formas poéticas tradicionais, as vanguardas abriram novas possibilidades para todos os poetas. E, ao contrário do que os próprios vanguardistas frequentemente supunham, fizeram isso sem destruir nenhuma das formas tradicionais. A vanguarda costumava empregar uma forte retórica sobre a "morte", a "destruição", o "fim" do tradicional, mas, na verdade, nenhuma dessas formas desapareceu. O que ficou claro é que elas não eram as únicas possíveis. O grande feito vanguardista não foi a eliminação das formas tradicionais, mas a abertura ilimitada de novas possibilidades experimentais.

O Gullar vanguardista também pensava ter destruído aquilo que rejeitava: "Eu destruí o discurso em *A luta corporal*, aí a tentativa de se fazer um poema sem o discurso, ou seja, os poemas concretos que eu fiz. Daí eu vou para os poemas espaciais, poemas que são objetos, que não têm mais nada a ver com livro".[14]

Depois de toda essa experiência, ele aprendeu que o poema surge de um processo "no qual não existe mais nenhum a priori". E explicou:

> É claro que cada poeta gosta mais de certas formas do que de outras, possui um universo particular de palavras, um vocabulário, e é dentro desse universo que ele cria, mas tem absoluta liberdade para usar qualquer forma, da mais irreverente e inesperada à mais clássica e formal. Acho que essa liberdade é uma conquista da arte atual, embora o radicalismo da vanguarda tenha desejado impor-nos uma imagem limitada da liberdade, que acaba sendo empobrecedora.[15]

Pois bem, quase quarenta anos *antes* de que a "absoluta liberdade" do poeta fosse tão bem compreendida e expressa por ele nessa declaração, ela foi magnificamente exercida na composição de *Poema sujo* e o mesmo vale para tudo o que vem depois dele. É nesse sentido que considero essa obra como o ponto central da extraordinária carreira de Gullar. De fato, *Poema sujo* lida com toda a experiência de vida e de poesia que o poeta havia acumulado até então.

"Ao inventar de escrever o *Poema sujo*", diz Gullar, "queria, antes, vomitar toda a vida vivida, criando assim um magma de onde

---

14 Id., Entrevista concedida a Maria do Socorro Pereira de Assis para sua tese em literatura brasileira, em setembro de 2009. In: Maria do Socorro Pereira de Assis, *Poema sujo de vidas: Alarido de vozes*. Porto Alegre: PUC-RS, 2011, p. 262.

15 Ferreira Gullar e Ariel Jiménez, *Ferreira Gullar conversa com Ariel Jiménez*. Trad. de Vera Pereira. São Paulo: Cosac Naify, 2013, p. 235.

extrairia o poema".[16] A palavra "vomitar", como diz o grande crítico português Eduardo Prado Coelho, é essencial, pois se trata de evitar toda hipótese de poesia como sublimação.[17] Contudo, segundo Gullar, o vômito não saiu, por isso ele começou o poema "dizendo coisas sem sentido". Na verdade, essas "coisas sem sentido" do célebre início do poema são estranhamente comoventes, enigmaticamente sugestivas e, ao final, ludicamente chocantes:

turvo turvo
a turva
mão do sopro
contra o muro
escuro
menos menos
menos que escuro
menos que mole e duro menos que fosso e muro: menos que furo
escuro
mais que escuro:
claro
como água? como pluma? claro mais que claro claro: coisa alguma
e tudo
(ou quase)
um bicho que o universo fabrica e vem sonhando desde as entranhas
azul
era o gato
azul
era o galo
azul
o cavalo
azul
teu cu

Em *Poema sujo* Gullar já exerce — sem dúvida a partir de toda a sua experiência de poeta e impelido pela intuição, pela emoção e pela paixão pela poesia — a liberdade que ele apenas conseguiria conceituar, e de modo lapidar, quase quarenta anos depois.

Gullar dizia que "quando me perguntam o que o *Poema sujo* significa, por exemplo, respondo que deviam lê-lo, porque o poema

---

16 Ferreira Gullar, "Do acaso à necessidade". *Folha de S.Paulo*, São Paulo, 30 out. 2011. Ilustrada, p. E10.

17 Eduardo Prado Coelho, "A turva mão do sopro contra o muro". *Público*, Lisboa, 20 maio 2000.

não significa nada além do que nele está contido".[18] E tem toda razão. Acrescento apenas que *Poema sujo*, sem jamais deixar de reconhecer o absurdo esmagador da vida, constitui-lhe uma magnífica celebração.

Na vertigem do dia, publicado em 1980, é sem dúvida o primeiro livro de Ferreira Gullar em que se realiza de modo integral e reflexivo a concepção de poesia, isto é, a poética, posterior à do *Poema sujo*. Sendo assim, trata-se do primeiro poema da sétima e última fase da carreira poética do autor. Trata-se agora de uma poesia que vale sobretudo por si mesma, ou seja, enquanto monumento que visa "transformar em presente o que seria passado".[19]

Encontram-se nela invenção e rigor, experimentação e clareza; tanto um olhar para a contraditoriedade da vida real quanto um ouvido para o linguajar cotidiano: tudo admiravelmente transfigurado pela alquimia poética.

Antonio Carlos Secchin observou, com razão,[20] que grande parte dos poemas de *Na vertigem do dia* reflete sobre a própria poesia. Creio que um bom guia para o entendimento da poética que se manifesta a partir desse livro seja "O poço dos Medeiros":

Não quero a poesia, o capricho
do poema: quero
reaver a manhã que virou lixo

      quero a voz
a tua a minha
aberta no ar como fruta na casa
fora da casa
      a voz
dizendo coisas banais
entre risos e ralhos
na vertigem do dia;
        não a poesia
o poema o discurso limpo
onde a morte não grita

      A mentira
não me alimenta:
    alimentam-me

---

18   Ferreira Gullar e Ariel Jiménez, op. cit., p. 94.
19   Ferreira Gullar, "Na vertigem da poesia", op. cit.
20   Antonio Carlos Secchin, "Gullar: obravida". In: Ferreira Gullar. *Poesia completa, teatro e prosa*. Rio de Janeiro: Nova Aguilar, 2008, p. XXIV.

as águas
      ainda que sujas rasas
      afogadas
      do velho poço
      hoje entulhado
      onde outrora sorrimos

Observa-se, em primeiro lugar, que esse poema — como praticamente todos dessa fase — é composto tanto de versos livres quanto de metrificados. Assim, o primeiro e o terceiro versos são decassílabos rimados, o que não ocorre com os demais. Observa-se também o uso dos recuos em que os versos "quero a voz", "a voz", "não a poesia", "a mentira", "alimentam-me" e a última estrofe, a partir de "ainda que sujas rasas", começam fora da margem esquerda. Outra característica importante da poesia dessa fase é a sua clareza. Tanto o vocabulário quanto a sintaxe são cotidianos.

Mas vamos reler o poema inteiro. Da primeira estrofe, "Não quero a poesia, o capricho/ do poema:/ quero reaver a manhã que virou lixo", apreende-se que não é o poema caprichado, polido como uma joia e distante do suor da vida, abstraído da vida, *abstrato*, que ele quer. O que o poeta pretende é restituir a vida *concreta* da própria "manhã que virou lixo". Para que não se perca a experiência de um fragmento da vida real e complexa — manhã e lixo — que espanta ou admira o poeta, ele lhe constrói um monumento verbal: o poema. Ora, a experiência do fragmento da vida real não é genuinamente restituída pelo poema se ele não capturar e transportar, de algum modo, a dimensão convencional para a dimensão poética; não apenas a beleza, mas a contingência, a precariedade, a banalidade, a feiura, a própria morte que fazem parte essencial dessa experiência. Por isso, lê-se na segunda estrofe:

      quero a voz
a tua a minha
aberta no ar como fruta na casa
fora da casa
          a voz
dizendo coisas banais
entre risos e ralhos
na vertigem do dia;
              não a poesia
o poema o discurso limpo
onde a morte não grita

O poema não seria mais que uma mentira sem a afirmação da vida concreta e contraditória, sem as "coisas banais" que são ditas e ouvidas, sem os ralhos, além dos risos, sem o grito da morte, sempre presente à vida, compondo a *vertigem do dia*. Ora,

A mentira
não me alimenta:
        alimentam-me
as águas
    ainda que sujas rasas
    afogadas
    do velho poço
    hoje entulhado
    onde outrora sorrimos

"Mentira" aqui quer dizer aquilo que tenta *encobrir* os aspectos assombrosos da vida. É verdade que os poetas são também capazes de mentir para, assim, melhor revelar a verdade da totalidade assombrosa da vida. Não são como, por exemplo, as tragédias de Sófocles, Shakespeare, Racine, Goethe...? Mas Gullar não rejeita essas mentiras, e sim as que tentam bajular o leitor, fingindo, por exemplo, "que a vida é bela, e muito,/ e que a revolução caminha com pés de flor" — pretensões de que o poeta escarnece noutro poema do mesmo livro ("Digo sim").

O milagre da verdadeira poesia — que encontramos em tantos poemas de *Na vertigem do dia* — é ser capaz de constituir uma esplêndida celebração da vida sem nunca, ao retratá-la, ignorar ou escamotear o que ela tem de triste, banal ou terrível. No poema "O poço dos Medeiros", triste parece ser a perda do sorriso de outrora, à beira "do velho poço/ hoje entulhado".

Contudo, o poema como um todo nada tem de depressivo; os verdadeiros poemas nunca o são. O próprio fato de que tudo termina com essa lembrança "do velho poço/ hoje entulhado/ onde outrora sorrimos" dá outro sentido à lembrança da voz, trazendo também um sorriso aos lábios do leitor:

a tua a minha
aberta no ar como fruta na casa
fora da casa
        a voz
dizendo coisas banais
entre risos e ralhos
na vertigem do dia;

Depois de *Na vertigem do dia*, Gullar publicou três outros excelentes livros de poesia: *Barulhos* (1987), *Muitas vozes* (1999) e *Em alguma parte alguma* (2010). Todos eles têm em comum tanto as características formais que já descrevi quanto o fato de que vários de seus poemas contêm profundas — e, no entanto, espantosamente claras — reflexões sobre a vida, a morte e a poesia. Leiamos, por exemplo, a concepção do poema expressa já na primeira e na última estrofe do extraordinário "Poema poroso", do livro *Barulhos*:

De terra te quero;
                    poema,
e no entanto iluminado.
[...]
                    De terra,
onde para sempre se apagará
                    a forma desta mão
                    por ora ardente.

Na obra seguinte, *Muitas vozes*, encontra-se um dos maiores poemas da nossa época, "Extravio". Não é necessário citá-lo inteiramente neste posfácio, porém não resisto à tentação de mencionar a primeira e a última estrofes:

Onde começo, onde acabo,
Se o que está fora está dentro
Como num círculo cuja
Periferia é o centro?
    [...]

Ah, ser somente o presente:
esta manhã, esta sala.

Em conversa com Ariel Jiménez, Gullar sintetiza bem a sua poesia:

Não estou enganando ninguém, meus temas são a morte, a velhice, a fragilidade da vida, só que existe uma esperança, sempre procuro dar um sentido à vida, e digo isso à minha companheira, ao meu amigo, ao homem que passa na esquina. É da vida, enfim — com todas as suas contradições, suas dores, seu absurdo, e também sua beleza e seu mistério —, que faço minha poesia, dentro dos limites do possível, é claro.[21]

21　Ferreira Gullar e Ariel Jiménez, op. cit, pp. 232-3.

Creio que o melhor modo de terminar este texto sobre a poesia de Gullar seja deixando que ele mesmo se expresse com o seu estupendo "Falar", no último e deslumbrante livro *Em alguma parte alguma*:

A poesia é, de fato, o fruto
de um silêncio que sou eu, sois vós,
por isso tenho que baixar a voz
porque, se falo alto, não me escuto.

A poesia é, na verdade, uma
fala ao revés da fala,
como um silêncio que o poeta exuma
do pó, a voz que jaz embaixo
do falar e no falar se cala.
Por isso o poeta tem que falar baixo
baixo quase sem fala em suma
mesmo que não se ouça coisa alguma.

Sobre o autor

JOSÉ DE RIBAMAR FERREIRA nasceu em 10 de setembro de 1930 em São Luís do Maranhão. Dois anos depois de publicar seu primeiro livro, *Um pouco acima do chão* (1949), mudou-se para o Rio de Janeiro, onde trabalhou nas redações do *Jornal do Brasil* e das revistas *O Cruzeiro* e *Manchete*.

Em 1954, com o lançamento de *A luta corporal*, iniciou sua trajetória pontuada pela experimentação da linguagem e pela incursão em movimentos literários e artísticos. Nessa época, participou da fase inicial da poesia concreta. No fim da década de 1950, rompeu com o projeto e organizou as diretrizes do neoconcretismo ao lado de nomes como Hélio Oiticica e Lygia Clark. As ideias do movimento seriam exploradas por Ferreira Gullar nos textos "Manifesto Neoconcreto" e "Teoria do não-objeto", publicados no *Jornal do Brasil* em 1959.

Na década de 1960, foi eleito presidente do Centro Popular de Cultura da União Nacional dos Estudantes (CPC/UNE) e pouco depois se filiou ao Partido Comunista Brasileiro (PCB). Sua poesia incorporou, nesse período, um tom engajado contra a injustiça social. O conteúdo político também passou a aparecer em suas peças de cordel, seus ensaios críticos — como em "Cultura posta em questão" (1964) e "Vanguarda e subdesenvolvimento" (1969) — e sua produção teatral, como em *Se correr o bicho pega, se ficar o bicho come* (1966), escrito em parceria com Oduvaldo Vianna Filho, e *Dr. Getúlio, sua vida e sua glória* (1968), com Dias Gomes.

Em 1968, com a instauração do AI-5, Ferreira Gullar foi perseguido e preso pelo regime militar. Em 1971, obrigado a se exilar, viveu em Moscou, Santiago, Lima e Buenos Aires. Na Argentina escreveu *Poema sujo*, em 1975, celebrado como uma das principais obras da língua portuguesa do século XX. A publicação do livro, no ano seguinte, marcou o retorno do escritor ao Brasil.

No ensaio "Uma luz do chão", de 1978, Ferreira Gullar reflete: "Compreendi que a poesia devia captar a força e a vibração da vida ou não teria sentido escrever. Nem viver. Mergulhei assim numa aventura cujas consequências eram imprevisíveis".

A produção do escritor — que, além de poeta e dramaturgo, atuou como artista plástico, crítico de artes, tradutor e autor de livros infantis — é marcada pelo lirismo, pela preocupação social, pela paixão carnal e pelo espanto com a vida. Seus livros receberam muitos prêmios. Em 2005, Ferreira Gullar foi premiado com o Conrad Wessel de Ciência e Cultura e o Machado de Assis, ambos pelo conjunto da obra, e em 2010 foi condecorado com o prêmio Camões, principal distinção da língua portuguesa. Em 2014, passou a integrar a Academia Brasileira de Letras.

Ferreira Gullar faleceu no dia 4 de dezembro de 2016, no Rio de Janeiro, aos 86 anos.

Índice de títulos ou primeiros versos

474 A água (*Em alguma parte alguma*)
302 A alegria (*Na vertigem do dia*)
419 A August Willemsen (*Muitas vozes*)
29 A avenida (*A luta corporal*)
99 A bela adormecida (*O vil metal*)
163 A bomba suja (*Dentro da noite veloz*)
211 A casa (*Dentro da noite veloz*)
476 A estrela (*Em alguma parte alguma*)
52 A fala (*A luta corporal*)
18 A fera diurna (*A luta corporal*)
22 A galinha (*A luta corporal*)
473 A luz (*Em alguma parte alguma*)
461 A morte (*Em alguma parte alguma*)
482 A planta (*Em alguma parte alguma*)
214 A poesia (*Dentro da noite veloz*)
465 A propósito do nada (*Em alguma parte alguma*)
479 A relativa eternidade (*Em alguma parte alguma*)
290 A ventania (*Na vertigem do dia*)
180 A vida bate (*Dentro da noite veloz*)
303 A voz do poeta (*Na vertigem do dia*)
467 Abduzido (*Em alguma parte alguma*)
446 Acidente na sala (*Em alguma parte alguma*)
115 açúcar (*Poemas concretos/neoconcretos*)
444 Adendo ao poema desordem (*Em alguma parte alguma*)
348 Adeus a Tancredo (*Barulhos*)
389 Adormecer (*Muitas vozes*)
39 Agora quis descer, e não havia chão (*A luta corporal*)
174 Agosto 1964 (*Dentro da noite veloz*)
463 Anoitecer em outubro (*Em alguma parte alguma*)
340 Ano-Novo (*Barulhos*)
204 Anticonsumo (*Dentro da noite veloz*)
218 Ao nível do fogo (*Dentro da noite veloz*)
303 Ao rés do chão (*Na vertigem do dia*)
394 Aprendizado (*Muitas vozes*)
334 Aprendizagem (*Barulhos*)
337 Aqui e agora (*Barulhos*)
41 Aqui sentou-se o som, o opaco, som; aqui? (*A luta corporal*)
64 Aranha (*A luta corporal*)

344	Armando, irmãozinho (*Barulhos*)
281	Arte poética (*Na vertigem do dia*)
117	árvore (*Poemas concretos/neoconcretos*)
60	As cavernas jamais tocadas (*A luta corporal*)
52	As crianças riem no esplendor das frutas, Vina (*A luta corporal*)
27	As peras (*A luta corporal*)
63	As rosas que eu colho (*A luta corporal*)
111	asa blusa (*Poemas concretos/neoconcretos*)
284	Bananas podres (*Na vertigem do dia*)
296	Bananas podres 2 (*Na vertigem do dia*)
450	Bananas podres 3 (*Em alguma parte alguma*)
453	Bananas podres 4 (*Em alguma parte alguma*)
459	Bananas podres 5 (*Em alguma parte alguma*)
338	Barulho (*Barulhos*)
293	Bicho urbano (*Na vertigem do dia*)
86	Biografia (*O vil metal*)
188	Boato (*Dentro da noite veloz*)
176	Cantada (*Dentro da noite veloz*)
292	Cantiga do acaso (*Na vertigem do dia*)
214	Cantiga para não morrer (*Dentro da noite veloz*)
43	Carta ao inventor da roda (*A luta corporal*)
44	Carta de amor ao meu inimigo mais próximo (*A luta corporal*)
31	Carta do morto pobre (*A luta corporal*)
67	Cerne claro, cousa (*A luta corporal*)
61	Chão verbal (*A luta corporal*)
16	5 (*A luta corporal*)
176	Coisas da terra (*Dentro da noite veloz*)
414	Coito (*Muitas vozes*)
404	Dança flamenca (*Muitas vozes*)
411	Definição da moça (*Muitas vozes*)
88	Definições (*O vil metal*)
42	Deixa, os velhos soldados já estão secos (*A luta corporal*)
477	Dentro (*Em alguma parte alguma*)
192	Dentro da noite veloz (*Dentro da noite veloz*)
354	Dentro sem fora (*Barulhos*)
46	Denúncia ao comissário de bordo (*A luta corporal*)
330	Desastre (*Barulhos*)
491	Desenvolvimento do quadrado em cubo (*Em alguma parte alguma*)
436	Desordem (*Em alguma parte alguma*)
321	Despedida (*Barulhos*)
336	Detrás do rosto (*Barulhos*)
90	Dezembro (*O vil metal*)
305	Digo sim (*Na vertigem do dia*)
419	Dilema (*Muitas vozes*)
466	Doída alegria (*Em alguma parte alguma*)
174	Dois e dois: quatro (*Dentro da noite veloz*)
217	Dois poemas chilenos (*Dentro da noite veloz*)

460 Dois poetas na praia (*Em alguma parte alguma*)

204 Ei, pessoal! (*Dentro da noite veloz*)

367 Electra II (*Muitas vozes*)

86 Escrito (*O vil metal*)

283 Espera (*Na vertigem do dia*)

53 Esta linguagem não canta e não voa (*A luta corporal*)

42 eu habitante do vento (*A luta corporal*)

380 Evocação de silêncios (*Muitas vozes*)

318 Exercício de relax (*Barulhos*)

213 Exílio (*Dentro da noite veloz*)

529 Extravio (*Muitas vozes*)

428 Falagens (*Muitas vozes*)

452 Falar (*Em alguma parte alguma*)

464 Falas do mofo (*Em alguma parte alguma*)

52 Falemos alto. Os peixes ignoram as estações e nadam (*A luta corporal*)

47 Falsas confidências a um cofre de terra apreendido em Oklma (*A luta corporal*)

328 Fevereiro de 82 (*Barulhos*)

435 Fica o não dito por dito (*Em alguma parte alguma*)

484 Figura-fundo (*Em alguma parte alguma*)

426 Filho da ilha (*Muitas vozes*)

388 Filhos (*Muitas vozes*)

395 Fim (*Muitas vozes*)

76 Finda o meu sol (*A luta corporal*)

466 Flagrante (*Em alguma parte alguma*)

62 Flores diurnas, minhas feras (*A luta corporal*)

83 Fogos da flora (*O vil metal*)

84 Fora da luz (*O vil metal*)

54 Fora, é o jardim, o sol — o nosso reino (*A luta corporal*)

389 Fotografia de Mallarmé (*Muitas vozes*)

87 Frutas (*O vil metal*)

456 Galáxia (*Em alguma parte alguma*)

21 Galo galo (*A luta corporal*)

113 girafa farol (*Poemas concretos/neoconcretos*)

323 Glauber morto (*Barulhos*)

339 Gravura (*Barulhos*)

406 Grécia pelos olhos (*Muitas vozes*)

68 Há os trabalhos e (há) um sono inicial (*A luta corporal*)

151 História de um valente (*Romances de cordel*)

171 Homem comum (*Dentro da noite veloz*)

299 Homem sentado (*Na vertigem do dia*)

409 Improviso matinal (*Muitas vozes*)

309 Improviso ordinário sobre a Cidade Maravilhosa (*Na vertigem do dia*)

306 Improviso para a moça do circo (*Na vertigem do dia*)

423 Infinito silêncio (*Muitas vozes*)

478 Inimigo oculto (*Em alguma parte alguma*)

453 Inseto (*Em alguma parte alguma*)
451 Insônia (*Em alguma parte alguma*)
392 Internação (*Muitas vozes*)
426 Inventário (*Muitas vozes*)
402 Isto e aquilo (*Muitas vozes*)
98 Jarro na mesa (*O vil metal*)
123 João Boa-Morte, cabra marcado para morrer (*Romances de cordel*)
94 Junto ao mar (*O vil metal*)
397 Lição de um gato siamês (*Muitas vozes*)
301 Lições da arquitetura (*Na vertigem do dia*)
49 Machado (*A luta corporal*)
211 Madrugada (*Dentro da noite veloz*)
173 Maio 1964 (*Dentro da noite veloz*)
322 Mancha (*Barulhos*)
86 Manhã (*O vil metal*)
410 Manhã de novembro (*Muitas vozes*)
356 Manhã de sol (*Barulhos*)
418 Manhãs (*Muitas vozes*)
109 mar azul (*Poemas concretos/neoconcretos*)
295 Mau cheiro (*Na vertigem do dia*)
414 Mau despertar (*Muitas vozes*)
420 *Méditation sans bras*, de Rodin (*Muitas vozes*)
112 mel laranja (*Poemas concretos/neoconcretos*)
187 Memória (*Dentro da noite veloz*)
391 Meu pai (*Muitas vozes*)
342 Meu povo, meu abismo (*Barulhos*)
163 Meu povo, meu poema (*Dentro da noite veloz*)
279 Minha medida (*Na vertigem do dia*)
489 Mínimo voo (*Em alguma parte alguma*)
416 Morrer no Rio de Janeiro (*Muitas vozes*)
299 Morte de Clarice Lispector (*Na vertigem do dia*)
60 Movimento — tão pouco é o ar (*A luta corporal*)
400 Muitas vozes (*Muitas vozes*)
371 Na Lagoa (*Muitas vozes*)
63 Na minha irascível pátria (*A luta corporal*)
168 Não há vagas (*Dentro da noite veloz*)
398 Não coisa (*Muitas vozes*)
334 Narciso e Narciso (*Barulhos*)
357 Nasce o poema (*Barulhos*)
372 Nasce o poeta (*Muitas vozes*)
78 Negror n'origens (*A luta corporal*)
463 Nem aí... (*Em alguma parte alguma*)
37 ninguém sabe em que território de fogo (*A luta corporal*)
210 No corpo (*Dentro da noite veloz*)
169 No mundo há muitas armadilhas (*Dentro da noite veloz*)
85 No quarto (*O vil metal*)
100 No túmulo de Uzdar (*O vil metal*)
342 Nós, latino-americanos (*Barulhos*)

200	Notícia da morte de Alberto da Silva (*Dentro da noite veloz*)	531
407	Nova concepção da morte (*Muitas vozes*)	
18	9 (*A luta corporal*)	
448	Novo adendo ao poema desordem (*Em alguma parte alguma*)	
41	O abismo da verdura (*A luta corporal*)	
170	O açúcar (*Dentro da noite veloz*)	
20	O anjo (*A luta corporal*)	
120	o cão vê a flor (*Poemas concretos/neoconcretos*)	
349	O cheiro da tangerina (*Barulhos*)	
53	O culto do sol perdeu os homens; os restos de suas asas (*A luta corporal*)	
445	O duplo (*Em alguma parte alguma*)	
98	O escravo (*O vil metal*)	
476	O espaço (*Em alguma parte alguma*)	
288	O espelho do guarda-roupa (*Na vertigem do dia*)	
73	O inferno (*A luta corporal*)	
443	O jasmim (*Em alguma parte alguma*)	
326	O lampejo (*Barulhos*)	
483	O louva-deus (*Em alguma parte alguma*)	
61	O mito nos apura (*A luta corporal*)	
411	O morto e o vivo (*Muitas vozes*)	
481	O musgo (*Em alguma parte alguma*)	
300	O poço dos Medeiros (*Na vertigem do dia*)	
427	O poema na rua (*Muitas vozes*)	
191	O prisioneiro (*Dentro da noite veloz*)	
65	O quartel (*A luta corporal*)	
451	O que se foi (*Em alguma parte alguma*)	
354	O que se vê (*Barulhos*)	
51	O soluço, a impersistência de Quéops (*A luta corporal*)	
475	O som (*Em alguma parte alguma*)	
101	O sopro, (*O vil metal*)	
472	O tempo cósmico (*Em alguma parte alguma*)	
54	O teu mais velho canto (*A luta corporal*)	
25	O trabalho das nuvens (*A luta corporal*)	
87	Ocorrência (*O vil metal*)	
444	*Off Price* (*Em alguma parte alguma*17	
17	8 (*A luta corporal*)	
324	Olhar (*Barulhos*)	
480	Olhos (*Em alguma parte alguma*)	
331	Omissão (*Barulhos*)	
319	Onde estão? (*Barulhos*)	
39	Os da terra (*A luta corporal*)	
490	Os fios de Weissmann (*Em alguma parte alguma*)	
36	Os jogadores de dama (*A luta corporal*)	
423	Os mortos (*Muitas vozes*)	
51	Os ossos do soluço (*A luta corporal*)	
36	Os reinos inimigos (*A luta corporal*)	
40	Os seres riem num espaço de luzes concisas (*A luta corporal*)	

401	Os vivos (*Muitas vozes*)
452	Ossos (*Em alguma parte alguma*)
88	Oswald morto (*O vil metal*)
367	Ouvindo apenas (*Muitas vozes*)
294	Óvni (*Na vertigem do dia*)
24	P.M.S.L. (*A luta corporal*)
353	Paisagem de Botafogo (*Barulhos*)
218	Passeio em Lima (*Dentro da noite veloz*)
179	Pela rua (*Dentro da noite veloz*)
99	Pele que só se curte a blasfêmias (*O vil metal*)
421	Pele sobre pele (*Muitas vozes*)
144	Peleja de Zé Molesta com Tio Sam (*Romances de cordel*)
327	Perda (*Barulhos*)
175	Perde e ganha (*Dentro da noite veloz*)
403	Pergunta e resposta (*Muitas vozes*)
447	Perplexidades (*Em alguma parte alguma*)
324	Pintura (*Barulhos*)
210	Poema (*Dentro da noite veloz*)
166	Poema brasileiro (*Dentro da noite veloz*)
92	Poema de adeus ao falado 56 (*O vil metal*)
282	Poema obsceno (*Na vertigem do dia*)
421	Poema para Franz Weissmann (*Muitas vozes*)
321	Poema poroso (*Barulhos*)
183	Por você por mim (*Dentro da noite veloz*)
209	Pôster (*Dentro da noite veloz*)
182	Praia do Caju (*Dentro da noite veloz*)
304	Primeiros anos (*Na vertigem do dia*)
387	Q'el bixo s'esgueirano assume ô tempo (*Muitas vozes*)
492	Quadro-corpo (*Em alguma parte alguma*)
38	quando espanquei o garoto ossudo (*A luta corporal*)
15	4 (*A luta corporal*)
393	Queda de Allende (*Muitas vozes*)
134	Quem matou Aparecida? (*Romances de cordel*)
325	Quem sou eu? (*Barulhos*)
341	Questão pessoal (*Barulhos*)
496	Rainer Maria Rilke e a morte (*Em alguma parte alguma*)
97	Recado (*O vil metal*)
396	Redundâncias (*Muitas vozes*)
455	Reencontro (*Em alguma parte alguma*)
412	Reflexão (*Muitas vozes*)
441	Reflexão sobre o osso da minha perna (*Em alguma parte alguma*)
479	Registro (*Em alguma parte alguma*)
448	Relva verde relva (*Em alguma parte alguma*)
460	Repouso (*Em alguma parte alguma*)
103	Réquiem para Gullar (*O vil metal*)
69	Roçzeiral (*A luta corporal*)
16	6 (*A luta corporal*)
330	Sessenta anos do PCB (*Barulhos*)

17	7 (*A luta corporal*)	
87	Setembro (*O vil metal*)	
424	Sob a espada (*Muitas vozes*)	
425	Sob os pés da família (*Muitas vozes*)	
62	Sobre a poeira dos abraços (*A luta corporal*)	
413	Sortilégio (*Muitas vozes*)	
282	Subversiva (*Na vertigem do dia*)	
317	Tanga (*Barulhos*)	
412	Tato (*Muitas vozes*)	
346	Teu corpo (*Barulhos*)	
427	*That is the question* (*Muitas vozes*)	
45	*The sky above us* (*A luta corporal*)	
395	Thereza (*Muitas vozes*)	
455	Toada à toa (*Em alguma parte alguma*)	
280	Traduzir-se (*Na vertigem do dia*)	
15	3 (*A luta corporal*)	
37	Um abutre no ar violento do quarto (*A luta corporal*)	
55	Um fogo sem clarão cria os frutos deste campo (*A luta corporal*)	
91	Um homem ri (*O vil metal*)	
415	Um instante (*Muitas vozes*)	
468	Um pouco antes (*Em alguma parte alguma*)	
294	Um sorriso (*Na vertigem do dia*)	
462	Uma aranha (*Em alguma parte alguma*)	
449	Uma corola (*Em alguma parte alguma*)	
205	Uma fotografia aérea (*Dentro da noite veloz*)	
343	Uma nordestina (*Barulhos*)	
469	Uma pedra é uma pedra (*Em alguma parte alguma*)	
180	Uma voz (*Dentro da noite veloz*)	
470	Universo (*Em alguma parte alguma*)	
191	Vendo a noite (*Dentro da noite veloz*)	
177	Verão (*Dentro da noite veloz*)	
116	verde (*Poemas concretos/neoconcretos*)	
114	verde verde verde (*Poemas concretos/neoconcretos*)	
110	verme olho (*Poemas concretos/neoconcretos*)	
118	vermelho (*Poemas concretos/neoconcretos*)	
347	Versos de entreter-se (*Barulhos*)	
189	Vestibular (*Dentro da noite veloz*)	
487	Vestígios (*Em alguma parte alguma*)	
101	Vida, (*O vil metal*)	
40	Vieste, Harry, Joe ou John (*A luta corporal*)	
391	Visita (*Muitas vozes*)	
494	Volta a Santiago do Chile (*Em alguma parte alguma*)	
403	Volta a São Luís (*Muitas vozes*)	
336	Volta ao lar (*Barulhos*)	
166	Voltas para casa (*Dentro da noite veloz*)	

DIAGRAMAÇÃO Spress
TIPOGRAFIA GT Sectra
    e Galano Grotesque
GRÁFICA Geográfica
PAPEL Pólen 70 g/m²
ABRIL DE 2024

A marca FSC® é a garantia de que a madeira utilizada na fabricação do papel deste livro provém de florestas que foram gerenciadas de maneira ambientalmente correta, socialmente justa e economicamente viável, além de outras fontes de origem controlada.